August Strindberg gilt als einer der wichtigsten schwedischen Autoren der Neuzeit. Der Dramatiker, der zugleich Lyriker, Romancier und Essayist war, beeinflusste nachhaltig die Literatur der Moderne und provozierte auch mit seinem Privatleben. Per Olov Enquist verwebt in seiner einzigartigen Biografie über Strindberg das private Leben des Schriftstellers mit seinen Werken und eröffnet so einen ganz neuen Blickwinkel auf das Leben des berühmten Dramatikers.

PER OLOV ENQUIST, geboren 1934 in Schweden, arbeitete als Theater- und Literaturkritiker und zählt heute zu den bedeutendsten zeitgenössischen Autoren Europas. Unter anderem wurde er mit dem renommiertesten Literaturpreis Schwedens, dem August-Preis, ausgezeichnet. Enquist lebt in Stockholm.

Per Olov Enquist

Strindberg

Ein Leben

Aus dem Schwedischen
von Verena Reichel

btb

Die schwedische Originalausgabe erschien 1984 unter dem Titel
»Strindberg: ett liv« im Verlag P. A. Norstedts & Söners Förlag,
Stockholm.

Verlagsgruppe Random House FSC-DEU-0100
Das für dieses Buch verwendete
FSC®-zertifizierte Papier *Pamo House*
liefert Arctic Paper Mochenwangen GmbH.

1. Auflage
Genehmigte und aktualisierte Neuausgabe März 2012,
btb Verlag in der Verlagsgruppe Random House GmbH, München
Copyright © 1984 by Per Olov Enquist
Copyright © der deutschsprachigen Ausgabe 1985 by Luchterhand
Literaturverlag in der Verlagsgruppe Random House GmbH, München
Umschlaggestaltung: semper smile, München
Umschlagmotiv: © August Strindberg, foto by Magnus Wester 1912,
Strindbergmuseet, Stockholm
Satz: Uhl + Massopust, Aalen
Druck und Einband: CPI – Clausen & Bosse, Leck
LW · Herstellung: BB
Printed in Germany
ISBN 978-3-442-74308-7

www.btb-verlag.de

Besuchen Sie unseren LiteraturBlog www.transatlantik.de

Vorwort zur Neuausgabe 2012

Am 14. November 1887 erlebt Strindbergs Drama *Der Vater* in Kopenhagen seine Uraufführung. Strindberg besucht die Vorstellung, geht nach Hause und schreibt noch in der Nacht einen Brief an seinen Freund Axel Lundegård. In diesem Brief teilt er seinem Freund mit, dass er sich das Leben nehmen wolle, und fügt hinzu:

»Es kommt mir so vor, als wandelte ich im Schlaf; als vermischten sich Leben und Dichtung. Ich weiß nicht, ob das, was ich schrieb [*Der Vater*], Dichtung ist, oder ob mein Leben es war; doch mir scheint, als würde mir dies in einem gegebenen, kurz bevorstehenden Augenblick aufgehen, und dann stürze ich entweder in den Wahnsinn, voll Gewissensqualen, oder in den Selbstmord. Durch vieles Dichten ist mein Leben zu einem Schattendasein geworden; mich dünkt, ich gehe nicht mehr auf der Erde, schwebe vielmehr schwerelos in einer Atmosphäre nicht aus Luft, sondern aus Dunkelheit. Fällt Licht in dieses Dunkel, so falle ich zerschmettert herab. – Sonderbarerweise fühle ich mich in einem häufig wiederkehrenden nächtlichen Traum fliegen, schwerelos, und finde dies ganz natürlich, wie auch alle Begriffe von recht, unrecht, wahr, unwahr bei mir aufgelöst sind, und alles, was geschieht, wie ungewöhnlich es auch sei, erscheint mir so, wie es sein soll.«

Diese Stimmung – ein geheimnisvoller und verzweifelter Ausbruch Strindbergs im dänischen Exil – ist für ihn keineswegs eine Ausnahme. Sie ist auch nicht unproduktiv. In gut einem Jahr nach dieser Nacht wird er fünf zentrale Werke seines schriftstellerischen Schaffens verfasst haben, so auch den entsetzlichen Roman *Tschandala*, mit eindeutig rassistischem Gedankengut, lange nachdem Strindberg selbst dies eigentlich hinter sich gelassen hatte und klüger geworden war. Das kommende Jahr sollte aber auch das weltweit erste naturalistische Drama *Fräulein Julie* einschließen; in derselben Periode wird er wegen Vergewaltigung einer Minderjährigen angeklagt werden, sich auf eine desperate Flucht nach Berlin begeben, sich scheiden lassen, und seine große Infernokrise wird sich bereits ankündigen.

Und er weiß nicht, ob sein Leben Dichtung war, oder ob seine Dichtung das einzige Leben ist, das er gelebt hat; und fällt Licht in diese Dunkelheit, glaubt er sich zermalmt.

Man kann dieses Lebensjahr verlängern und es zu einem generellen Ausgangspunkt werden lassen, wenn wir August Strindbergs Leben betrachten. Was war Leben, oder Dichtung, oder Traum, und was verbirgt sich hinter Strindbergs verschiedenen Gesichtern? In einzigartig hohem Grad flossen bei ihm Leben und Dichtung zusammen, und das hat jeder, der seine Texte deuten wollte, gern zu einem zentralen Punkt seiner Auseinandersetzungen gemacht. Einige sagen: Lest ausschließlich seine Texte. Andere haben behauptet, er habe sein Leben inszeniert, einschließlich der Katastrophen, um Material für die Erschaffung seiner Kunst zu erhalten; das ist bestimmt größtenteils Unsinn – vielmehr aber ein Ausdruck für die Verwirrung, in die oft derjenige geraten ist, der die Beziehung zwischen August Strindbergs Leben und Werk deuten wollte.

August Strindberg hatte tatsächlich viele Gesichter. Ein Bild – aber nicht das einzige – seines Werks erhält man, wenn man ausschließlich seine belletristischen Texte liest: seine unzähligen Theaterstücke, einige davon miserabel, andere bahnbrechend für die Weltdramatik. Oder diese seine Prosa, die für die Entwicklung des modernen nordischen Romans epochengestaltend war, und die leider außerhalb von Schwedens Grenzen weniger bekannt ist. Ein anderes Bild bekommt man jedoch, wenn man sich seinen Briefen widmet: Er war ein manischer Briefeschreiber, mittlerweile sind alle publiziert.

In den Briefen ist er ein anderer.

Die Briefe sind ungemein und ununterbrochen fesselnd, er ist rasend, befindet sich in einer Verteidigungslage, ist amüsant, desperat, eigentlich sehr jung: ein Jüngling, der »einsam, schmalschulterig, frierend« ist, wie Stig Dagerman einmal schrieb, ein ungeschützter und ergreifender und oft ziemlich komischer Mensch. Aber in jedem Fall sehr menschlich. Man kann sich leicht mit ihm identifizieren. August Strindbergs Briefe öffnen auch viele neue Zugangsweisen zu seinen Texten, liest man sie, scheint es unmöglich, in seinem Werk zwischen Leben und Dichtung zu unterscheiden.

August Strindberg hat in seinen Publikationen viele Verteidigungsreden gehalten. Oft fällt es schwer zu erkennen, was die eigentlichen Anklagepunkte sind. Wenn er erregt erklärt, das Mädchen in dem Stück *Ostern* sei nicht am Diebstahl von Osterglocken schuldig, dient dies in irgendeiner Weise auch dazu, eine andere Schuld in seinem eigenen Leben zu vertuschen (vielleicht die, dass er und seine erste Ehefrau Siri ihr erstes Kind zu einer Engelmacherin schickten, um eine allzu frühe Schwangerschaft zu verbergen – kurz gesagt Kindsmord). Aber man weiß es nie genau. Die Quintessenz ist jedoch immer: Ich bin unschuldig! Unschuldig!

Aber woran? Die Angst und die Schuld, sie können jedoch niemals kaschiert werden. Sie verleihen dem Text eine brennende Intensität.

Und er hatte Grund genug, sich verzweifelt zu fühlen. War er mitunter paranoid, kann das daran liegen, dass er wirklich verfolgt wurde. Das hängt damit zusammen, dass er tatsächlich – auch! – ein *homo politicus* war, ständig in politischen Fragen engagiert, ständig in Konfrontation mit einem Machtestablishment, von dem er spürte, dass es im Begriff war, ihn zu zermalmen, und das er ebenso beharrlich selbst in Frage stellen wollte. Doch die Welt der Politik war für ihn nichts Hässliches, mit dem ein edler Schriftsteller sich nicht beschmutzen sollte, sondern im Gegenteil etwas, womit er sich herumschlagen musste.

Auf diese Weise wurde er ein Vorbild für viele nordische Schriftsteller. Politische Texte zu schreiben war nichts Hässliches. Es gehörte zum Auftrag des Schriftstellers. Er nahm diesen Auftrag irrsinnig ernst. Die Nachwelt hat ihn oft ungerechterweise mit Frauenhass verknüpft; besser wäre es zu sagen, dass er ein Mann war, der manchmal dazu neigte, private Enttäuschungen zu verallgemeinern. Verletzt, wütend und verwundbar war er vom Typ her eher ein Mann, der von Frauen abhängig war, als einer, der sie hasste.

Dieser Fernsehroman – ich finde kein besseres Wort – lag einer TV-Serie in sechs Abschnitten zugrunde, die *Sveriges Television* 1985 sendete. Der Roman handelt von seinem Leben. Dass sich dann für August Strindberg »Leben und Dichtung vermischten«, wissen wir ja.

Per Olov Enquist

I

Der Sittenschilderer

Zuerst alles weiß; nichts als weiß. Nur eine langsam tröpfelnde Melodie, ein Hammerklavier, ein kleines Lied. »Adieu, Mignon, Courage«. Eine Gestalt tritt langsam aus dem Weiß hervor: kleine Bleistiftstriche, graue Schattierungen, ein Gesicht. Ein Mann in Hut und Mantel. Es ist Winter, es schneit. Ein Mann, der durch den Schnee geht, wir sehen es immer deutlicher. Wir erkennen ihn: August Strindberg, wie auf der berühmten letzten Fotografie, beim Spaziergang im Schneetreiben auf der Drottninggatan.

Er ist alt. Sein Gesicht hat manchen Schlag abbekommen. Am eindringlichsten die Augen: furchtsam, aggressiv, hell. Doch, er hat einiges mitgemacht.

Er geht durch den Schnee, ins Theater hinein. Er sitzt unten im Zuschauerraum, der nahezu leer ist. Oben auf der Bühne wird *Ein Traumspiel* geprobt. Es ist das Schwedische Theater in Stockholm.

Er ist nicht allein: Neben ihm sitzt der Regisseur, Herr Castegren. Herr Castegren ist ein nervöser kleiner Mann mit großen, unbegreiflichen Gesten und einem hektisch zuckenden Gesicht. Er redet zuviel. Offenbar ist er auch ein bisschen besorgt, ob der große Dichter womöglich nicht zufrieden sein könnte.

»Herr Strindberg«, flüsterte er, »wir konnten leider! leider! die Lichtbildapparate aus Dresden nicht verwenden … und daher … und daher …«

Strindberg schweigt gequält und verfolgt hartnäckig das Spiel auf der Bühne. Indras Tochter wandert unter den Kindern der Welt umher, das Leben ist Schmutz, alles ist Schmutz. Er schweigt, doch Herr Castegren flüstert nervös weiter:

»Gefällt Ihnen das Bühnenbild, Herr Strindberg... der Theatermaler Grabow hat versucht, diesen Traumcharakter zu gestalten... aber es ist ein schwieriges Stück, Herr Strindberg, schwierig... sehr schwierig...«

Dort oben auf der Bühne holpert die Probe weiter, der Offizier sagt *Wenn man mich aber doch ungerecht behandelt.* Und die Mutter sagt *Du spielst auf das eine Mal an, als du zu Unrecht bestraft wurdest, weil du angeblich einen Groschen genommen hattest, der sich später wiederfand!* Und der Offizier antwortet *Ja! Und diese Ungerechtigkeit gab meinem ganzen Leben eine verkehrte Richtung...* Es klingt nicht besonders gut.

Herr Castegren schielt unruhig zur Seite, flüstert weiter monoton:

... schwierig... ein schwieriges Stück...«

Es zuckt in Strindbergs Gesicht. Er sagt leise, beinahe feindselig:

»Das Kind meines größten Schmerzes, Herr Castegren.«

»Selbstverständlich, Herr Strindberg. Selbstverständlich.«

Es ist, als höre Strindberg ihn nicht. Er sagt leise, wie zu sich selbst:

»Mir ist... als hätte dies nie gespielt werden dürfen. Es ist vermessen. Eine Lästerung. Es ist doch... mein ganzes Leben.«

»Ihr Leben, Herr Strindberg?«

Auf der Bühne steht der Offizier jetzt vor einer Tür. Die Tür ist mattgrün, und ein Luftloch in Form eines vierblättrigen Kleeblatts ist hineingeschnitten. Herr Castegren schwitzt jetzt, er flüstert:

»Wir haben es genau nach Ihren Angaben gemacht, Herr Strindberg, ein vierblättriges Kleeblatt an der Tür. Da es so wichtig war ...«

Er verstummt, starrt Strindberg an und fragt schließlich, wie unter Zwang:

»Warum ... war es so wichtig?«

Keine Antwort. Aber da oben sagt der Offizier:

Und diese Tür habe ich zweitausendfünfhundertfünfundfünfzigmal angesehen, ohne herauszufinden, wohin sie führt! Und dieses Kleeblatt, das Licht hereinlassen soll ... Ist jemand da drinnen? Wohnt da jemand? ... Diese Tür, die mir keine Ruhe lässt ... was ist dahinter? Die Tür muss geöffnet werden.

Langsam, fast unbewusst, erhebt sich Strindberg. Sein Gesicht ist angespannt. Den Blick auf die Tür mit dem vierblättrigen Kleeblatt gerichtet, flüstert er leise, fast wie ein Zischen zwischen halb geschlossenen Lippen:

»Nein!«

Und dann:

»Mein Leben.«

Hinter dem vierblättrigen Kleeblatt – ein Zimmer voller Gegenstände. Tisch, Kerzenleuchter, Stuhl, ein Bild an der Wand, Lampe, Sofa: ein Wohnzimmer in der Mitte des 19. Jahrhunderts. Die Wohnung ist nicht groß, doch recht komfortabel. Alles, was zur üblichen Einrichtung gehört, ist vorhanden.

Das Gesicht eines Jungen. Er ist etwa dreizehn Jahre alt, dunkles Haar, ernste Augen. Behutsam, konzentriert betastet er ein Ornament: lässt den Finger daran entlanggleiten, in je den Schnörkel hinein, langsam, fast zärtlich. Es ist das vier-blättrige Kleeblatt, eingelassen in die Tür.

Hinter ihm ein Mann, der an einem Tisch sitzt. Der Junge heißt August Strindberg, der Mann ist sein Vater.

Der Finger gleitet um das Ornament herum: Es ist, als suche er nach einer Unregelmäßigkeit oder nach einem Geheimnis. Wonach sucht er wirklich? Der Vater hat den Tisch mit Reagenzgläsern vollgestellt; nein, nicht den gan-zen Tisch, rechts liegt ein Kassenbuch, in das er Einträgun-gen macht. Langsam, methodisch füllt er die Seite mit einer langen Zahlenkolonne. Die Reagenzgläser rührt er nicht an. Dann sagt er, ohne von dem Kassenbuch aufzusehen:

»Geh zu Mama hinein, August.«

Der Junge antwortet nicht. Er scheint es nicht gehört zu haben, oder er will nicht hören. Er geht zum Tisch vor, tippt vorsichtig an einen der Kolben. Darin ein gelber, matt schim-mernder Staub. Hingerissen betrachtet er das Pulver.

»Geh zu Mama hinein«, sagt der Vater. »Hast du nicht ge-hört, was ich sagte?«

Der Junge fragt atemlos:

»Ist das … Gold?«

Der Vater schreibt ruhig weiter, sagt nach einer Weile nachdenklich:

»August … *niemand* kann Gold machen … schon gar nicht solche Amateurchemiker wie ich. Gold … mein Gott, lernt ihr denn gar nichts in der Schule? Aber du solltest … du soll-test … in deiner Freizeit etwas mehr forschen. Die Wissen-schaftler werden die großen Männer der neuen Zeit sein. Die neuen Könige. Die Entdeckungsreisenden … die Wissen-schaftler … das sind die großen Männer der Zukunft. Wie … wie …«

Er hält inne, der Federhalter stockt, er sieht vor sich hin

wie in tiefe Gedanken versunken und fügt hinzu, als spreche er zu sich selbst:

»Die Helden des neunzehnten Jahrhunderts.«

Dann schreibt er weiter. August geht still an ihm vorbei, zur Tür mit dem vierblättrigen Kleeblatt, streckt die Hand nach der Türklinke aus. Hinter seinem Rücken hört er die Stimme des Vaters:

»Du musst jetzt lieb zu Mutter sein, denn sie hat Schmerzen.«

Da öffnet er vorsichtig die Tür mit dem vierblättrigen Kleeblatt.

Als der Junge die Tür öffnet, schreckt die Mutter aus dem Schlaf hoch: bleich, hohlwangig, trotzdem irgendwie jung. Sie starrt ihn einen Augenblick mit einem wilden, wirren Blick an, erinnert sich dann plötzlich, wo sie ist, richtet sich mühsam auf, fischt das Gebiss aus dem Glas mit Salzwasser, beugt sich zur Seite, verbirgt hinter der Hand, was sie tut.

Den Rücken hat sie August zugewendet. Mit einer scheuen, hastigen, fast verschämten Gebärde steckt sie das Gebiss in den Mund. Setzt sich vorsichtig auf die Bettkante, sieht ihn an, sagt entschuldigend:

»Ich will nicht, dass du mich ohne sie siehst, kleiner August. Du sollst deine Mutter nicht so hässlich in Erinnerung behalten.«

Er steht still und verlegen vor ihr und weiß nicht, was er sagen soll.

»Mama, solltest du nicht im Bett bleiben?«

»Doch.«

Schweigen.

»August«, sagt sie. »Kleiner August. Irgendwie habe ich nie so recht die Zeit gefunden, mit dir zu reden. Es war doch so viel zu tun, August, aber du warst immer lieb zu mir. Hol den Zettel.«

»Was?«

»Den Zettel! In der Schublade!«

Während er sich vorbeugt, um die Schublade herauszuziehen, setzt sie murmelnd ihren Monolog fort.

»Immer betrügen sie einen, August, du musst mir versprechen, dass du dich nie von ihnen betrügen lässt. Versprich es mir. Und du musst versprechen, ein richtiger Christ zu werden. Du sollst Pfarrer werden, aber kein Heuchler, du musst glauben, was du sagst. Kleiner August. Ich möchte wissen, ob man mich in Onkel Axels Grab legen wird.«

»Mama… du darfst nicht…«

»Die Strindbergs meinten immer, ich sei für ihre Familie nicht fein genug. Aber du schämst dich meiner doch nicht, August. Onkel Axels Grab ist so schön, das mit dem Eisengitter. Hast du den Zettel, kleiner August?«

Der Zettel ist zerknittert. Ihre Schrift ist fahrig, strebt in verschiedene Richtungen, aber sie hat es zweifellos selber geschrieben. Er liest mühsam, während sie nickend jedes Wort zu bestätigen scheint.

»…und den Ring, den ich in die linke untere Schublade vom Schreibtisch gelegt habe, den soll August bekomen, und da ich…«

Er verstummt, er kann nicht mehr. Die Mutter wiegt sich langsam vor und zurück, sagt wie zu sich selbst:

»Wie schade, dass wir nie richtig zum Reden gekommen sind, solange… ich Zeit hatte… den Ring sollst du bekommen. Gib mir ein wenig Wasser, August.«

Der Wassereimer in der Ecke, die Schöpfkelle. Er hält sie ihr an den Mund, sie versucht zu trinken, dann fließt etwas in die Kelle zurück: rot. Er starrt es an wie verhext. Sie sieht ihn an, atmet rasch mit offenem Mund. Hebt die Hand, berührt behutsam seine Wange.

Stille. Völlige Stille. Da kommt der Vater herein, bleibt in der Tür stehen: ein Standbild, ein Schatten. Dann bettet er sie in die Kissen.

August rennt schnell, schnell über den leeren Schulhof, die Treppe hinauf, durch den Korridor. Keucht. Die Tür zum Klassenzimmer. Er öffnet sie vorsichtig.

Die ganze Klasse schaut ihn an.

Der Lehrer ist ein komischer Kauz. Ein bisschen deklassiert, ein bisschen heruntergekommen, versucht er trotzdem in seinem schmutzigen Hemd nach etwas Besserem auszusehen. Vielleicht ist er etwas angetrunken. Er lächelt den Sünder freudlos an.

»Soso, Strindberg kommt zu spät. Was soll aus dir werden, Strindberg? Kein Benehmen. Das ist kein Spaß. Auf das Verbrechen folgt die Strafe. Ist nicht zu umgehen, Freundchen. Gilt für alle, ohne Ausnahme. Manche glauben, nur die Unschuldigen würden bestraft, aber das stimmt nicht. Wenn die Stunde vorbei ist, wird der Direktor persönlich die Karbatsche schwingen. Er mag das. Setzen, Strindberg. Danach kannst du vielleicht nicht mehr so gut sitzen. Johansson wird auch die Karbatsche kriegen. Jedem das Seine. Das Gesetz ist gerecht.«

Alle schauen ihn an, als er sich setzt. Sie lächeln alle.

Der Direktor bedeutet den beiden Opfern schweigend, sich bäuchlings aufs Katheder zu legen; die Hosen sind heruntergelassen. Hebt nachdenklich die Karbatsche über dem jungen Johansson.

Er schlägt lange.

Dann ist August dran.

Doch dem Direktor scheint plötzlich etwas in den Sinn zu kommen. Er saugt an einem Zahn. Er blickt auf die Namen an der Tafel. Die Klasse wartet atemlos.

»Strindberg? Strindberg, Strindberg, Strindberg. Strindberg! Ist der Vater nicht Schiffskommissionär?«

Langsam begreift August, dass er angesprochen ist. Dreht den Kopf nach oben, schielt nach seinem Peiniger.

»Doch ...«

Die Karbatsche wird nachdenklich gesenkt, doch nicht auf Strindbergs Hintern.

»Ein feiner Kerl. Vertrauenswürdig. Ach so, er stammt aus guter Familie. Kommt aber zu spät.«

Er verfinstert sich und schlägt nachdenklich auf den noch entblößten Hintern des jungen Johansson. Worauf dieser, der die Prüfung überstanden glaubte, zusammenzuckt und vorwurfsvoll jammert.

»Man soll nie zu spät kommen! Strindberg. Hat er nicht einen Onkel bei Hofe? Gehört nicht Samuel Owen zur Familie? Gute Familie. Unnötig also, zu spät zu kommen. Hat wohl einen weiten Schulweg. Das erklärt die Sache. Dann braucht er nicht so dazuliegen, Strindberg. Dann wurden nicht alle Umstände berücksichtigt. Herr Lindberg!«

Der deklassierte Lehrer erkennt zu seinem Schrecken und seiner Verbitterung, dass ihm etwas aus den Händen gleitet. Er sagt verbissen:

»Johansson hat einen längeren Schulweg!«

»Ich spreche von Prinzipien! Strindberg hat einen langen Weg und stammt aus guter Familie!«

»Selbstverständlich. Selbstverständlich.«

Der Direktor verpasst Johansson noch einige Hiebe, um zu unterstreichen, dass das Gespräch beendet ist, und sagt:

»Strindberg, für diesmal ist ihm die Strafe erlassen.«

Das Gesicht des Lehrers: devot, zornentbrannt. Nachdem der Direktor gegangen ist und alle Schulkinder brav in Reih und Glied hinausströmen, zerrt er Strindberg plötzlich aus der Reihe, schließt die Tür, drückt August in eine Ecke. Leichter Schnapsgeruch, aber noch etwas anderes. Nüchterner, eiskalter Hass, wie von einem, auf dem man lange herumgetrampelt hat.

»August Strindberg, tüchtiger Junge. Er wird es weit bringen. Wird es schaffen. Jetzt weißt du, wozu Gesetze da sind. Das ist eine Erfindung der Oberklasse, um die Unterklasse unten zu halten. Die Gesetze der Starken gegen die Schwachen. Ein Onkel bei Hofe, wie. Feiner Vater. Dann hast du die Gesetze auf deiner Seite. Brauchst keine Prügel einzustecken. Keine Strafe. Jetzt weißt du, was die Gesetze sind. Humbug.«

Er spuckt fast.

»Du wirst es weit bringen. Viel weiter als ich. Ich gehöre zur Unterklasse.«

Das Gesicht des Jungen ist starr vor Schrecken, verwirrt. Dann wird er losgelassen, steht einen Augenblick still, sieht, wie der Lehrer seinen Jähzorn wieder unter Kontrolle bringt.

Er geht in den Korridor hinaus. Dort warten seine Mitschüler, schweigend. Sie stehen in einem feindseligen Haufen da, mit stummem, eisigem Lächeln und einhellig geballten Fäusten.

Einer von ihnen flüstert:

»Du Scheißkerl. Du Scheißkerl.«

Und dann schließt er sich den wartenden Mitschülern an.

Der Vater geht zur Uhr, klappt den Uhrenkasten auf und bringt die Uhr zum Stehen. Langsam, fast zeremoniell. Eine plötzliche Stille. Eine ungeheure Stille.

Dann geht er ins Zimmer der Jungen. Das Licht fällt über den Boden, der Vater in der Tür, August setzt sich schlaftrunken auf, und der Vater sagt still:

»Kommt jetzt herein zu Mutters Totenbett.«

Sie gehen in ihren Nachthemden hinein. Das Zimmer ist kalt. Sie frieren. Setzen sich auf Stühle rings ums Bett.

Das Kinn ist ihr heruntergefallen, die verfilzten Haare sind noch nass und kleben an der Stirn. Axel, der Bruder, beginnt plötzlich zu weinen. Da sagt der Vater still:

»Gott hat uns heimgesucht. Jetzt wollen wir zusammenhalten wie Freunde.«

Axel schluchzt immer heftiger. Doch der Vater fährt fort:

»Sie stammte aus einfachen Verhältnissen, wurde aber in unsere Familie aufgenommen. Sie war eine gute Mutter. Sie war gut. Gut.«

In das folgende Schweigen hinein sagt August:

»Dann darf sie im Familiengrab liegen. Das wollte sie.«

»Was?«

»In Onkels Grab. Dem mit dem Zaun und der Marmorurne.«

Der Vater, überrumpelt und leicht gereizt:

»Das hat doch noch Zeit, und jetzt wollen wir…«

»Wenn sie also fein genug wäre.«

Am Begräbnistag grauer Regen. Die kleine Schwester weint hysterisch, Axel beruhigt sie. Alle sind bewegt. Und die Tante sagt so leise zum Vater, dass nur August es versteht:

»Denk mal an, so hoch ist sie gestiegen. dass sie jetzt bei uns begraben wird.«

Augusts Gesicht: starr im Regen.

Und solchermaßen erhöht wird sie jetzt hinabgesenkt.

Tageslicht grell durchs Fenster. Rufe vom Hof herauf. Um den Tisch sitzen einige Personen. Die Kinder, darunter August, der Vater und eine unbekannte junge Frau.

Der Vater liest mit dumpfer Stimme von einem Zettel ab.

»Ich lese weiter aus Mutters Testament, das sie eigenhändig für euch aufgesetzt hat: An meine Söhne ...«

Die Mädchen schauen ihn düster, aber ohne Überraschung an.

»Werdet Männer im wahren Sinne des Wortes, doch baut niemals auf die eigenen Kräfte, sondern betet zu Gott. Außerdem warne ich euch vor zwei Lastern, als da sind: die Trunksucht und der Besuch von Hurenhäusern, diese Laster sind es, die ...«

August, der neben ihm sitzt, schaut immer verwirrter drein. Er beugt sich schräg nach vorn, schielt auf den Zettel, studiert ihn von der Seite, immer aufmerksamer. Dann streckt er sich plötzlich vor, zeigt mit dem Finger und sagt unschuldsvoll und tonlos:

»Das ist nicht Mamas Schrift!«

Totenstille.

»Das ist nicht Mamas Schrift!«

Der Vater starrt den Sohn sprachlos vor Staunen an. Dann flammt sein Zorn rasch auf, und er donnert los:

»Ruhe, solange ich Mamas Testament vorlese!«

»Das ist nicht Mamas Schrift. Und sie würde so was nicht schreiben.«

Die anderen Kinder sind wie gelähmt, aber höchst interessiert. Das Gesicht des Vaters spricht Bände.

»Ruhe! Ich dulde keine naseweisen Bemerkungen!«

»Aber Mama hat gesagt, man soll sich nicht betrügen lassen, und ...«

»Ruhe! Jetzt bist du still!«

Er kann seine Wut kaum beherrschen, und plötzlich kocht noch etwas anderes hoch.

»Und überhaupt! Du hast gar nichts zu sagen! Wie man sich deiner schämen muss! Fast der Schlechteste in der Klasse! Nummer 27 von 37! Unglaublich schlechte Noten! Vierer und Fünfer und kaum etwas darüber. Eine Vier in Chemie! Es ist entsetzlich! Wenn du wenigstens auf irgendeinem Gebiet begabt wärst ... aber diese graue Mittelmäßigkeit! Ich schäme mich! Ich schäme mich!«

Alle sitzen da wie gelähmt. Langsam gewinnt der Vater seine Selbstbeherrschung wieder. Es ist offensichtlich nicht der richtige Zeitpunkt, über Zeugnisse zu reden. Der Vater nimmt sich zusammen und sagt mit einem etwas unsicheren Lächeln, das versöhnlich sein soll:

»Nun möchte ich euch erzählen, liebe Kinder, dass Emilia jetzt bei uns die Haushaltsführung übernehmen wird. Sie ist eine gute Frau. Sie wird für euch und den Haushalt die Verantwortung tragen, nachdem Mutter fort ist.«

Emilia erhebt sich. Leicht angefeuchtete Lippen, sinnlich und fromm. Geht mit sicheren Schritten zum Stuhl des Vaters und legt ihre Hand sanft und selbstbewusst auf seine Schulter.

Sie lächelt den Kindern zu.

Von seinem Beobachtungsposten aus sieht August, wie Emilia und der Vater sekundenlang im halbdunklen Flur dicht beieinander stehen: eine rasche Liebkosung, ein Kichern. Dann sagt Emilia mit leiser Stimme:

»Nein. Noch nicht.«

Das Auge des Jungen. Es blinzelt nicht einmal. Er hört sie sagen:

»Du musst dir August vornehmen. Man wird unmöglich aus ihm schlau. Was soll bloß aus ihm werden?«

Der Junge schließt leise, leise die Tür hinter sich. Geht in der Dämmerung durchs Zimmer, zum Spiegel hin. Mustert eingehend sein Gesicht.

Dann nimmt er den schwarzen Kohlenstift aus dem Retortenschrank des Vaters und zieht langsam einen schwarzen Strich senkrecht über sein eines Auge, einen Clownstrich. Dann noch einen über das andere Auge. Dann einen Kinnbart. Einen Schnurrbart.

Mustert sein Gesicht, immer eindringlicher, als habe er plötzlich etwas entdeckt.

Der Achtzehnjährige geht durch die große, fantastische Kulisse und starrt fasziniert zum Schnürboden mit seinem Gewirr von Seilen und Winden hinauf. Ein Logenschließer mit der Statur eines Metzgergesellen stellt sich ihm in den Weg, und August sagt rasch:

»Ich heiße August Strindberg. Um elf sollte hier ein Vorsprechen für Schauspieler sein, und ich ...«

»Hier entlang.«

Er bekommt einen Platz hinter ein paar riesigen Löwen aus Pappmaché zugewiesen, die vermutlich für ein Abenteuerstück vorgesehen sind. Da sitzen schon drei Personen, offenbar Mitbewerber oder Konkurrenten. Einer davon ist sehr groß, sehr selbstbewusst und äußerst affektiert: Er setzt sich gern in Szene.

»... und für mich ist auch die äußere Positur formend ... ich meine, sie formt den Künstler auf der Bühne ... die Innerlichkeit, die ich in mir heraufbeschwören will, ist in den Augen ... im schmetterlingshaften Beben der Hände ... in Gesten der Angst ... des Entsetzens ... der Wille, sich vom banalen Alltagsrealismus zu entfernen ... und der Künstler, der zu werden ich mir erträume ...«

Der riesenhafte Metzger taucht auf und ruft dröhnend:

»Strinnlund! Kommen Sie!«

Sie gehen auf die Bühne. Der Logenschließer voran, er geht zur Rampe vor und ruft dröhnend wie zuvor:

»Nach Strinnlund sind es noch drei.«

Die beiden Männer unten im Zuschauerraum sehen nicht von ihren Papieren auf. Sie sitzen in der achten beziehungsweise zwölften Reihe. Sie schreiben. Der erste ruft, ohne aufzuschauen:

»Anfangen!«

Strindberg schwitzt. Die Bühne ist riesig. Er holt Luft und sagt mit brüchiger Stimme:

»Ich möchte eine Szene aus Schillers Räuber spielen.«

Der Mann da unten scheint nichts gehört zu haben.

»Anfangen!«

Und Strindberg fängt an. Doch seine dünne, nervöse Stimme trägt nicht weit, und mit der Schauspielerei ist es nicht weit her. Ein kleiner Schritt zur Seite, eine erschrockene Geste, ein flehentliches Achselzucken. Er deklamiert, schwitzend. Der vordere der beiden Männer lehnt sich zu dem anderen zurück, fragt:

»Hat er angefangen?«

»Ich glaube. Ich meine, der Mund bewegt sich ein wenig.«

Der erste ruft mit kräftiger Stimme:

»Lauter!«

Strindberg verstummt mitten in einer Tirade, leckt sich die Lippen, fängt von vorn an, nur wenig lauter.

Der Mann da unten seufzt, kehrt zu seinen Aufzeichnungen zurück, sagt halblaut zu seinem Partner:

»Raus mit dem Stümper.«

Der Assistent steht auf, ruft sehr laut:

»Wir danken vielmals.«

August, hochrot im Gesicht und verwirrt:

»Was ist … wie bitte?«

»Wir danken vielmals.«

Der Metzger schlurft herein und sagt erklärend, mit der gleichen dröhnenden Stimme wie zuvor:

»Wir danken vielmals.«

Dreht sich dann um und ruft:

»Der nächste! Lindqvist!«

Der Schauspieler Lindqvist schenkt Strindberg ein sanftes, bedauerndes Lächeln, holt Luft, schlängelt sich auf die Bühne, hält inne, wie erstarrt vor Staunen, Innerlichkeit und Verzweiflung, presst die Hände aufs Herz, schließt die Augen. Er ist bereit, er kann anfangen.

Die beiden Männer unten im Zuschauerraum lassen ihre Bleistifte sinken und betrachten mit wachsendem Interesse die schwankende Blüte auf der Bühne, die jetzt ihren dramatischen Monolog beginnt. Ein großer Auftritt bahnt sich an.

Strindberg wird hinausgebracht. Er murmelt vor sich hin:

»Nur die Kretins haben Erfolg.«

Und der Metzger sagt polternd:

»Da ist die Hintertür, Strinnblom.«

Als August das Armenspital betritt, schlägt ihm Gestank ins Gesicht, und er bleibt stehen. Es ist wie in der Hölle. Einer hat seinen Nachttopf auf dem Boden ausgekippt, die Armenhäusler jammern, es herrscht Apathie und Verzweiflung.

Die Vorsteherin weiß, dass er Kind besserer Leute ist, und behandelt ihn mit Respekt.

»Das ist aber nett von Ihnen, Herr Strindberg, dass Sie Ihre alte Amme besuchen wollen. Ja, es geht ihr ziemlich schlecht … sie ist nicht ganz … nicht ganz … aber wie nett von Ihnen, dass Sie …«

Er geht suchend zwischen den Betten durch. Schließlich findet er sie. Es ist seine alte Amme. Mittlerweile ist sie fast blind. Die Hände, in schmutzige Lumpen gewickelt, zittern unablässig.

Er beugt sich vor, ganz dicht zu ihr hin.

»Ich bin es, August. Ich soll ganz herzlich von allen grüßen.«

Sie verzieht das Gesicht zu einer Art von Lächeln, es wird breiter und breiter.

»So 'ne Freude ... so 'ne Freude ... hast du deine Mutter dabei ... so 'ne Freude, dich zu sehn.«

»Mutter ist tot! Schon seit sechs Jahren. Mutter ist schon lange tot!«

Ihr Mund kaut unaufhörlich, das Lächeln wird breiter, August beugt sich immer weiter vor, flüstert, damit die andern es nicht hören, in ihr zahnloses Lächeln hinein, aus dem nur noch zwei butterblumengelbe Zähne hervorleuchten:

»... Mutter ist tot ... und ich habe Abitur gemacht ... Abitur, Tante Alma! Ich möchte was werden, ich weiß nur noch nicht genau, was. Arzt vielleicht. Oder Forscher. Oder Entdeckungsreisender. Oder Journalist. Oder Schriftsteller. Irgendwas. Tante Alma, verstehst du, dass ich es nicht weiß? Ich weiß überhaupt nichts. Ich habe eine Verlobte, sie heißt Maria. Ich liebe sie. Tante ...«

Doch er kann nicht zu ihr vordringen, sie wiederholt nur, mit irrem Lächeln, immer wieder dasselbe:

»... so 'ne Freude ... so 'ne Freude ... so 'ne Freude ...«

»... aber keiner glaubt dran, dass etwas aus mir wird, und ich habe solche Angst, verstehst du, Tante Alma, dass ich ...«

Sie versteht. Mit ihrer klauenartigen Hand zerrt sie an dem grauen Laken und entblößt eine Brust, schlaff und längst versiegt, doch diese Brust hat August Strindberg oft gestillt. Und

28

sie lächelt ihr warmes, zahnloses Lächeln zu ihm hinauf und sagt.:

»August … Kleiner … die Brust … die Brust …«

Mit einer Art grotesker Zärtlichkeit hält sie ihm die Brust entgegen. Und als er sie ansieht, stehen seine Augen plötzlich voller Tränen. Er beugt sich zu ihr, während das Geschnatter der Irren um sie her immer mehr anschwillt.

Sein Studentenzimmer in Uppsala. Fortwährend ist ein Husten zu hören, es kommt aus dem Nachbarzimmer. Ein röchelnder, schwerer, hartnäckiger Husten.

Als er die Tür öffnet, steht der Vater draußen, zusammen mit Maria. August begreift nicht, strahlt jedoch beim Anblick von Maria, will sie schon in die Arme nehmen, doch sie geht schweigend an ihm vorbei, zum Fenster hin, schaut auf Uppsala hinunter, sagt rasch und sachlich, während sie ihnen den Rücken zuwendet:

»August, ich weiß nicht, wie ich es sagen soll. Aber ich möchte es dir selber sagen.«

August ist wie versteinert, blickt von einem zum andern.

»Muss Papa dabeisein … ich verstehe nicht, wieso Papa dabeisein muss?«

»Ich habe es ihm zuerst erzählt. Wegen der Familien. Ich werde im Februar heiraten. Aus uns beiden wird nichts.«

»Ich nehme an … er ist wohlhabend?«

»Es nützt nichts, August. Ich habe es mir anders überlegt. Ich möchte dir nur danken für … die Zeit …«

»Du hast doch gesagt, du wolltest dein Leben der Kunst weihen und einen Beruf ausüben und …«

»Ich. Habe. Mich. Anders. Besonnen.«

»Also betrogen. Ich bin … betrogen worden. Dieses ganze Geschwätz, dass du frei sein wolltest, dass du dich selbst ver-

wirklichen wolltest, und … und dann kommt so ein reicher
Protz daher und winkt mit der Ehe. Und dann kauft er dich
wie eine kleine Hure, bloß teurer, hoffe ich, das hoffe ich um
deinetwillen, denn was du verkaufst, ist kostbar, deine Freiheit, deine Selbstständigkeit, deine …«

»Oh, du machst es dir einfach …«

»Es hat dir nichts bedeutet! Du hast es nur so gesagt …
dich damit geschmückt … um so zu tun …«

»Ach, kleiner August«, sagt sie rasend, »bald steckst du sel-
ber drin, mit einer kleinen Familie, brauchst einen kleinen
Beruf, musst Geld verdienen, und dann bist du dran, kleiner
August! Du auch!«

Sie scheint sich in Gedanken zu verlieren, starrt ihn ausdruckslos an, sagt schließlich:

»… was habe ich für eine Wahl … eigentlich …«

»Wahl! Du wählst doch dein eigenes Leben?«

»Oh! Du wirst genauso drinstecken wie ich. Und dann
sind deine kleinen Träume verwelkt, und man hat dich eingefangen und … *eingefangen!*«

Sie macht auf dem Absatz kehrt und geht. Er bleibt regungslos stehen. Der Vater sitzt auf dem Bett, schaut auf seine
Hände hinab. Das Husten hinter der Wand. August sagt:

»Nein!«

Erst dann sieht er den Vater an. Und der Vater sagt, weil
ihm nichts Besseres einfällt, oder als Antwort auf eine Frage,
die nicht gestellt wurde:

»Dass du nie auf jemand hören kannst!«

»Hören!?«

»Solltest … begreifen! Die Forderungen, die … was machst
du eigentlich in Uppsala? Wirst du es zu einem Examen bringen? Eine Arbeit finden? Sicherheit … schaffen … für eine
Ehefrau … Familie?«

»Ooo!«

»Du solltest dir… einen kleinen Posten bei der Steuerbehörde suchen! Besser als ein gescheiterter Student sein und alle enttäuschen…«

»Ach so, darauf willst du hinaus… du bist von mir… enttäuscht? Von mir?

»Du könntest Fischereirat werden!«

»Vielleicht bin ich so unbegabt, dass ich Schiffskommissionär werden muss wie du…«

Der Vater packt ihn am Revers, drückt ihn aufs Sofa hinunter, zischt:

»Unverschämtheit! Unverschämtheit! Aber jetzt musst du mir jeden Groschen abrechnen! Jeden, den du in Uppsala ausgibst, jeden einzelnen!«

»Lass los! Lass los! Du hast nie an mich geglaubt! Nie! Aber diese Hure… die kannst du verteidigen… die…«

»Jeden einzelnen Groschen!«

»Nie zugehört! Dich nie bemüht zu…«

Beide atmen schwer. Dann lässt der Vater ihn plötzlich los und sinkt in sich zusammen.

Tiefe Stille. Sie sitzen da und sehen einander an.

Der Vater macht eine fast unwillkürliche Handbewegung, als wolle er ihn liebkosen, bricht jedoch mittendrin ab. Sie sehen einander an.

Abends. Er hat den Mantel an, sitzt regungslos am Schreibtisch in seinem Studentenzimmer, starrt vor sich hin.

Das Husten aus dem Nachbarzimmer, qualvoll und röchelnd, als wolle sich jemand die Seele aus dem Leib husten und hätte es bald geschafft. Er geht zur Wand, drückt sein Ohr horchend dagegen. Beginnt langsam, fast wie ein Metronom, seinen Kopf gegen die Wand zu schlagen.

Ein Mann hat die Leiche an den Armen gepackt, ein anderer an den Beinen. Strindberg steht in der Tür und schaut ins Treppenhaus, sieht versteinert zu, wie sie den Toten wegtragen, seinen Nachbarn, einen Arbeiter von etwa 25 Jahren.

Der eine Mann sagt:

»Jetzt hat er sich ausgehustet.«

»Wer ... wer war er?«

Der Mann sagt lakonisch:

»Die Frage kommt ein bisschen spät, was, Herr Student.«

Auf dem Hemd: Blut.

Ein Tanzabend in Uppsala, veranstaltet von der Studentenverbindung Norrland. Im Festsaal tanzen Studenten im Frack miteinander, sehr korrekt, sehr leblos. Nur Männer auf der Tanzfläche. Es sieht gespenstisch aus.

Strindberg steht an einen Türpfosten gelehnt, er tanzt nicht. Ein Kommilitone neben ihm sagt leise:

»August? Ist dir nicht gut?«

Zuerst keine Antwort. Dann sagt er ebenso leise:

»Nein. Hier in Uppsala ist mir nicht gut.«

Und dann hinaus, durch die Marmorhalle, wie in wilder Flucht.

Das Meer, vor der endlosen Wasserfläche ein Fischerhäuschen. Strindbergs Gesicht am Fenster. Lange steht er da und schaut hinaus, wachsam wie ein Habicht, als sei er einem Gedanken auf der Spur.

Setzt sich an den Schreibtisch. Als sie hereinkommt, dreht er sich rasch um, als habe er Angst, ein Messer in den Rücken zu bekommen. Sie heißt Sonja.

August sagt:

»Ach, du bist es. Ich hatte einen … einen Satz, der den ganzen Kopf ausfüllte … er ging so: *Ich bin zum Ärgernis geboren, zum Schlagen geboren. Und ich spüre, wie der Strom zieht, noch halte ich mich am Schleusentor fest, doch wenn ich loslasse, zieht der Strom mich mit.* Und dann kamst du, und eine Sekunde war es, als ob … ich mitgezogen würde. Hat dich jemand gesehen?«

»Glaube ich nicht. Macht doch nichts.«

»Du hast es vielleicht schon öfter gemacht. Mit anderen … Mietern.«

Sie antwortet nicht, er dreht sich blitzschnell zu ihr hin, schaut sie eindringlich an, beginnt plötzlich zu lachen.

»Wenn du gemein werden willst, dann gehe ich.«

»Nein. Du bist fein. Du bist wie du bist, du bist nicht scheinheilig. Sonst ist alles nur Scheinheiligkeit und Humbug. Du bist wie du bist. Das gefällt mir.«

»Was schreibst du?«

»Ein Stück. Ein Theaterstück. Bist du schon mal im Theater gewesen?«

»Nee, pfui. Niemals!«

»Niemals?«

»Nee, also weißt du. Niemals!«

Sie setzt sich mitten ins Zimmer auf einen Stuhl, und er umkreist sie neugierig, immer angeregter von der Idee, ihr eine private Theatervorstellung zu geben.

»Dann will ich dir erzählen, wie es ist. Zuerst geht man hinein, und da sitzt ein Haufen aufgetakelter Dinosaurier und Perückenstöcke im Zuschauerraum. Und sie glauben, sie bekämen etwas Lustiges zu sehen. Und der König ist auch da. Keiner ist auf das Kommende gefasst. Nur du weißt Bescheid. Nur du weißt, dass da vorn ein Stück von August Strindberg gespielt werden soll. Es heißt *Meister Olof*. Und es ist eine kleine … Bombe! Für den König und die Dinosaurier. Und die Reaktionäre.«

»Reak … was ist das?«

»Aber keiner weiß, dass du den Verfasser kennst! Ihn gut kennst! Und bald wird die Bombe hochgehen! Bumm! Und sie …«

Er nimmt das Manuskript in die Hand, spielt ihr die Szene mit ungeheurer Vitalität und Energie vor.

»Weißt du, was er sagt? Dies zum Beispiel: *Da sitzen Papst und Kaiser. Doch nun ertönt ein Heulen in der Luft. Wer heult da?, ruft der Papst und schüttelt seinen Petrusstab. Wer murmelt? Und der Kaiser schüttelt sein Schwert. Doch es heult in den Lüften, und es rauscht und es ruft*: DENKE! *Der Papst zuckt zusammen und der Kaiser erbleicht und ruft: Wer hat gerufen* DENKE? *Bringt ihn her, und ich werde ihm das Leben nehmen! Und der Papst ruft: Bringt ihn her, und ich werde ihm die Seele nehmen!*«

»Bloß weil man *denke* sagt! Ist das gefährlich?«

»Das Gefährlichste überhaupt! Selbst zu denken! *Doch die Stimme schwillt an, und ein Sturmwind braust heran, und er zieht über die Alpen, und er brüllt übers Fichtelgebirge, und er weckt die Ostsee auf, und ein Echo hallt von den Ufern wider, und tausendfach geht der Ruf um die Welt: Freiheit! Freiheit!*«

Sie hat ihm mit leuchtenden Augen zugehört. Und plötzlich steht sie auf, geht zu ihm hin und küsst ihn lustvoll und freudig, mitten in sein großes Lachen hinein.

Der Theaterdirektor Frans Hedberg sitzt hinter einem marmorierten Tisch, ein Manuskript in der Hand, schüttelt den Kopf und sagt ganz hilflos:

»Aber es ist doch einfach nicht gut! Nicht gut. Sie gehen in die falsche Richtung! Haben Sie nicht für die kleinen, ausgewogenen Stücke, die Sie schrieben, ein Stipendium vom König bekommen? Aber hier fehlt ja… die Ausgewogenheit! Dieser Meister Olof… Nun ja. Aber diese Angriffe auf den christlichen Glauben und das Königshaus… unser guter alter König, der uns gerade in grenzenloser Trauer zurückgelassen hat… irgendwie mangelt es dem Stück an Geschmack. Kein Geschmack. Sicher ist Gesellschaftskritik interessant. Ich frage mich nur: Muss das sein!«

Strindberg erhebt sich still und bleich, verbeugt sich, zieht sich zurück.

»Herr Strindberg. Sie sollten sich lieber mit etwas anderem beschäftigen. Etwas anderem. Sie müssen Ihre kleine Nische finden, wenn ich so sagen darf, in die Sie hineinpassen. In der Versicherungsbranche. Sie schreiben doch vorzüglich. Oder ein Examen ablegen. Bibliothekar werden. Ich sage das in aller Freundschaft. In aller Freundschaft. Ich denke nur an Ihre Zukunft. Aber eine schriftstellerische Begabung, das sind Sie nicht. Das garantiere ich Ihnen, als Fachmann.«

Strindberg geht. Schließt die Tür hinter sich. Bleibt stehen kreidebleich vor Zorn. Zischt zwischen fast geschlossenen Lippen:

»Nein!«

In der Redaktion von *Dagens Nyheter*. Der Chefredakteur lässt sich in seiner ganzen Leibesfülle an den Schreibtisch plumpsen und knallt August resigniert das Manuskript auf den Tisch.

»Strindberg, Sie müssen das umschreiben. Alles! Es taugt nichts! Ein Glück, dass ich es gelesen habe. Wie zum Teufel kann ein begabter Mensch so töricht sein wie Sie. Andeuten, der Monarch sei bei der Eisenbahneinweihung betrunken gewesen und…«

»Er war aber betrunken! Und ich habe wörtlich den ganzen Mist aufgeschrieben, den er von sich gegeben hat, lesen Sie nur: *Wenn ich nun diese neue Pulsader eröffne*, wörtlich: *Wenn ich nun diese neue Pulsader eröffne.* Und er hatte eine Hure dabei, was ich nicht geschrieben habe, oder?«

»Das fehlte noch gerade. Das fehlte noch gerade.«

»*Da das herbeibefohlene Volk nicht, wie die Bahnwärter, Branntwein bekommen hatte, beteiligte es sich aus Protest nicht an dem Huldigungsgesang für den Monarchen.* – Völlig wahr, und sehr begreiflich, und ich ...«

»Und da: *benebeltes Volk.* Was für ein verdammter Ausdruck – recht gut übrigens –, aber diese Verhöhnung des Monarchen. Makaber. Begabung allein macht noch keinen Journalisten, Strindberg! Nicht bei *Dagens Nyheter*!«

Beide sind jetzt rasend, besonders Strindberg, der die Worte förmlich hervorzischt.

»Ach so! Und was braucht man hier sonst noch?«

»Urteilsfähigkeit! Man muss auch Urteilsfähigkeit zeigen! Dann braucht man nicht zensiert zu werden!«

»Aber es ist wahr! Und außerdem verdammt komisch!«

»Mag sein! Mag sein. Aber gerade deshalb ist es wichtig, dass die Wahrheit nicht gesagt wird. Wir müssen Zurückhaltung üben, Urteilsfähigkeit zeigen, den Monarchen ehren. Das hier geht entschieden zu weit! Zu lange Sätze außerdem.«

»Das ist jetzt das dritte Mal, dass man meine Artikel zurückhält! Das dritte Mal, dass man meine Artikel umschreibt. Jetzt reicht es!«

Strindberg, weiß vor Zorn, nimmt den Federhalter vom Tisch und wirft ihn wie ein Messer durch den Raum. Er bohrt sich wie ein Geschoss in die aufgehängte Zeitungsseite, bleibt vibrierend stecken.

Schlagartig wird es still in der Redaktionsstube. In die Stille hinein sagt er:

»Jetzt haben sie meine Artikel zum letzten Mal umgeschrieben.«

Und er geht.

Der Federhalter virbriert immer noch. In der Tür holt ihn ein Schreiberling ein, dessen Gesicht ihm eigentümlich bekannt vorkommt: Ja, das ist er, der Lehrer aus Strindbergs Schule. Noch heruntergekommener. Einen Augenblick stehen sie dicht beieinander, und der Federfuchser faucht:

»Jammerschade, dass ich Sie damals nicht verprügeln durfte. Schade, schade, schade! Aber bald sind Sie ganz unten bei uns!«

»Ich werde nicht – lassen Sie mich los! Loslassen!«

»Zu fein, um ein Federfuchser zu werden, wie! Will sich nichts sagen lassen von denen, die es besser wissen.«

»Genau. Ich will mir nichts sagen lassen.«

»Aber bald sitzen Sie bis zum Hals in der Scheiße! He he! Wovon wollen Sie denn jetzt leben? Sie kleiner unbestechlicher Zeuge? Sie sind doch wie alle andern auch? Müssen schließlich klein beigeben?«

Strindbergs Gesicht verzerrt sich vor Wut, Ekel, aber auch Angst. Er macht sich los, sagt hart:

»Nein. Niemals.«

Sein Jackett ist abgewetzt; er zupft die Ärmel zurecht, damit man nicht sieht, dass die Manschetten in kein Hemd übergehen. Betritt dann entschlossen den feudalen Raum.

Der Versicherungsdirektor ist sehr groß, glatzköpfig und nicht bereit, Widerspruch hinzunehmen.

»Sie brauchen Geld, junger Mann, das ist gut. Jeder braucht Geld. Die Zeit ist aus den Fugen, jeder braucht Geld, daher gründe ich eine neue Versicherungsgesellschaft. Triton soll sie heißen. Niedrige Prämien sollen die Leute anlocken. Kleines Grundkapital, wovon wir nicht reden, das Geld ist bei uns knapp, das macht nichts, da wir auf den Höchsten bauen. Man soll keine großen Gelder im Grundkapital festlegen, das hieße, dem Höchsten misstrauen. Wir hoffen auf krisenfreie Jahre. Ist Gott gegen uns, machen wir Konkurs. Junger Mann, können Sie so schreiben, dass Sie Kunden anlocken? Können Sie schreiben?«

»Schreiben kann ich.«

»Den Teufel können Sie. Jetzt werde ich Ihnen das Schreiben beibringen, Herr Strindberg. Sie sollen einen Reklameartikel für eine Zeitung schreiben. Er soll so aussehen: Zuerst ...«

»Ich kann schreiben!«

»Wie haben wir es denn? Brauchen Sie das Geld? Gut. Na also. Dann werde ich dem Herrn das Schreiben beibringen. Es soll eine wahre Geschichte von einem jungen Mädchen sein. Märta. Meine Katze heißt Märta. Aber hier handelt es sich um die Versicherungsgesellschaft Triton. Der Name Triton muss mindestens ein dutzendmal vorkommen. Es beginnt empfindsam und fein damit, dass sie schläft. Es war ein Morgen, Anfang April. Notieren Sie! Sie hat einen Traum. Die Brüste heben sich. Notieren Sie: Ein Morgen im April, in Mosebacke oben, die Brüste heben sich, sie träumt von einem Unfall, springt auf, schließt eine Versicherung bei Triton ab. Jetzt wird es spannend. Ihr Onkel hat einen Unfall.«

»Das könnte ich mir vielleicht selber ausdenken ...«

»Maul halten! Sie sollen zuhören und notieren, sonst gibt es kein Geld!«

»Ja.«

»Wenn ich von einer Sache etwas verstehe, dann vom

Schreiben. So dass man die Leute mitreißt. Der Onkel hat acht Kinder. Dann kommt er um, unversichert. Viele Kindertränen. Auch Märta weint, die Brüste heben sich, es ist mitreißend. Wäre er doch nur bei Triton versichert gewesen, schluchzt sie. Triton. Triton. Zwischentitel: Triton ist die Rettung.«

»Wie denn?«

Der Direktor steht auf, geht beschwingt durchs Zimmer.

»Hol's der Teufel. Schreiben können Sie vielleicht, aber Sie wissen nicht, was die Leute haben wollen. Was sie zum Weinen, Fühlen, Leiden bringt…«

»Eine Versicherung.«

»Genau! Jetzt kommt die Hauptsache. Ist der Federhalter gezückt?«

»Der Federhalter ist gezückt.«

»Das ist gut. Sehr gut. Jetzt beginnen Sie zu lernen.«

Das Rote Zimmer. Dichter Rauch, Strindberg leicht betrunken, an seiner Seite die Freunde: Carl Larsson und Stuxberg. Und ein Mädchen mit auffallend ländlichem Aussehen, das sich ein bisschen eingeschüchtert an Strindbergs Arm klammert: Sonja.

August murmelt düster vor sich hin:

»Pfui Teufel, ist das widerwärtig. Ich würde alles tun, um aus dieser Scheiße herauszukommen. Für ein halbes Dutzend Austern würde ich ein Krönungsgedicht schreiben. Für ein Beefsteak zum Abendmahl gehen. Es ist, als säße ich am Boden eines Lochs fest. Ich komme keinen Schritt voran.«

»Du schreibst am *Meister Olof* wie üblich, was?«, sagt Carl Larsson.

»Alles, was ich sehe, ist scheinheilig. Humbug. Doppelmoral. Lüge.«

»So schreib doch darüber!«

»Geht nicht, wenn man ganz unten ist!«

»Dann kletter hinauf.«

»Ich weiß nicht, wie man das macht.«

»Du musst dich beeilen. Bald bist du dreißig, August! In ein paar Jahren!«

»Was mache ich bloß falsch. Ich begreife es nicht.«

Carl Larsson beugt sich vor, flüstert Strindberg geheimnisvoll zu:

»Du musst irgendwas finden, um hineinzukommen. Lern Chinesisch, das kann sonst keiner – oder …«

Das Mädchen sagt ganz ohne Arg:

»Er könnte Fischer werden wie mein Vater, dann bekommt er einen Anteil am Boot.«

Strindberg küsste sie leicht auf die Wange und seufzt. Und Carl Larsson sagt:

»Apropos Doppelmoral, hast du gehört, dass Oberbibliothekar Klemming in der Königlichen Bibliothek dem Mädchen an der Garderobe ein Kind gemacht hat. Da kannst du mal sehen.«

Strindberg ist betrunken, doch tritt ein wachsames, wölfisches Glitzern in seine Augen.

Oberbibliothekar Klemming sieht aus wie ein mächtiger Apostel: großer Bart, klare Augen. Er sitzt schweigend zwischen riesigen Bücherstapeln und mustert Strindberg mit einem amüsierten Augenzwinkern.

»Soso. Herr Strindberg. Sie bewerben sich also um eine Anstellung in der Königlichen Bibliothek. Aha. Und zudem deuten Sie ungeheuer feinfühlig an, Sie wüssten, dass ich ein Kind mit der kleinen Garderobiere hätte. Was für eine interessante Kombination, Herr Strindberg.«

Strindberg ist äußerst peinlich berührt. Er hat nicht erwartet, dass Klemming sich so deutlich ausdrücken würde. Es scheint ihm aber keine Angst zu machen, er wird nicht einmal wütend.

»Ich hatte nur die Absicht … in der Königlichen Bibliothek Arbeit zu suchen. Sonst nichts.«

»Sonst nichts. Nein, das habe ich verstanden.«

»Und ich brauche Arbeit!«

»Aber was können Sie denn?«

»Ich kann … Chinesisch! Könnte katalogisieren … und mein Chinesisch schnell verbessern.«

»Sicherlich. Und in der Zeitung schreiben können Sie auch. Sie sollten ein paar Artikel über den unzureichenden Etat der Bibliothek schreiben, aus einem rein objektiven Blickwinkel.«

»Selbstverständlich! Ich könnte …«

»In *Dagens Nyheter*.«

»In *Dagens Nyheter* …«

»Eine kleine Artikelserie vielleicht …«

»Selbstverständlich!«

Das Lächeln des Oberbibliothekars ist jetzt so breit, dass der Mund unter dem Bart fast zu sehen ist. Es herrscht eine eigentümliche Spannung zwischen ihnen.

»So ist das Leben. Leistungen und Gegenleistungen. Das wird schon in Ordnung gehen mit Ihrer Anstellung. Nur eines noch. Herr Strindberg?«

»Jaa?«

Klemming beugt sich ganz weit zu Strindberg vor.

»Wir leben in einer verrotteten Welt. Aber ich glaube nicht, dass Sie der sind, der Sie jetzt vorgeben zu sein. Kein gewöhnlicher dreckiger kleiner Erpresser. Wissen Sie, wir leben in der Zeit der öffentlichen Lüge. Der höchste Sittenwächter ist der größte Hurenbock. Jeder lügt. Alles hat zwei Gesichter. Aber nehmen Sie sich in Acht, denn Sie sind noch jung. Spielen Sie nicht zu sehr mit. Man braucht kein Schwindler zu werden, weil man in einer verrotteten Welt lebt. Sie sollten nicht mitspielen. Dabei machen Sie sich nur dreckig. Und Dreck kann kleben bleiben.«

Strindberg geht. Auf die große Freitreppe hinaus. Er tut einen tiefen Atemzug. Sein Gesicht verzerrt sich angewidert. Und plötzlich weint er, still und ohne Tränen.

Der Theaterdirektor schaut gleichgültig auf den Manuskriptpacken in seiner Hand, schaut müde zu Strindberg hin, der vor ihm steht, seufzt.

»Schon wieder *Meister Olof*. Derselbe gute alte *Meister Olof*. Zum dritten Mal.«

»Es ist völlig umgeschrieben! Ganz neu bearbeitet!«

»In Versen diesmal. Sehr schön. Die Antwort lautet nein.«

»Aber alle sagen, es sei ein Meisterwerk, und ...«

»Die Antwort lautet nein.«

Strindberg rennt zur Tür hinaus. Rennt wie in Panik die Treppen hinunter. Draußen auf der Straße scheint die Sonne ganz weiß, die Hitze schlägt ihm entgegen, er bleibt regungslos und geblendet auf dem Bürgersteig stehen und sieht die flanierenden Leute wie schwarze Silhouetten. Es ist ganz unwirklich. Die Sonne brennt. Ihm ist übel. Da hört er wie in einem Traum:

»Herr Strindberg! Herr Strindberg!«

Zwei Frauen. Die eine kennt er, Ina Forsten. Er grüßt sie verwirrt, sie lacht und plappert.

»Aber Sie scheinen ja ganz verwirrt ... wie reizend ... oh, ich vergaß übrigens vorzustellen ...«

Die andere ist blond, er sieht plötzlich ihr Gesicht ganz klar in der flimmernden Hitze.

»Freiherrin Siri von Essen-Wrangel. Verheiratet mit Baron Carl Gustav Wrangel. Der Schriftsteller August Strindberg.«

Es ist sehr heiß, sie stehen da und schauen einander an.

»Ich habe von Ina gehört, dass Sie ein neues Stück beim Dramatischen Theater eingereicht haben, wie spannend. Und es wurde angenommen?«

Eine sekundenlange Pause, dann verbeugt er sich, ein wenig steif, geheimnisvoll, aber bejahend.

»Wie schön… ach, einen begabten jungen Schriftsteller kennenzulernen. Ich interessiere mich sehr fürs Theater, spiele selbst ein wenig… möchten Sie nicht einmal zu mir und meinem Mann nach Hause kommen… dann könnten wir uns ausführlicher unterhalten. Ich wohne in der Norrtullsgatan zwölf.«

Das versteht er, nickt.

»Ja, da habe ich als Kind gewohnt.«

»Nein, nein, ich sagte, da wohnen wir, kommen Sie doch irgendwann nachmittags zum Tee zu uns und…«

Er starrt sie an.

»Norrtullsgatan zwölf? Da habe ich als Kind gewohnt.«

Tiefe Stille. Dann sagt sie mit einem halben Lächeln:

»Das ist ja… ein gutes Omen, Herr Strindberg.«

Er ist jetzt etwas besser angezogen, den Anzug wird er geliehen haben. Norrtullsgatan 12. Er geht durch die Haustür, sieht sich um: eine wohlbekannte Umgebung. Er zieht den Riss in der Steinstufe mit dem Zeigefinger nach, klopft. Wird vom Dienstmädchen hereingelassen. Und Baron Wrangel empfängt ihn sehr freundlich.

»…ja, meine Eltern haben in dieser Wohnung gelebt, und ich kenne ja… in diesem Zimmer hatte meine Mutter…«

Er verstummt, bleibt mit dem Blick an der Tür hängen: das vierblättrige Kleeblatt.

... wie interessant ... ja, meine Frau ist im Schlafzimmer ... im Allerheiligsten sozusagen ... kommt sofort ... Siri! Herr Strindberg ist da!«

Strindberg starrt wie gebannt auf die Tür. Sie öffnet sich langsam, das vierblättrige Kleeblatt gleitet zur Seite und gibt sein Geheimnis preis: ihr Gesicht.

Er starrt sie wie verhext an. Und Wrangel sagt mit einem eigentümlich schwebenden Tonfall, als biete er sie seinem Gast an:

»Ist sie nicht schön? Wie ein Gemälde von Botticelli. Ist sie nicht ...«

Er macht eine Pause, sagt dann:

»Verlockend.«

Strindberg geht am Riddarholmskai entlang, mit Sonja auf den Fersen. Sie plappert, doch er scheint kaum zuzuhören.

Die Marktfrauen sind vom Mälarsee hereingekommen, sie haben ihre Ruderboote mit frischem Laub beladen. Zartes Birkengrün. Er denkt offenbar an etwas anderes als an das, was er sieht.

»Du bist so komisch, August«, sagt sie, »warum willst du mich heute Abend nicht treffen? Ich bin um halb sieben fertig, kannst du nicht ...«

»Ich gehe aus.«

»Wohin denn?«

Keine Antwort. Er geht plötzlich zum Rand der Kaimauer vor, beugt sich hinunter, kauft ein Bündel Birkenzweige.

Taucht das Gesicht hinein, atmet ein, schließt die Augen. Die Alte schaut belustigt vom Boden des Ruderboots zu ihm auf und fragt:

»Isses für die Liebste? Birkenzweige?«

Er lacht, sagt nichts, geht weiter.

Sonja: sieht ihm nach, ganz still und stumm.

Dann geht sie.

Er hält die Birkenzweige in der Hand, als er die Wrangels in der Diele ihrer Wohnung trifft. Es ist eine sehr verwirrte Begegnung.

»Oh, wir wollten gerade gehen«, sagt Siri, »wie schade… ach, danke schön… Sie bringen Birkenzweige… das kann sich nur ein Poet ausdenken! Wie schön… wollen wir nicht doch ein Weilchen hineingehen.«

»Auf keinen Fall«, sagt August. »Ich wollte das nur abgeben, als kleinen Gruß…«

»Und ein Brief!«

»Nur ein kleines Gedicht… eine Bagatelle… als kleine Kostprobe… ein Fragment, in Verzweiflung geschrieben, als ich einmal nahe daran war, Hand an mich zu legen… ich hielt eine Opiumkugel in meiner Hand.«

Ein Dienstmädchen drängelt sich in der Diele an ihnen vorbei. Siri sagt bestürzt:

»Aber wie entsetzlich… darf ich lesen… *Wage noch, mich zu lieben, oder ich schicke einen Korb mit Smyrnafeigen und einer Kreuzotter, einer schwarzen mit zitronengelben Ringen um die Augen. Sie wird die rote Purpurquelle unter deiner linken Brust finden und wird sich und meine Rache daran satt trinken.«*

August, ganz vernichtet von der peinlichen Situation, geht langsam die Treppe hinunter. Wrangel, sehr wohlwollend:

»Sehr schön. Sehr schöne Sprache. Großartig.«

»Wissen Sie«, sagt Siri hinter Augusts Rücken, »ich habe

immer davon geträumt, Schauspielerin zu werden. Wenn Sie doch ein ... Stück schreiben könnten. Eine Rolle. Für mich.«

Auf der Insel Djurgården, Abend: Lichter von Laternen, Schatten huschen herum, dunkle Gestalten auf dem Rasen. Stuxberg. Carl Larsson. Weinflaschen und Gekicher. Strindberg liegt auf dem Bauch, stützt den Kopf in die Hand, er scheint betrunken. Eigentümlich rätselhafte Stimmung: Nacht und Erotik. Ein Mädchen mit nacktem Oberkörper läuft schnell, verspielt und beschwipst durch die Dunkelheit.

Stuxberg sagt:

»Was ist mit dir los? Jetzt wird gefickt, August. Zuerst Schwanzmusterung hinter der Kneipe, und dann besteigst du die Weiße Bärin. Was ist mit dir? Du sagst doch sonst nie nein?«

»Ich gehe langsam kaputt.«

»Wieso?«

»Alles ist nur Schwindel. Ich bin ein Schwindler. Ich halte nicht stand. Ich gehe langsam kaputt. Ich bin scheinheilig. Ich gehe langsam kaputt.«

Da legt Stux seine Hand auf Strindbergs Haar und streicht langsam, ruhig darüber hin.

Vor dem Theater brennen die Fackeln, es ist Premiere. Kalter Regen. Strindbergs Mantel ist abgetragen, er steht im Schutz der Dunkelheit dicht an einer Hauswand. Viele Leute sind unterwegs. Sie strömen zur Premiere hinein, das elegante Volk. Wagen fahren vor, Gelächter, flackernde Lichter, Schatten, erwartungsvolle Stimmung.

Strindberg, der nicht eingeladen ist, steht still im Halbdunkel. Die Hände hat er in die Taschen gesteckt. Und dann sieht er auch Baron Wrangel und die Baronesse vorbeigehen.

Sie sind in Gesellschaft, unterhalten sich angeregt, lachen. Natürlich sehen sie Strindberg nicht.

Aber er sieht sie. Dann gehen sie hinein. Das Theater leuchtet wie ein Atlantikdampfer in der Nacht. Der Platz vor dem Theater leert sich. Strindberg bewegt sich nicht.

Strindbergs Zimmer in der Kaptensgatan, Sonja von Kymmendö schläft an seiner Seite.

Sie hat sanft den Arm um ihn gelegt, bohrt die Nase in seine Achselhöhle wie eine Welpe. Das Zimmer liegt im Dunkeln, das Licht von der Straße fängt sich an der Decke.

Doch er ist wach. Liegt still, bewegt sich nicht, will sie nicht wecken. Starrt an die Decke, ins Spiel der Schatten.

Langsam, ganz langsam malt er das Zeichen aufs Papier: Es nimmt Gestalt an, ein chinesisches Schriftzeichen. Sie, Siri, sitzt dicht neben ihm. Er sagt:

»Im Chinesischen dagegen baut man es so auf ... zuerst das Grundzeichen, Mensch, zweimal, und jetzt so, dann wird es Liebe.«

»Liebe ...«

»Und Freundschaft, so: derselbe Ausgangspunkt, das Zeichen für Mann, und dann die Hand, die sich gewissermaßen ausstreckt ... Frau, und dann so: Freundschaft.«

»Wie die Freundschaft, die wir füreinander empfinden.«

»Wie Schwester und Bruder?«

»Ja, wie eine ganz reine Freundschaft, die sich fast nicht von Liebe unterscheiden lässt.«

Das Gespräch hat einen erotischen Unterton, der nicht recht mit den Worten übereinstimmt.

»Eine Reinheit, die selten ist«, sagt Siri, »befreit von Fleischeslust ...«

»...eine reine Freundschaft...«

»Oh, August, wie ich mich freue, dass du unserer Familie... so nahe stehst.«

»Ich fühle mich wie ein Kind des Hauses...«

»Mehr als ein Kind! Mehr!«

Im hinteren Zimmer taucht ein Schatten auf, Wrangel. Sie rücken ein wenig voneinander ab. Nicht viel, unmerklich. Er kommt ihnen entgegen, lächelt:

»Und hier sitzt ihr wie zwei Turteltauben.«

Sie folgt ihm schweigend ins hintere Zimmer. Wrangel streichelt ihr leicht den Arm.

»Wie schön, dass August zurückgekommen ist. So hast du Gesellschaft.«

»Ist das denn nicht gut?«

»Doch, es ist gut.«

Ihre Stimmen sind sehr leise, im Halbdunkel stehen sie. ziemlich nahe beieinander.

»Sirilein. Darf ich dich um etwas bitten?«

»Ja?«

»Kannst du mir nicht die – Erlaubnis geben, heute Abend zu Kusine Sofi hineinzugehen?«

»Wie meinst du das? Hineingehen?«

»Du weißt, wie ich es meine.«

Sie erstarrt, zeigt einen Moment einen Ausdruck von Abscheu oder Verachtung, beginnt dann leise zu lachen. Auf seinen Lippen erscheint ein halbes Lächeln. Dann dreht sie sich um, geht zu August zurück, und er sieht, dass etwas geschehen ist.

»Was ist, Siri?«

Sie sagt mit einem beinahe übertriebenen leichten Tonfall:

»Ach, nichts. Er bat nur darum, heute Abend zu Kusine Sofi hineingehen zu dürfen.«

Als er nicht versteht, beginnt sie leise zu lachen. Da versteht er. Ekel und Verachtung in seinem Gesicht.

»Wie ekelhaft ... wie ... wie ... das ist nicht möglich ...«

Da hört sie zu lachen auf und sagt trocken:

»Ich finde es fein, dass du so moralisch bist, August.«

Die Königliche Bibliothek, Bücherregale in dichten Reihen, Sonja hat den Mantel anbehalten, sie sucht Strindberg.

Als sie an Oberbibliothekar Klemming vorbeikommt, blickt er auf, folgt ihr lange mit dem Blick. Er sieht, wie sie flüsternd mit Strindberg spricht, wie dieser sich nervös umschaut. Ein Lächeln erscheint auf Klemmings Lippen.

Sie gehen hinaus in den Park, setzen sich auf eine Parkbank. Es herrscht Dämmerung, Schneeflecken auf der Erde, ein leichter Schneefall, und gerade als sie sich auf die Bank setzen, fällt ein bleicher Strahl der Abendsonne quer durch den Park, genau bis zu ihrer Bank hin.

August sagt:

»Es ist nicht von mir.«

Sie starrt ihn hilflos an.

»Eineinhalb Jahre sind wir zusammen. Und jetzt kriege ich ein Kind, und du willst nichts von mir wissen.«

»Es ist nicht mein Kind.«

»O doch, das ist es. Ich dachte, wir heiraten, hab' ich mir gedacht, und jetzt, wo du hier so 'ne feine Arbeit gekriegt hast, dachte ich, wir könnten ...«

»Wenn es herauskommt, verliere ich meinen Posten bei der Königlichen Bibliothek!«

»Nee, so ist das? Wie kann es bloß so ungerecht sein?«

»Es ist so.«

Sie blickt ratlos vor sich hin.

»Du könntest doch vielleicht wieder in der Zeitung

schreiben, und dann könnten wir ein kleines Heim haben, und Mama könnte von Kymmendö kommen und ein bisschen helfen und so. Und dann könnten wir ihn Johan nennen, nach deinem Großvater.«

»Es ist nicht mein Kind!«

»Wieso sagst du so was?«

»Du hast auch andere gehabt!«

Schweigen. Sie bewegt die Lippen, doch es kommt kein Ton heraus. Dann sagt sie ganz einfach:

»Aber es ist dein Kind.«

Und nach einer Pause fügt sie hinzu:

»Wir könnten … doch … ein kleines Heim …«

»Nein!«

Er stößt es fast zischend hervor. Und sagt dann:

»Ihr werdet mich niemals einfangen.«

Zwielicht im Flur, Siri lehnt an der Wand, es ist in der Norrtullsgatan. August dicht neben ihr. Ihre Gesichter im Halbschatten, nur ihr Dekolleté schimmert weiß, seine Finger malen eine Kurve über ihre Brüste, eine sanfte Liebkosung, sie steht ganz still.

Er nimmt seine Hand weg, sagt leise:

»Unmöglich.«

Sie rühren sich nicht, warten.

Das Rote Zimmer: verräuchert, voll, genau wie immer. Dieselbe gepflegte Verkommenheit, einschließlich der halbseidenen Damen. Strindberg liest ermattet, jedoch voller Überzeugung aus *Meister Olof* vor. Es ist die Versfassung, vierter Akt, 2. Szene:

Schlaf, o schlaf; ich werde deine Träume nicht stören! nimm, o nimm …

Es klingt sehr schön. Er legt das Manuskript zur Seite und sieht Stuxberg und Leutnant Lundin auffordernd an, die dabeisitzen und mit einer gewissen Anstrengung zu folgen suchen.

»Na?! Stuxberg, ich sage es nochmals und ich meine es: na?! Und dieses glänzende Stück wird Mal für Mal von schwedischen Theatern abgelehnt.«

»Unglaublich.«

»Ja, nicht wahr?«

»Es ist so schön«, sagt Stuxberg. »Dass es fast nicht wahr ist. Mit jeder Bearbeitung ist es schöner geworden. Und weniger wahr.«

»Was meinst du damit?«

»Es ist zu schön für diese Welt. Aber hör mal, jetzt müssen wir diese Sache regeln. Am Freitag wird dieser Wechsel fällig, zweihundert Kronen, nichts zu machen. Lundin, schau mal. Da hab' ich einen über hundert, und einen über fünfzig, und dann hebe ich in der Smålandsbank ab, und Strix unterschreibt meinen und ich seinen, und dann nimmst du, nee, warte mal, Larsson und Pelle müssen gegenzeichnen, und am Montag gehe ...«

Strindberg packt ihn fest am Arm, und es wird still.

»Zu schön für diese Welt. Du hast ja recht. Es ist hier.«

»Was denn?«

»Ich habe es bisher nicht begriffen. Ich habe die Schiebereien gesehen, die Schwindeleien, die Lügen, aber ich habe über eine andere Welt geschrieben. Es ist ja hier. Ich muss über das schreiben, was ich sehe.«

Er beginnt zu lächeln, schließlich lacht er. Die anderen sind ein bisschen beleidigt. Lundin sagt:

»Und was siehst du denn so furchtbar Interessantes?«

Strindberg beugt sich vor, bis die Nasenspitze den Tisch

berührt, und richtet sich mit einem befreiten Lächeln wieder auf.

»Dies alles. Deine verdammten Wechsel. Das Rote Zimmer.«

Der Kachelofen lodert sanft und verlockend. Strindberg legt Holz nach, einen Scheit nach dem andern.

Es ist in seinem Zimmer. Er zuckt zusammen, ein Spreißel in seinem Finger. Versucht ihn herauszuziehen. Es geht nicht. Die Flammen werfen Schatten an die Decke. Siri nimmt seinen Finger in den Mund, zieht den Spreißel mit den Zähnen heraus. Ein Blutstropfen. Sie leckt ihn behutsam ab.

Dann lieben sie sich, zum ersten Mal.

Auf Djurgården, im Sommer. Sie gehen unter den Eichen entlang. Siri in der Mitte, flankiert von August und Baron Wrangel. Offenbar sind sie die besten Freunde, fast demonstrativ. Sie nicken Bekannten zu.

Der Baron skizziert den Operationsplan.

»So können wir es machen. Siri fährt nach Kopenhagen. Dann verklage ich dich – eine reine Formsache – und kann die Scheidung einreichen. Du kehrst nach Hause zurück, August trifft sich nach einer Weile öfter mit dir, und ...«

»Wie wäre es, wenn ich stattdessen sagte, du wärst mit Kusine Sofi davongelaufen, *du* würdest nach Kopenhagen fahren, zurückkehren und ...«

»Geht nicht! Dann verliere ich meinen Offiziersrang! Und mein Einkommen!«

»Mein Gott. Das habe ich nicht bedacht.«

»Siri. Ganz was anderes. Wenn man den Dritten ganz aus dem Spiel ließe. Also sowohl August wie Sofi. Dann ginge die Geschichte folgendermaßen. Du möchtest unbedingt Schauspielerin werden. Mit der Ehre eines Offiziers ist es unvereinbar, eine Schauspielerin zur Frau zu haben. Ich frage bei meinem Oberst an. Er ist ein Holzkopf und sagt bestimmt nein.«

»Selbstverständlich.«

»Du reist ab. August und ich bringen dich zum Zug. Damit es kein Gerede gibt. Wir zeigen uns zusammen in der Stadt...«

»... und ich bin in...«

»... Kopenhagen. Genau.«

»Meine Güte. Das ist famos. Kein Skandal.«

Sie plaudern immer munterer und angeregter. Wrangel erläutert seinen Plan. Siri ergänzt ihn. Einen Schritt hinter ihnen geht August, bleich und still. Wie das fünfte Rad am Wagen. Plötzlich blickt er auf: Bekannte kommen ihm entgegen. Eine Familie, Mann, Frau und zwei Kinder.

Er kennt die Frau, es ist Maria. Sie sieht ihn eindringlich an. Dann erscheint ein kleines, fast höhnisches Lächeln auf ihren Lippen, ein anzügliches Nicken. Und schon sind sie vorbei.

Siri und Wrangel setzen ihre Planspiele fort, ohne das Intermezzo zu bemerken.

»Natürlich. Ach, wie praktisch du doch immerhin bist, Carl Gustaf.«

»Danke, meine Liebe... ich versuche doch bloß...«

»Aber August! Du musst auch etwas sagen! Du musst jedenfalls so tun, als ob du redest! Fühlst du dich nicht wohl?«

Nachmittags in Strindbergs einfachem Zimmer. Sein Gesicht ganz nah an dem ihren, zornig, fast verzerrt, er spuckt die Worte förmlich in Siris verblüfftes Gesicht.

»Nein! Ich fühle mich hundeelend! Mir ist schlecht von

diesem ganzen verlogenen Theater, das ihr zusammenge-
braut habt. Es ist ein schlechtes Stück, und meine Rolle gefällt
mir nicht. Er vor allem macht mir Übelkeit. Ein aufgeblase-
ner Kerl, der um sein Ansehen und um seinen Offizierstitel
bangt und … Aber zugleich buhlt er mit Kusine Sofi, ihr beide
wollt ja nichts lieber als euch scheiden lassen. Doch nun muss
eine Geschichte erfunden werden, um den Schein zu wahren.
Dass du dich aus Liebe zum Theater scheiden lassen musst.
Du liebst mich doch? Oder nicht? Aber dann sag es doch gerade heraus, mit dem Skandal müssen wir eben fertig werden.
Sag es so, dass es die ganze Welt hört: Ich liebe dich, August
Strindberg. Dann brauchen wir diesen ganzen Schmutz und
Schwindel nicht mitmachen.«

Schweigen. Sie sagt leise:

»Liebst du mich wirklich?«

»Ja, Siri. Sehr. Grenzenlos.«

»Aber warum?«

»Warum? Aus vielen Gründen. Für mich bist du wie ein
Duft … manchmal denke ich an dich und unsere Liebe wie
an einen … Duft. Frisch … säuerlich … stark und rein, Siri.
Rein wie Mamas Butterdose.«

»Wie meinst du das?«

»Nun … Mama hatte eine Butterdose – aus Wacholderholz – aber sie hatte nie Butter darin. Ihr Vater hatte sie aus
Wacholderholz gemacht, er konnte gut schnitzen. Und wenn
man daran roch, stieg ein so feiner … feiner Duft daraus em-
por. Mamas Butterdose. Wenn ich an dich denke, ist es so.
Ich wünschte, unsere Liebe würde immer so sein, frisch duf-
tendes Wacholderholz.«

Sie schaut ihn lange an. Dann fangen sie beiden an zu kichern, sie zeigt auf sich selbst und sagt:

»Mamas Butterdose?«

Er nickt. Und plötzlich brechen beide in ein großes, fast befreites Gelächter aus.

Sein Zimmer, sein Bett.

Siri leise und sehr zornig:

»Du hast also aufgepasst?«

»Hm.«

»Du passt immer auf, wie?«

»Hm.«

»Du solltest nicht mit diesem Pack im Roten Zimmer verkehren. Schließlich ist bekannt, was ihr getrieben habt.«

»Was denn?«

»O ja.«

»Ich schreibe die Geschichte des Roten Zimmers, und es wird die Geschichte unserer eigenen Zeit. Der ganzen Gesellschaft. Die Doppelmoral. Wie es ist, ganz einfach.«

»Wie es ist? Und wie endet es?«

»Einer wird resignieren. Einer reibt sich auf. Einer nimmt sich das Leben. Die Reaktion triumphiert, die Heuchelei siegt. Das wäre ein ganz normaler Schluss.«

»Normal!«

Er sieht sie mit einem halben Lächeln an.

»Ja? Normal. Wie es bei uns ist, normal.«

Sie macht ein zorniges Gesicht.

»Aber ich erwarte tatsächlich ein Kind!«

»Still! Man kann uns doch hören!«

Sie rennt zum Schreibtisch, packt einen Manuskriptstapel und schmeißt ihn auf den Boden, schreit:

»Ich werde alles verbrennen! Dann spürst du, was das für ein Gefühl ist! Jetzt kann ich das Theater vergessen! Nachdem ich gerade einen Fuß hineinbekommen habe. Und dabei hast du behauptet, du könntest keine Kinder kriegen! Dann war die Sache mit der Harnröhrenverengung also bloß eine Finte?«

Er kniet auf dem Boden und sammelt fieberhaft seine Papiere ein.

»Aber wenn *du* nicht schreiben dürftest!«, schreit sie. »Dann wär was los. Ein ewiges Gejammer! Ich werde es verbrennen… verbrennen…«

»Ruhig, Siri. Wir müssen ruhig sein.«

»Und dann machst du mir ein Kind! Du hast versprochen!«

»Liebste, beste Siri. Wir heiraten. Sobald wir…«

Sie sitzt auf dem Bett, trostlos schluchzend.

»Ich sollte doch spielen dürfen. Und du wolltest Rollen für mich schreiben, und ich würde…«

»Siri, geliebtes Vögelchen…«

Er lässt die zusammengerafften Papiere einfach fallen und setzt sich zu ihr. So sitzen sie still beieinander, sie starrt vor sich hin, die Abenddämmerung bricht herein, sie sagt nichts, weint aber auch nicht mehr. Schließlich sagt sie:

»Wir müssen so schnell wie irgend möglich heiraten.«

»Ja.«

»Und dann das Kind. Wir müssen das jetzt unbedingt klären. Wir beide sind königliche Beamte. Du in der Königlichen Bibliothek, und ich am Königlichen Theater. Wenn herauskommt, dass ich ein Kind erwarte, ohne verheiratet zu sein, bedeutet das das Ende für uns beide.«

»Ich weiß. Wir müssen es weggeben.«

»Aber wie?«

»Irgendwie«, sagte er. »Wenn die Eltern keine Zukunft haben, hat auch das Kind keine Zukunft.«

»Weggeben.«

»An eine Engelmacherin.«

Sie wendet rasch den Kopf ab und sagt ganz ruhig:

»Ich weiß, aber dieses Wort darf niemals fallen. Du bist jetzt still. Du bist jetzt ganz still, August.«

Und er sagt sehr leise:

»Ja.«

Die Hochzeit. Wrangel, mit ruhigem Lächeln, Ina Forstén Axel, einer von Strindbergs Brüdern, der Standesbeamte, Volksschullehrer Fischier. Und das Brautpaar Siri und August.

Fischier hält eine Ansprache.

»Ihr jungen Menschen, die ihr euch nun vor dem Altar der Kunst vermählt, habt eine große Aufgabe. Seid also willkommen in diesem Bund der Leidenden, Kämpfenden und Siegenden im Namen des Ewigen. Und ich, als einer der Unwürdigen, die stets hier unten auf der Erde bleiben, huldige euch beiden Künstlerkindern und grüße euch in diesem ewigen Bund!«

Es klingt hohl, aber dann gibt es Kognak im hinteren Zimmer. Strindberg, ein Glas in der Hand, erzählt schmunzelnd:

»Es soll eine moderne Ehe werden. Mit Gleichberechtigung in allen Rechten und Pflichten. Sie ernährt sich selbst. Ich ernähre mich selbst. Ehevertrag. Getrennte Schlaf- und Arbeitszimmer. Keine Dienstboten. Das Essen wird geholt. Nahezu ideal.«

Wrangel lächelt unergründlich und verbeugt sich leicht. Und der Standesbeamte sagt mit seinem großen strahlenden Gesicht:

»Aber wenn Kinder kommen?«

Darauf mag keiner antworten. Aber später geht Siri mit ihrem sorgfältig kaschierten Bauch zu Strindberg hin und flüstert nervös:

»Glaubst du, er hat es gesehen? Wenn er es nun gesehen hat?!«

Siris Gesicht ist schweißnass, die Wehen haben eingesetzt, sie beißt die Zähne zusammen: kein Laut kommt über ihre Lippen.

Strindberg wartet im Nebenzimmer. Der Arzt kommt herein und lächelt beruhigend; Strindberg fragt:

»Wie geht es? Schreien sie gewöhnlich nicht mehr?«

»Doch, gewöhnlich schon. Aber sie will nicht.«

»Ich verstehe. Ich verstehe.«

Während er wartet, kommt ein sonderbares altes Weib herein, um die Siebzig, eingefallen, zahnlos. Strindberg lässt sie eintreten, er scheint sie zu kennen. Keiner von ihnen sagt ein Wort. Sie setzt sich in eine Ecke und schaut ihn an.

Es ist grotesk und qualvoll. Die Alte ist in einen Schal gehüllt, den sie nicht ablegen will. Sie sitzt wie eine große graue Ratte in der Ecke und sieht ihn an.

Jemand trägt einen Kessel mit kochendem Wasser durchs Zimmer. Dann kommt der Arzt heraus, lächelt, schüttelt Strindberg die Hand, murmelt:

»Ein kleines Mädchen. Die Mutter … wohlauf. Ich darf … gratulieren. Danke. Fein.«

Als er gegangen ist, steht die Alte rasch auf, geht zu Strindberg, hält die Hand auf und sagt:

»Und jetzt das Geld.«

»Ja, gewiss. Gewiss.«

Er bezahlt in verschämter Hast. Die Alte steckt das Geld ein, geht ins hintere Zimmer, nimmt das Kind, wickelt es in eine Decke, lächelt Strindberg zu, verschwindet zur Tür hinaus.

Er geht zu Siri hinein, sie ist bleich und still, fragt nur:

»War es ein Mädchen?«

Er nickt schweigend. Geht zum Fenster, starrt hinaus. Draußen fällt der Schnee immer dichter in der Stockholmer Winternacht. Er sieht durch den Gardinenspalt, wie die Alte auf die Straße hinauskommt, ein schwarzes, gekrümmtes Geschöpf, das über die Straße huscht, sich dicht an die Hauswände drückt und mit dem eingewickelten Kind davongeht, dem Kind ihrer Liebe. Er sieht ihr nach, bis sie verschwunden ist.

Es ist Januar 1878.

Die Wohnung der Engelmacherin. Im Kachelofen brennt ein schwaches Feuer.

Sie legt das Kind auf den Boden, zu den beiden anderen, und wärmt sich die Hände am Feuer.

In der Ecke ein Mann. Er blickt nicht auf.

Das Kind wimmert. Der Mann murmelt:

»Hast du das Geld?«

Keine Antwort.

Siri starrt lange an die Decke. Dann steht sie plötzlich auf. Schlüpft in die Kleider, geht hinaus. Erst als die Tür zuknallt, wacht Strindberg auf.

»Siri?«

Die Wege im Hagapark gesäumt von kahlen Bäumen, nasser Schnee, der in Regen übergeht, die Rasenflächen voller Matsch. Siri geht, rennt, rutscht immer wieder aus. Ihr Gesicht ist verschwollen.

Strindberg zehn Meter hinter ihr, ruft ihr nach:

»Siri! Warte doch!«

Sie bleibt nicht stehen, geht im nieselnden Regen weiter. Erst bei den Kupferzelten holt er sie ein. Er hält sie fest, sie ist ganz fleckig im Gesicht und hat viel geweint.

»Siri! Siri! Siri! Sie wurde doch zu früh geboren! Es ist doch kein Wunder, dass sie starb!«

Siri schluchzt nur und schüttelt den Kopf.

»War es nicht das, was wir wollten?«, sagt sie schließlich.

»Wir waren uns einig! Völlig einig. Wir wollten das Kind einer ... ja, so einer geben, um die Karrieren des Vaters und der Mutter als königliche Beamte zu schützen! Du hast selbst gewollt, dass wir ...«

»Feige. Feige.«

»Dass sie nach drei Tagen starb, ist ganz und gar ... natürlich ... und wir haben uns nichts ...«

»Das glaubst du doch selbst nicht!« Sie schreit jetzt.

»Sei still.«

»Ich habe doch selber die Hexe kommen sehen, oh, warum habe ich mich nicht besonnen, ich wusste doch, worum es ging, ich wusste doch ...«

»Ja, das wusstest du.«

»Wir.«

»Wir.«

Sie lehnt sich mit dem Rücken an einen Eichenstamm, die Haare kleben ihr am Kopf, sie schließt die Augen und fragt:

»Wie heißt die Hexe?«

»Frau Johansson, glaube ich.«

»Meine Schuld. Meine Schuld.«

Sie beginnt zu gehen. In diesem Augenblick sagt Strindberg in ihrem Rücken:

»Wir sind doch wie alle andern. Es ist doch ... normal.«

Früher Morgen, graues Licht. Siri sitzt auf dem Bett. Sie hat den Mantel nicht ausgezogen, und die Schuhe sind dreckig, aber trotzdem hat sie die Beine untergeschlagen. Sie hält die

Hände im Schoß und wiegt sich leicht, fast unmerklich vor und zurück.

August steht am Fenster, mit dem Rücken zu ihr. Sie sagt:

»Ich bin nicht hysterisch.«

Pause. Keiner von beiden sagt etwas.

»Wenn ich sage, dass ich Kinder will, August, dann glaubst du nur, ich wäre hysterisch.«

Er sagt:

»Wir dürfen so etwas nie wieder machen.«

»Nein. Das weiß ich. Das weiß ich doch! Ich. Muss. Mich. Künftig. Beherrschen.«

»Frierst du, Siri?«

»Nein. Ich habe bloß Angst.«

»Angst?«

»Dass wir uns irgendwas kaputtgemacht haben. Dass es verkehrt ist, von Anfang an. Verkehrt. Verkehrt. Verkehrt. Dass wir alles beschmutzt haben. Dass wir ... dass wir ... genauso wurden wie ...«

»Alle andern, meinst du?«

»Ja.«

»Das ist normal.«

Langes Schweigen.

»Was sollen wir tun, August?«

Er dreht sich vom Fenster weg, geht zu ihr hin, kniet sich vor sie aufs Bett, nimmt ihre Hände und sagt zuerst leise, dann immer eindringlicher:

»Siri, ich kann jetzt nur eines tun. Nämlich einsehen, dass ich ein Dichter bin. Nichts anderes, nur das. Und da es so ist, werde ich mich jeden Morgen an meinen Schreibtisch setzen und etwas schreiben, das ich *Das Rote Zimmer* nennen will ... Wort an Wort fügen, Satz an Satz, das ist das Einzige, wozu ich tauge. Nur dazu. Und ich werde über den Schwindel schreiben, über die Doppelmoral, und über das Leben, das wir führen, ich werde schreiben, wie es ist, wie ich es selbst gesehen habe, wie wir gelebt haben, über ein Leben, hässlich und schön und schmutzig, ein Leben, Siri, ein Leben, und dann entsteht vielleicht auch daraus etwas, Siri, dann wird vielleicht auch daraus etwas geboren, ich weiß es nicht, aber wir wollen hoffen, Siri, wir wollen hoffen, wir wollen hoffen.«

Der Federfuchser von *Dagens Nyheter* wirkt noch immer heruntergekommen, hat sich aber ein Jackett angezogen, um besser in die Gesellschaft hineinzupassen. In der Hand hält er ein Buch mit dem Titel *Das Rote Zimmer.*

Er bahnt sich seinen Weg durch die festlich gekleideten Menschen auf dem Altan von Mosebacke. Es ist ein fantastischer Abend in Stockholm. Man bringt Hochrufe auf den großen Nordenskiöld aus, der gerade nach seiner Weltumseglung durch die Nordostpassage in Stockholm angekommen ist. Die Stadt erstrahlt in Festbeleuchtung. Einer der prominentesten Gäste ist ein anderer großer Sieger, August Strindberg. Der Sensationsautor des Jahres, der Verfasser des Roten Zimmers.

Der Federfuchser gleitet mit einem Bückling an Strindbergs Seite und hält ihm das Buch hin.

»Herr Strindberg, es wäre mir eine ungeheure Ehre, wenn Sie an diesem Tag Ihr Buch für mich signieren würden ...«

Strindberg starrt ihn an, erkennt ihn. Die Umstehenden beginnen lachend zu applaudieren, und widerwillig zückt er seinen Stift und schreibt. Der Federfuchser setzt seinen heiseren Monolog fort.

»Was für ein fabelhafter Erfolg ... das ganze Land redet von Ihnen ... vom *Roten Zimmer.* Ich würde gern eine kleine

Notiz in der Zeitung bringen, falls der Herr Dichter etwas von seinen künftigen Plänen erzählen mag...«

»Dies ist ein Empfang für Nordenskiöld und nicht für mich! Ihn sollten sie interviewen!«

»Beide! Beide! Zwei große Schweden! Der Forscher und der junge Dichterfürst... der Sittenschilderer, der so...«

»Gehen Sie jetzt!«

Strindberg reicht ihm das Buch und dreht ihm abrupt den Rücken zu. Der andere gibt nicht auf, geht um ihn herum, streckt den Kopf vor und flüstert:

»Strindberg! Erinnern Sie sich an das eine Mal, als Sie keine Prügel bekamen! Jetzt glauben Sie, Sie würden nie mehr Prügel kriegen. Aber je höher man steigt, desto tiefer fällt man. Hinunter in den Dreck... wo wir sind... die Proleten... wo so einer wie ich ist... dahin werden Sie vielleicht auch fallen... wie...«

Strindberg reißt sich los. In diesem Moment beginnt das Feuerwerk über dem Hafen. Man trinkt auf Nordenskiöld. Stuxberg an Strindbergs Seite, auch er mit Orden behängt: es ist ein märchenhafter Abend.

Siri kommt langsam, fast unmerklich zu ihm, berührt ihn, lächelt ein bisschen und sagt so leise, dass kein anderer es hört: »Auf das Wohl des Sittenschilderers.«

Er erwidert nichts. Schaut nur auf den Hafen hinunter.

»Jetzt bist du doch ganz oben. Was willst du nun tun?«

»Weitermachen.«

»Womit?«

Er sagt leise:

»Siri, jetzt, wo ich Erfolg habe, überkommt mich eine ungeheure Lust, alles... zu zerschlagen.«

»Du willst... alles zerschlagen? Obwohl du weißt, was es gekostet hat?«

»Vielleicht gerade deshalb.«

Eine Rakete steigt hoch, sprüht, erlischt.

In das Dunkel hinein sagt Siri leise:

»Du bist nicht bei Trost. Bei dir weiß man nie, woran man ist. Ich habe Angst.«

II

Der neue Mensch

Er setzt sich im Bett auf.

Sommer auf Kymmendö. Siri schläft ruhig und gelöst. Sie ist sehr schön. Die Sonne fällt über die Holzdielen. Die Kinder schlafen im hinteren Zimmer.

Er steht auf; in der Tür dreht er sich um. Sie ist bei der Lektüre eines Buches eingeschlafen, es ist ihr auf den Bauch gefallen und liegt nun ein bisschen zerfleddert da.

An der Klippe unten am Strand zieht er sich aus. Die Bucht liegt spiegelblank da. Er ist mitten im Schärenmeer. Er wartet. Er ist vollkommen glücklich.

Durch den Türspalt sieht er die beiden kleinen Mädchen. Sie schlafen friedlich im Eckbett, das eine mit dem Kopf am Fußende des andern.

Behutsam schließt er die Tür, wendet sich Siri zu. Sie liegt auf dem Rücken, den einen Arm unterm Kopf. Ruhige Atemzüge. Er kriecht zu ihr ins Bett. Streichelt vorsichtig ihre Wange, den Hals, die Brust. Sieht das Buch, das ihr beim Einschlafen auf die Bettdecke gefallen ist. *Das neue Reich* von August Strindberg. Er blättert darin. Ein kleines Lächeln gleitet über sein Gesicht.

Das Porträt des Königs hängt an der Wand, und er sieht imponierend darauf aus, mit missbilligendem Gesichtsausdruck starrt er vor sich hin. Doch die Stimme kommt vom lebenden König, dem Sohn, der darunter sitzt und ein Buch liest.

»Über die öffentliche Lüge, Kanonisierung und Festreden.
Da die Gesellschaft auf gebrochene Übereinkünfte, das heißt
auf Lügen gegründet ist, wurde die öffentliche Lüge zu einer
bestehenden Notwendigkeit...«

Er liest ruhig und nachdenklich, ohne sich zu erregen,
blättert in dem Buch hin und her.

»Er verhöhnt sogar die Reden am Grab meines Bruders.
Unglaublich. Ganz unglaublich. Man muss die richtigen
Schlüsse daraus ziehen. Die Ermordung des Zaren war nur
ein erstes Zeichen. In der Schweiz soll es von Anarchisten
wimmeln, und sie organisieren sich.«

Blättert weiter.

»Und diese Beschreibung einer Eisenbahneinweihung –
hier greift er meinen Bruder an. – *Eine neue Pulsader eröffnet.* Kann man ihn nicht deswegen verklagen?«

Der Justizminister sitzt ebenso ruhig da, hält ein anderes
Exemplar des Buchs in der Hand und schüttelt nur still und
melancholisch den Kopf.

»Schwerlich, Eure Majestät. Schwerlich.«

»Keine Anklage?«

»Noch nicht. Aber früher oder später wird er einen Fehler begehen.«

Seine Majestät blättert weiter, und der Justizminister fügt
hinzu:

»Er soll zu einer Leitfigur geworden sein... für die Sozialisten, Anarchisten... die Bombenleger... doch ihm ist
schwer beizukommen. Wir sind gerade dabei, sie zu erfas-
sen. Der junge Branting ist aus Genf zurückgekommen, er
kann ein Verbindungsmann zu den Russen sein. Ich bin äußerst beunruhigt.«

Der König sagt leise:

»Und diese Kloakenratte, diese widerliche Kreatur, dieser

Schänder, der seine Worte in den Rinnstein speit, er ist nun der Anführer des jungen literarischen Schweden.«

»Unerhört.«

»Aber wie kommen wir ihm bei?«

»Er ist gefährlich. Ein einziges Wort kann zum Funken werden, der einen Steppenbrand entfacht.«

Der König, wie zu sich selbst:

»... ein Steppenbrand ... aber wie kommen wir ihm bei? Wenn man ihn ... von den andern isolieren könnte ...«

»Früher oder später begeht er einen Fehler. Und dann haben wir ihn.«

Strindberg drückt den Gewehrkolben ans Gesicht, sein Finger spannt den Abzug, tiefe Stille. Dann geht der Schuss los – es gibt einen starken Rückstoß.

Zwei Segelboote mit Gästen aus Stockholm steuern den Hafen an.

Ein junger Kerl hisst die schwarze Anarchistenfahne an der einzigen kleinen Fahnenstange von Kymmendö, der Wind erfasst sie, entfaltet sie, und Jubel steigt von den beiden Segelbooten auf.

Strindberg eilt hinunter, um die Boote zu empfangen, die jetzt ganz nahe sind.

Carl Larsson steht am Bug und winkt mit einem Zeitungsstapel.

»Du hast es geschafft! Sie sind rasend! Ganz außer sich! *Das neue Reich* hat sie ganz rasend gemacht!«

Auf Strindbergs Gesicht ein gefrorenes Lächeln.

Eva, das Kindermädchen, schaukelt mit der kleinen Greta in der Schaukel vor dem Küchenfenster.

Siri steht am Fenster und sagt:

»Eva, kannst du nicht auch auf Karin aufpassen. Sie darf nicht zur Landungsbrücke gehen!«

August kommt mit Zeitungen und Gastgeschenken, Flaschen, in die Küche.

Siri bereitet das Festmahl für den Abend vor.

»Sind sie jetzt gekommen?«, fragt sie.

»Die ganze Bande!«

»Josephson auch?«

»Dich interessieren nur Theaterdirektoren!«

»Steht was in den Zeitungen?«

»Wie erwartet«, sagt er kurz.

»Sie sind wütend, was? Alle diese Angriffe auf die… die …«

»Bestehende Gesellschaft.«

»Ich bezweifle, dass ich nach diesem Buch noch besonders viele Rollen am Königlichen Theater bekomme.«

»Liebe Siri, du kannst doch nicht verlangen, dass ich zu kriechen anfange, nur damit du Rollen bekommst.«

Sie sieht ihn an, ohne zu lächeln.

»Nee, das wäre zuviel verlangt.«

August dreht sich um, will hinausgehen.

»August?«

»Ja?«

»Wir sind jetzt so glücklich. Zerstöre es nicht.«

Er geht wortlos.

Auf der Insel bereitet man das Fest vor. Die ganze Clique wirbelt herum.

Geijerstam läuft der Schweiß herunter, während er mit hochgekrempelten Hosenbeinen im Wasser steht, eine kleine Schnapsflasche in der Hand, den Sonnenhut in die Stirn geschoben.

Am Strand stehen Strindberg und Branting und hören sich Geijerstams Geschwafel an.

»Und letzte Woche war der nächste Schritt dran, in meinem Plan also, da machte ich einen Studienbesuch bei den Fischersleuten. Um ihre Lebensbedingungen kennenzulernen. Nächste Woche werde ich einen Tag bei Bauern auf Getö verbringen, um dokumentarische Eindrücke für meinen Erzählungsband über arme Leute zu sammeln. Ich habe in diesem Sommer einen ungeheuer – ungeheuer! – gedrängten Zeitplan.«

Branting fragt höflich:

»Solltest du nicht besser zwei Tage bleiben?«

»Meinst du? Zwei Tage …«

Branting sagt leise zu Strindberg:

»Dieser verdammte Idiot. Übrigens solltest du nach Genf fahren. Zum eigentlichen Brennpunkt, August. Du mit deinem Talent solltest die Geburt des neuen Menschen schildern. Die Geburt der neuen Gesellschaft. Fahr jetzt hin! Ich habe eine Kommune gesehen, in der sie nach ganz neuen Mustern leben. So etwas ist noch nicht dagewesen. Und bald verändert sich alles, bald brennt es in ganz Europa. Vielleicht dauert es noch ein Jahr, doch die Revolution steht jetzt kurz bevor. Das war die allgemeine Ansicht in Genf.«

»Tatsächlich?«

»Ich habe die Adressen.«

Geijerstam nimmt melancholisch den letzten Schluck und beginnt langsam, quer durch die Sonnenstraße an Land zu waten. Und Strindberg sagt so leise, dass nur Branting es hören kann:

»Ich möchte selber gern. Aber du weißt … Siri. Ich habe ihr soviel versprochen … Stücke … und Rollen. Und ich weiß nicht, ob … es ist schwierig.«

»In einem Jahr kann es zu spät sein.«

Siri redet unaufhörlich auf Josephson ein, der ihr höflich und bewundernd zuhört, mit einem Funkeln eiskalter Gier im Auge. Er hilft ihr beim Tischdecken.

Nur Siri und Josephson. Sie sagt:

»Ich finde, das Neue Theater ist eindeutig heute das interessanteste in Schweden. Das finden sicher alle. Es ist unglaublich, dass Sie in so kurzer Zeit Erfolg damit hatten. Unglaublich. Ich habe zu August gesagt, er soll ein Stück speziell für Sie schreiben, und fürs Neue Theater, und ich glaube, es wird etwas daraus. Er möchte gern eine große Rolle für mich schreiben. Ich habe sehr an meiner Sprache gearbeitet, Herr Josephson, und ich kann sagen, dass ich mich über eine Zusammenarbeit... freuen würde... ich glaube... wir könnten...«

Er sieht sie unverwandt an, lächelnd, sagt nichts. Da verstummt sie schließlich.

Ein Gartentisch unter den Kastanien. Es beginnt zu dämmern, ein wunderbares Licht, die Schärennacht bricht an. Eine Kerze vor dem roten Abendhimmel. Ein Stück weiter weg spielen Stuxberg und einige Musikanten von der Insel zum Tanz auf. Einige Paare tanzen.

Am Tisch aber sitzt August Strindberg und liest ruhig und methodisch aus seinem Manuskript vor. Die Zuhörer sind Branting, Carl Larsson, Geijerstam und Josephson. Lundin hat sich gegen einen Baum gelehnt, er ist stark betrunken.

»Was ist die Oberklasse?

Die Zehrenden, die Herrschenden.

Was ist die Unterklasse?

Die Nährenden, die Beherrschten.

Welcher Mittel bedient sich die Oberklasse,
um die Unterklasse niederzuhalten?

Der Religion, der Politik, der Gesetze, der Wissenschaften, der Künste und der Moral.«

Ein wunderbarer Abend, wie ein Gemälde. Er liest und liest aus seinen Papieren.

»*Die Religion.*

Was ist Religion?

Ein in niederen Entwicklungsstadien entstandenes Bedürfnis, deren sich die Oberklasse bedient hat, um die Unterklasse niederzuhalten.

Welcher Mittel bedient sich die Religion hierbei?

Des Schreckens und des Trostes.

Womit schreckt die Religion?

Mit Verdammnis oder ewiger Pein für jene, die der Oberklasse nicht gehorchen.«

Siri kommt aus dem Haus, sieht zu den Tänzern hin. Geht auf die Gruppe der Männer zu.

»*Was ist Außenpolitik?*

Die Zusammenarbeit zwischen den Oberklassen der einzelnen Nationen.

Was ist Innenpolitik?

Die Gesamtheit der Methoden, mittels derer die Oberklasse ihre Interessen gegenüber der Unterklasse wahrt.

Was ist ein König?

Der Bevollmächtigte der Oberklasse, welcher ihre Interessen wahrnimmt.

Auf welche Macht stützt sich der König?

Auf das Kapital, den Aberglauben und die nackte Gewalt.

Welche Mittel besitzt die Unterklasse, um ihre Interessen gegenüber der Oberklasse zu wahren?

Das Wahlrecht, sofern es existiert.

Besitzt sie keine anderen Mittel?

Die Revolution.

Wann ist die Revolution rechtmäßig?

Wenn sie gelingt.«

Carl Larsson macht eine Zeichnung von August.

»Was sind denn Gesetze?

Eine Erfindung der Oberklasse, um auf dem sogenann-
ten gesetzlichen Weg die Unterklasse niederzuhalten.

Hat die Oberklasse die Gesetze geschrieben?

Ja!

In ihrem eigenen Interesse gegenüber der Unterklasse?

Ja, natürlich!«

Siri geht zu ihnen hin, legt Josephson die Hände auf die
Schultern und ruft munter:

»Nun hört aber auf mit eurer langweiligen Rumhockerei.
Es ist Tanz! Tanz! Die Mädchen warten!«

Carl Larsson zappelt schon vor Ungeduld, und er steht erleichtert auf.

Branting sieht Strindberg an, der einen Augenblick pau-
siert, um dann unbeirrt mit seiner Lesung fortzufahren; und
Carl Larsson bleibt gehorsam stehen.

»Die Philosophie.

Was ist Philosophie?

Eine Suche nach der Wahrheit.

*Wie kann dann der Philosoph ein Freund der Oberklasse
sein?*

Nun, die Oberklasse bezahlt die Philosophen, damit
sie ausschließlich angenehme Wahrheiten entdecken.

Wenn aber unangenehme Wahrheiten entdeckt werden?

Dann heißt man sie Lügen, und der Philosoph wird
nicht bezahlt.

Die Ökonomie.

Was ist Ökonomie?

Eine von der Oberklasse erfundene Wissenschaft, um sich die Früchte der Arbeit der Unterklasse anzueignen.
Wie nennt man die Früchte der Arbeit der Unterklasse?
Kapital.
Kann das Kapital ohne Arbeit existieren?«

Draußen auf der Landzunge hat jemand ein Feuer gemacht, es brennt erst mit kleiner Flamme, und plötzlich kommt eine Silhouette aus der Dunkelheit geschossen und springt übers Feuer, oder durch das Feuer. Gelächter. Kleine Schreie; Licht und Schatten.

Stuxberg spielt auf seiner Laute, ihm zu Füßen seine Frau, doch seine Augen und Gedanken hat er bei den andern Damen. Im Dämmerlicht huschen Schatten umher, in die Klippen hinauf, zwischen den Bäumen durch.

Siris Augen sind groß und glänzend. Sie sieht alles, oder glaubt es zumindest. Sie sieht die Silhouetten zweier Menschen über die Klippe gehen, sie sieht Lundin, der jetzt sturzbetrunken durchs seichte Wasser platscht, auf der Jagd nach einer kichernden, flüchtenden Frau. Wer war das? Jedenfalls nicht Siri. Sie sieht alles, ist ein Teil des Nichts. Jemand hat einer Magd den Arm um die Taille gelegt und zieht sie mit fort. War es Carl Larsson? Drei Mädchen in der Badebucht, eins beginnt sich auszuziehen.

Siris Augen: glänzend, der Mund steht offen. Sie läuft auf eine Klippe hinauf, um besser zu sehen, traut sich nicht weiter, rennt wieder hinunter.

Da sieht sie August. Er steht unten am Strand, schaut ihr entgegen. Sie geht zu ihm hinunter. Er schaut sie aufmerksam, musternd an.

»Nur gut, dass die Kinder schlafen«, sagt er.

Sie antwortet nicht, sieht sich nur mit demselben sonderbar gehetzten, ekstatischen Blick um.

Gekicher. Geplansche. Die Laute spielt die immer gleiche Melodie, nur jetzt ein bisschen falscher. Stuxbergs Frau ist plötzlich verschwunden, wo ist sie hin?

Das Feuer flammt auf. Er wiederholt:

»Nur gut, dass die Kinder schlafen.«

Siri, ungeduldig:

»Ich habe gehört, was du sagtest.«

Er sagt nach einer langen Pause, als sie sich gerade in Bewegung gesetzt hat:

»Ihre Mutter ... sollte vielleicht auch schlafen.«

Das Feuer knistert.

»Ich bin nicht müde.«

Sie gehen zum Haus hinauf. Auf dem Pfad durch den Wald. Sehen plötzlich links in der Lichtung ein Paar, das sich auf dem Boden herumwälzt.

Von hinten spürt sie plötzlich Augusts Blick. Sie dreht sich heftig um und geht zum Haus hinauf.

»Siri? Siri?«

Siri sitzt mit einem Spiegel in der Hand auf dem Bett und streicht über einen ihrer Vorderzähne. Es ist früh am Morgen.

August sagt kühl von unten aus dem Kissen heraus:

»Widerlich. «

»Ganz lustig ... auch?«

»Das ist doch nicht dein Ernst.«

»Carl Larsson hat jedenfalls Spaß gehabt.«

»Es klingt, als ob es dir gefallen hätte.«

»Hast du keinen Anstand im Leib«, brüllt er plötzlich unbeherrscht los.

»Pah.«

»Widerlich.«

»O wei. Kleiner August.«

»Du hättest womöglich gern mitgemacht? Siri? Warst du ein bisschen ... ein bisschen ...?«

»Bist du jetzt eifersüchtig? Eifersüchtig ...«

»Du scharwenzelst«, sagt er kühl. »Du scharwenzelst um diesen verdammten Josephson herum und bietest dich an!«

»Ich kämpfe für deine Stücke! Und alles, was dir in den Kopf will, ist Eifersucht!«

»Du bietest dich an! Gib es zu! Und vielleicht ist es nicht das erste Mal!«

»Und du lügst! Und hältst nicht Wort!«

»Wie bitte?«

»Du hast versprochen – versprochen! – ein Stück für mich zu schreiben. Mit einer Rolle. Einer großen Frauenrolle. In der ich meinen Durchbruch haben könnte. Damit ich endlich arbeiten kann. Versprochen. Du und deine Versprechungen. Da sitze ich nun.«

Strindberg, am Fenster, mit dem Rücken zu ihr, sagt mit einem eigentümlichen Lächeln:

»Ach so, deswegen hast du mich also genommen?«

»Du hast es versprochen!«

Langes Schweigen.

August geht zur Kommode, schließt die Schublade auf. Nimmt ein Manuskript heraus, blickt sie an, ohne zu lächeln. Sagt:

»Bitte schön.«

»Was ist das?«

»Dein Stück. Ich habe es jetzt fertig. Ich habe mir gedacht, es soll *Herrn Bengts Gattin* heißen. Handelt von einer Frau, die ihrem Mann davonläuft. Wie in *Ein Puppenheim*. Im Unterschied zum Stück des norwegischen Arschkriechers ist dieses jedoch wahr. Sie kommt zurück.«

Sie geht zu ihm hin. Nimmt das Manuskript. Beinahe lüstern. Sagt leise:

»Immerhin eine Rolle. Für mich?«

Sie liest vom Manuskript ab.

Sie sitzen beide auf der Klippe. Die Insel gehört wieder ihnen, sie sind allein. Sie liest:

Das lügst du, Pfaffe. Hätte ich nicht das Joch mitten entzweigebrochen, so hätten meine Kinder…

Er verbessert freundlich ihre finnlandschwedische Aussprache:

»… Kinder… Kinder… nicht Kiiinder…«

»… Kinder… *So hätten meine Kinder und deine Kinder es in Ewigkeit tragen müssen.*«

August übernimmt den anderen Part:

»*Das werden sie ohnehin tun.*«

»*Deshalb, siehst du, möchte ich weiterleben, damit sie die Wahrheit erfahren, die sie frei macht! Schenke mir das Leben, mein Gott! Und erbarme dich meiner! Noch kann ich nicht vor dich treten!*«

Im Theater, an der Tür zum ersten Rang. Hinter Strindbergs lauschendem Kopf taucht Branting auf, er flüstert:

»Nun, Strix? Wie ist die Stimmung? Revolutionär?«

Strindberg zuckt irritiert zusammen, sagt jedoch nichts. Es ist im Neuen Theater, am 25. November 1882.

Auf der Bühne stehen der Beichtvater und Margit, es ist die Schlussszene von *Herrn Bengts Gattin*. Mit großer Überzeugungskraft spricht der Beichtvater zu der entlaufenen Gattin von der Wichtigkeit, zu ihrem Mann zurückzukehren. Spricht von ihren Kindern. Spricht von der Freiheit, die in der Unterwerfung liege.

Siri spielt die Margit. August steht am Türspalt und schaut auf die Bühne hinunter. Hinter ihm Branting mit einem Bier in der Hand und einem etwas hämischen Grinsen auf den Lippen. Flüstert Strindberg seine Kommentare ins Ohr.

»Kannst du die Damenliga da unten sitzen sehen?«

»Pssst«, zischt August.

»Oder die Königin? Wirken sie zufrieden?«

Strindberg ist verärgert, erwidert aber noch immer nichts.

Vorn auf der Bühne ist Margit nun zur Einsicht gelangt. Sie fleht ihren Gatten an, sie wieder aufzunehmen, und der romantische Schluss blüht in vollendeter Reinheit auf. Siri deklamiert sehr schön.

»O allmächtiger Gott, mein Erlöser, lass mich leben, und ich will meinen Eigenwillen und meine romantischen Gedanken opfern! Ich will auch anderen ihren Willen lassen, der vielleicht besser ist als der meine!«

Strindberg ist jetzt ganz gefesselt und tief ergriffen. Er formt die Worte mit den Lippen, spricht mit, er kennt sie auswendig und es ist, als wolle er Siri da unten auf der Bühne hypnotisieren, indem er ihr die Worte vorsagt. Und fast störend laut deklamiert er, zugleich mit Siri.

»Bengt, wenn ich am Leben bleibe, vergibst du mir, nimmst du mich wieder auf?«

Das Ende ist heiter und glücklich, die entlaufene Ehefrau wird wieder in Gnaden aufgenommen, Strindbergs Gesicht strahlt. Hinter ihm Brantings Gesicht, ein wenig spöttisch:

»Strix, alter Freund. Ein Puppenheim ist das nicht gerade,. was?«

Strindberg hört ihn nicht. Der Vorhang fällt. Ein kurzes Schweigen, seine Augen sprühen vor Zorn.

»Der Mann ist stärker unterdrückt als die Frau! Und es ist

unvereinbar, Kinder zu gebären und zugleich einen Beruf außer Haus auszuüben.«

»Ein sozialdemokratischer Standpunkt ist das jedenfalls nicht«, sagt Branting resigniert.

»Darauf pfeife ich!«

»Aber... aber wenn du deine ehrlich gesagt höchst persönlichen Ansichten zur Frauenfrage mit der Politik vermischst, entstehen gewisse...«

»...gewisse was?«

Branting seufzt, sagt fast unhörbar:

»...kleine Probleme.«

Applaus. Das Stück ist zu Ende, Siri nimmt die Ovationen entgegen.

»Aber wenn sie nun wirklich begabt ist. Wollt ihr trotzdem reisen?«

Doch als Branting sich umdreht, ist Strindberg verschwunden.

Das Restaurant ist voll besetzt, Herr und Frau Strindberg bahnen sich ihren Weg zu dem reservierten Tisch. Sie erregen ein gewisses Aufsehen. Man verstummt an den Nachbartischen, flüstert ein wenig. Zweifellos ein bekannter Schriftsteller, aber nicht unumstritten.

Sie setzen sich. Strindberg starrt unangenehm berührt vor sich hin.

Am Nebentisch ein Herr, der Strindberg eiskalt und feindselig fixiert. Der Mann beginnt einen Monolog zu halten, der sich scheinbar an die Tischrunde richtet, doch seine Stimme ist laut und deutlich, und bald wird offenbar, dass der Adressat ein anderer ist, nämlich Herr Strindberg.

»Ein sonderbarer Geruch hier drinnen. Scheint mir plötzlich. Riecht nach Dorfköter. Nach so einem, der sein Bein an allem hebt, was heilig ist. Sehr komisch. Solche Köter verdienen eine Tracht Prügel. Alles pinkeln sie an. Sie passen besser ins *Neue Reich*. Da können sie ihren Dreck verbreiten.«

Im Lokal ist es still geworden. Strindberg ist wie versteinert. Karin, die sie dabei haben, schaut die Eltern ein bisschen fragend an. Siri, etwas gefasster, sagt leise zu Strindberg:

»Wir gehen. Jetzt sofort.«

Der Mann faselt weiter, demonstrativ mit immer lauterer Stimme:

»Komisch, dass man Dorfköter in anständige Lokale lässt. Können sie ihren Gestank nicht woanders verbreiten? Zusammen mit anderen Schundschreibern? Dieses Pack bräuchte eine Tracht Prügel. Damit es weiß, was sich gehört. Nächstes Mal.«

Strindberg, hochrot im Gesicht, bahnt sich seinen Weg hinaus. Siri folgt ihm. Gekicher und Gelächter im Lokal. Ein kleiner Applaus. Es ist unsäglich peinlich. Draußen bricht Siri in Tränen aus, weint still und verzweifelt.

»Wir sind blamiert blamiert blamiert. Dies ist das dritte Mal. O mein Gott, warum musstest du dieses Buch schreiben!«

Sie gehen die verschmutzte Straße entlang, im Regen. Und Strindberg sagt:

»So geht es nicht weiter. Dann lieber ins Exil.«.

»Exil? Wohin denn?«

»Paris.«

»Aber ich? Soll ich aufhören zu spielen und ... wovon sollen wir denn leben?«

»Ich will ein freier Schriftsteller werden. Von dem leben, was ich schreibe. Keine Mäzene. Keine verdammte königliche Gnade. Ich will vollständig frei sein.«

»Willst du denn in der Königlichen Bibliothek aufhören?«

»Ich bin … fast schon entschlossen.«

»Aber wovon sollen wir denn leben?«

»Von meinen Worten.«

»Das hat noch keiner geschafft. Niemals! Nicht ohne Mäzene!«

»Ich werde der Erste sein. Der Erste. Freie. Schwedische. Berufsschriftsteller.«

Sie geht vor ihm her. Sagt, ohne sich umzudrehen:

»Frei. Ich nehme an, die Voraussetzung dafür ist, dass du mich in der Küche einsperrst. Ist es nicht so?«

Der Stockholmer Hauptbahnhof, Branting reicht einen Koffer in den Zug, den letzten, und schüttelt Siri die Hand. Sagt mit sanftem Lächeln:

»Ein paar Jahre auf dem Kontinent würden viele Arbeiterfrauen bestimmt als anregend und erholsam betrachten.«

Sie sieht ihm mit stechendem Blick in die Augen, macht auf dem Absatz kehrt und klettert hinauf. August verdüstert sich, schüttelt Branting die Hand und murmelt:

»Das war nicht komisch.«

Branting gelassen:

»Pass auf dich auf, August. Und auf sie.«

In Paris, Herbst 1883. Die Halle ist prachtvoll, etwa fünfzig Leute sind dort versammelt, unter anderem Emile Zola und Dr. Charcot, keiner von ihnen kennt August und Siri. Die beiden stehen mit Gläsern in der Hand da und werfen scheue Blicke um sich. August flüstert:

»Zola. Da. Nein, links. Er spricht mit Doktor Charcot. Da. Er ist sehr bekannt durch … seine Experimente mit weiblicher Hysterie.«

»Da ist er!«

»Wer?«

»Na, Björnson natürlich. Willst du ihn nicht begrüßen? Schließlich sind wir doch nach Paris gefahren, um all die großen Tiere zu treffen?«

Björnson mit seinem mächtigen Kopf. Zuerst äußerst misstrauisch, beinahe zornig. Dann überschwenglich.

»Strindberg. Strindberg? Sind Sie es wirklich? Sagen Sie gleich – was werden Sie jetzt schreiben?«

Strindberg ist von dieser schnellen Einleitung völlig überrumpelt, fasst sich aber und antwortet fast schüchtern:

»Ich denke zunächst an einen Band mit Erzählungen zur Frauenfrage. Ich möchte ihn *Heiraten* nennen, und ...«

»Falsch! Ganz falsch! Man muss sich fragen: Was ist gerade jetzt wichtig? Die Antwort lautet: der Sozialismus und die Freiheit Norwegens. Nicht die Frauenfrage! Nicht wahr, Frau ...«

»Siri.«

»Verdammt nett, Ihre Bekanntschaft zu machen. Ich schlage vor, Strindberg, dass wir uns duzen. Du bist der unumstrittene Führer des Jungen Schweden. Aber wenn du über die Frauenfrage schreibst, hast du alle gegen dich. Besonders die Damenligen. Die der Königin zu Füßen sitzen und radikal sind. Lebensgefährlich! Also – keine Erzählungen! Die Damenfragen sind das reinste Dynamit! ... Monsieur Zola! Enchanté! ... Ich werde euch gelegentlich bekanntmachen. Ich kenne deine Ansichten. Es wird eine Katastrophe. Wenn es dir sonderbar vorkommt, du zu sagen, dann machen wir es rückgängig. Sie waren Schauspielerin, nicht wahr, Frau ... Siri?«

Siri leicht schockiert, kann bloß nicken, sagt dann:

»Ja, ich denke doch, dass ich immer noch ...«

»Liebe Frau Siri. Ehrlich gesagt, sehen Sie nicht ein, dass

Ihr Platz an der Seite des Mannes ist. Ihres Mannes. Der ein Genie ist!... Monsieur Charcot! Bon soir!... Ein Genie, das Ihre Hilfe, Stütze braucht. Als Schauspielerin... Ich habe Sie nicht gesehen. Aber ich habe von Theaterdirektor Josephson gehört, Sie seien ein wenig... fad. Unter uns. Ihre Begabung liegt nicht auf diesem Gebiet. Sie scheinen eine entzückende Mutter und Ehefrau zu sein. Lassen Sie es dabei. Und Strindberg soll nicht über die Frauenfrage schreiben. Sie haben nicht die richtige Hand mit den Damen. Sagen Sie Ihrer Frau, sie soll sich die Theatergrillen aus dem Kopf schlagen, dann haben Sie Ihre Arbeitsruhe. August! Ich schlage vor, dass wir uns duzen. Weißt du...«

Schlägt jetzt einen vertraulichen Ton an, Siri kann nicht umhin zuzuhören.

»Weißt du... es ist schwierig, mit Damen richtig umzugehen. Man muss ein Fingerspitzengefühl dafür haben. Weißt du... als ich zum ersten Mal nach Rom reisen wollte, war Caroline... meine Frau... beunruhigt. Nervös. Sie befürchtete, ich könnte ihr untreu werden. Sie kannte meine starke Natur! Natur! Als ich von ihr Abschied nahm, sagte sie: Björnson, sagte sie, wenn du mir in Rom untreu wirst, nehme ich mir das Leben. Ich springe vom Balkon! Nach einem halben Jahr kehre ich nach Hause zurück. Ein halbes Jahr in Rom! Bei meiner starken Natur! Ich fahre im offenen Landauer. Schon von Weitem sehe ich, dass sie auf dem Balkon steht, um mich zu empfangen. Und da, Strindberg, erhebe ich mich im Landauer, winke ihr zu und rufe mit meiner ganzen gewaltigen norwegischen Stimme: Spring, Caroline! Spring!«

Strindberg starrt ihn sprachlos an, wiederholt dann unwillkürlich:

»... spring... Caroline... spring.«

Björnson bricht in ein dröhnendes Gelächter aus, in das Strindberg schließlich einstimmt, ein wenig zaghaft zuerst, und plötzlich umarmt ihn Björnson, erstickt ihn fast. Wie zwei betrunkene Bären schaukeln die beiden hin und her, während die übrigen Gäste das Spektakel verwundert betrachten.

Siri geht.

An der Tür des Aufzugs holt er sie ein, drängt sich hinter ihr in den Fahrkorb. Schweigend drückt sie auf den Knopf, der Aufzug ruckelt abwärts, bleibt schließlich stehen.

Keiner von ihnen bewegt sich. August probiert es zuerst ein bisschen entschuldigend:

»Weißt du... er ist recht grob und...«

»Fad! Fad? Was hat er eigentlich damit gemeint?«

»Was? Ja...«

»Hat Josephson zu ihm gesagt, ich sei als Schauspielerin ein bisschen fad?«

Er schaut sie an, ein Fünkchen glimmt in seinem Auge auf, jetzt ist er wieder mehr ein Wolf.

»Josephson, ja. Das würde mich nicht wundern. Ich sagte dir doch, dass er ein Schwein ist, und dass du nicht um ihn herumscharwenzeln solltest, um Rollen zu bekommen. Dich anbieten.«

»Hör auf!«, schreit sie. »Hör jetzt auf!«

»Da hast du es. Du bietest dich an, und er redet hinter deinem Rücken Scheiße.«

»Sei still. Jetzt reicht es.«

»Josephson. Pah. Hat nichts zu bedeuten. Dummes Geschwätz. Von einem Stinkstiefel. Schließlich hast du... richtig gute Rezensionen bekommen.«

Sie starrt schweigend durch das Gitter des Aufzugs. »Sogar

Josephson. So reden sie also. Das bedeutet, dass ich nicht…
tauge.«

»Für mich taugst du.«

Das scheint sie nicht zu freuen, sie sagt bitter:

»War das nicht der Ort, an dem der neue Mensch leben
sollte? Mitten in Europa? Dann ist es wohl Björnson?«

»Nein, nicht hier! Nicht in Paris! Du merkst doch selber,
wie alt alles hier ist. Alte Gedanken. Alte Norweger. Aber in
der Schweiz… in Genf… Branting hatte recht. Wir reisen
ab.«

Und Siri, so leise, dass er es fast nicht hört:

»Mir ist, als sei ich auf dem Weg in eine Falle.«

Ouchy in der Schweiz, im Frühling 1884. Der Mann trägt
einen korrekten schwarzen Anzug mit einer komischen
schwarzen Baskenmütze. Er bleibt vor der Pension stehen,
schaut sich sorgfältig um und setzt sich dann mitten auf eine
Bank.

Er ist sehr ruhig, sitzt ganz still, wartet. Um ihn herum die
atemberaubend schöne Alpenlandschaft.

Siri sieht ihn vom Fenster aus – es ist, als bespitzle sie ihn
hinter der Gardine.

August sitzt hinter ihr am Schreibtisch.

»Er ist jetzt da«, sagt sie. »Herr Elpidin.«

»Gut. Ich komme.«

»Warum kommt er nie herein?«

»Weiß nicht. Diese Anarchisten sind ja ein bisschen…
sonderbar. Vorsichtig.«

»Es gefällt mir nicht, dass du mit ihm verkehrst.«

»Wie bitte? Er kennt Bakunin! Und diese neuen anarchis-
tischen Kommunen haben hochinteressante Ideen, sie leben in kleinen Gruppen, machen alles selbst, Handwerk und

Kindererziehung, eine ganz neue Sicht der Frauenrolle, freie Liebe, alle sind Produzenten, keiner ist vom Staat abhängig, sie bauen alles selbst an und ...«

»... sprengen den Zaren in die Luft. Stimmt das etwa nicht?«

Strindberg, jetzt im Mantel, sagt irritiert:

»Es ist so, Siri. Sie versuchen einen neuen Menschen zu schaffen. Frei von Unterdrückung. Alles ist jetzt im Umbruch. Das ganze 19. Jahrhundert. Jetzt wird der Mensch des 20. Jahrhunderts geboren, in diesen Ideen. Ein neuer Mensch, furchtlos, ohne Autoritäten, ohne Unterdrückung, ohne Vorurteile, ohne einen Staat, der sie unterdrückt, ohne Steuern, ohne Pfaffen, ohne Militär. Der Europäer des 20. Jahrhunderts. Und unser Sohn, Siri, wird mitten im neuen Europa geboren.«

Siri, den Blick starr auf die schmale, schwarze sitzende Gestalt dort unten geheftet:

»Ich fürchte mich, August.«

»Siri. Nur die Unterdrücker müssen sich fürchten. Nur sie.«

»Ich fürchte mich davor, im Ausland ein Kind zu bekommen. Ja, wirklich.«

Es ist Abend. In dem kleinen Café sitzen Strindberg und Elpidin einander gegenüber, Elpidin redet unablässig.

Still, exakt und ruhig wie ein Rasenmäher sagt er:

»Terror und kleine Morde sind notwendig, sie jagen den Kleinbürgern Schrecken ein und erzwingen härtere Polizeimaßnahmen, was hervorragend ist. Terror enthüllt das wahre Gesicht des Staates: Er macht die Unterdrückung sichtbar. Also: Handlung, Attentate. Spreng in die Luft, was uns unterdrückt. Terror.«

»In Schweden ist das nicht populär«, sagt Strindberg trocken.

»Schweden. Herr Strindberg, Sie wissen ja, dass Nobel, Ihr großer Landsmann, mit seiner Erfindung des Dynamits der Demokratie einen großen Dienst erwiesen hat. Seine demokratische Erfindung des Dynamits bedeutet die Rettung für die Unterdrückten. Kanonen sind das äußerste Argument der Unterdrücker. Und das Dynamit das der Unterdrückten. Dazu braucht man keine Waffenfabriken und kein Kapital. Man braucht nur eine kleine Tasche. Der Anfang mit dem Zaren war gut. Sie sollten sich auch Ihren kleinen König vornehmen.«

Kerzen stehen auf dem Tisch. Am Nebentisch sitzt eine Frau, die ein Buch liest und zugleich ihr Kind stillt. Strindberg schielt verlegen zu ihr hin, er kann nicht anders.

»Der neue Mensch muss sich frei entfalten können! Zwischen Vorurteilen und altem Plunder kann er nicht leben und atmen. Er muss sich freisprengen … zur Luft! Zum Licht! Auch in Schweden!«

»Schweden ist ein kleines Bauernland im hohen Norden.«

»Herr Strindberg. Der Anarchismus ist eine innere Revolution. Ein Anarchist ist eine Person in permanentem Aufruhr. Gegen alles! Und ich glaube, Sie sind ein Anarchist. Und werden es immer bleiben. Aber das ist das Problem mit euch Literaten: Ihr redet bloß und handelt nicht. Eure Worte mögen revolutionär klingen – aber wenn es darauf ankommt, zögert ihr. Doch ohne Handlung sind alle Theorien wertlos.«

Plötzlich betritt ein Mann das Lokal. Sieht sich um, geht zu Elpidin, setzt sich. Sehr konzentriert, aber dennoch aufgeregt. Zeigt rasch auf Strindberg, wie um zu fragen, wer er ist. Elpidin macht eine Geste: Der ist in Ordnung.

Der Fremde sagt leise und schnell:

»Die Polizei hat die Wohnung in der Meinekestraße durchsucht. Sie haben Ogareff geschnappt, aber Cornez konnte entkommen. Wir haben einen Denunzianten unter uns.«

Elpidin nickt nachdenklich. Überlegt einige Sekunden lang schweigend, lächelt Strindberg zu.

»Herr Strindberg. Entschuldigen Sie mich, ich muss gehen. Ich muss heute Abend leider dafür sorgen, dass ein guter Freund eliminiert wird.«

»Eliminiert?«

Das Lächeln wird breiter, erlischt.

Strindberg ist plötzlich allein. Er sieht sich um, mit einer neuen Furcht im Blick.

Er geht.

Vor dem Anarchistencafé zieht eine Prozession von Pfarrern die Straße entlang. Er kreuzt den Weg der Prozession von der Seite.

Unendlich langsam entwickelt sich die Fotografie: zuerst schattenhaft – ein Erwachsener, der etwas trägt. Ein Paket? Eine Bombe?

Sein Finger bewegt das Bild im Entwicklerbad.

Es wird immer deutlicher. Es ist Siri. Und in den Armen hält sie ein Baby.

Strindberg lächelt triumphierend, zieht die Fotografie aus der Wanne. Tritt aus der Dunkelkammer ins hintere Zimmer, wedelt triumphierend mit dem Foto.

Da sitzt Siri auf einem Küchenstuhl und starrt vor sich hin. Sie stillt den Säugling und weint dabei lautlos.

Er schaut nur auf das Foto und sagt mit einem breiten Lächeln:

»Hier habe ich das schönste Bild, dass man von einer Frau und Mutter sehen kann, es ... was ist? Siri?«

Im Hintergrund das Haus der Anarchistenkommune. Vor dem Haus ein großer Garten, auf dem Dach zwei Frauen, die Dachpfannen auswechseln. Hundert Meter weiter weg: ein Experiment. Strindberg und der Anarchist kauern hinter einem Stein. Eine Zündschnur wird angezündet, verglimmt mit einem Zischen.

Stille. Beide halten sich die Ohren zu.

Dann ein dumpfer kleiner Knall. Er hinterlässt ein schwarzes, sehr kleines Loch.

Elpidin ist ein bisschen verlegen. Strindberg lacht amüsiert, macht kehrt und geht langsam zum Haus hinauf.

»Manchmal glaube ich, Worte sind gefährlicher als Bomben, Herr Elpidin. Wenn man sie richtig zu gebrauchen weiß.«

Ein hoher Himmel über dem Alpental. Die Rufe der arbeitenden Frauen klingen sehr klar, es gibt einen Widerhall.

Die Pension in Ouchy. Siri versteckt die Weinflasche schnell und geschickt hinter den Büchern; als August hereinkommt, steht sie über den Kleinen gebeugt und deckt ihn zu. Er merkt sofort, dass sie schwankt.

»Siri, es ist elf Uhr vormittags, und du bist schon betrunken. «

»Mir ist langweilig. Langweilig!«

Er wartet, sagt dann ruhig:

»Vielleicht solltest du Evas Arbeit übernehmen, dann bräuchten wir kein Hausmädchen.«

»Pah!«

»Ich war gerade in der Anarchistenkommune. Sehr feine Menschen. Keine Dienstmädchen. Die Frauen machen alles selber. Jede hat einen Beruf. Sie wechseln sich bei der Arbeit ab. Weben selber, färben Textilien mit Pflanzenfarben. Bauen ihr eigenes Gemüse ...«

»Ich mag nichts davon hören!«

»Das glaube ich gern.«

Er geht ins Arbeitszimmer, setzt sich, schreibt.

Sie kommt ihm nach, bleibt in der Tür stehen, fragt hinter seinem Rücken:

»Warum durfte ich nicht das Manuskript von *Heiraten* lesen, bevor du es abgeschickt hast? Was ist es eigentlich … wovon handelt es?«

Er dreht sich abrupt um, starrt ihr direkt ins Gesicht.

»Ich – will – mir – beim Schreiben – nicht über die Schulter sehen lassen! Von Leuten, die nur ans Ansehen denken. Oder an den Schriftstellernamen! Ich betrachte es als meine heilige Kreuzfahrerpflicht, meinen Schriftstellernamen zu opfern! Ich schreibe wie ich schreibe!«

»Aha. Mein Gott, wie mutig du bist. Und was schreibst du denn in *Heiraten*, nur nach dieser Kleinigkeit habe ich gefragt. Du brauchst mich nicht anzuschreien.«

»Es ist ein sehr nützliches Buch mit Frauenporträts, Sirilein. Frauenbilder! Reiner Sozialismus mit dem radikalsten Frauenprogramm, das du dir vorstellen kannst.«

»Ja ja. Das kann ich mir denken. Eine Huldigung an die Frau als Gattin und Mutter.«

»Siri. Sirilein, hör mal zu. Es ist das Schlimmste, das Schönste, das Geistreichste, das Gemeinste, was ich je geschrieben habe. Ich beschimpfe Ibsen wegen seines verdammten Idealismus in *Ein Puppenheim*. Und Björnson wegen seinem Geschwätz über die Reinheit des Mannes. Dämliche Schöntuerei, altmodische Galanterie. Sollen die jungen Kerle jetzt auch nicht mehr ficken dürfen? Wo man gerade den Mädchen die Freiheit dazu verschaffen will?«

Sie starrt ihn schweigend an, sagt dann nur mit beherrschter Ironie:

»Wann kommen die Rezensionen?«

»Weiß nicht. Wird schon gutgehen.«

»Wenn sie wider Erwarten gut werden, können wir nach Hause fahren.«

Sie entdeckt plötzlich eine Zeichnung auf seinem Tisch. Ein König, der auf einem Thron sitzt, mit einer Bombe unter sich:

»Was ist denn das? August? Deine Schrift? Was treibst du eigentlich?«

Er wirbelt herum, reißt den Zettel an sich.

»Raus! Ich arbeite!«

»Hast du den Verstand verloren ... was sind das für Kindereien ... oder ist es ...«

»Raus!«

Als er allein ist, starrt er eine Weile auf den Zettel. Knüllt ihn dann zu einer kleinen Kugel zusammen, legt sie in den Aschenbecher und zündet sie an.

Die ganze Familie sitzt beim Frühstück im Speisesaal der Pension. Strindberg liest die Post des Tages. Siri platzt schier vor Spannung, schreit ihn an:

»Aber so sag doch was? Was ist denn nun? Sind wir blamiert?«

Er dehnt die Pause unerträglich lang aus.

Dann liest er vor:

»Ein hochsensibles und intelligentes Künstlertalent, geistreich und humorvoll. Schreibt Göteborgs Handelsoch Sjöfartstidningen. Das Bemerkenswerteste, was August Strindberg hervorgebracht hat. Naja, weiß der Teufel, aber immerhin. Ein tiefer sittlicher Ernst, schreibt Budkaveln, das haben sie also zumindest erkannt. Ein bemerkenswertes, geniales Buch. Branting meint jedenfalls, es sei ein absoluter Erfolg.«

Siri schlägt die Hände vors Gesicht, beginnt plötzlich hemmungslos zu weinen, wirft sich ihm an den Hals, er lächelt gerührt, und sie sagt:

»O danke, lieber Gott. Ich danke dir, lieber, gütiger Gott. Jetzt können wir doch nach Hause fahren, und ich kann wieder arbeiten, und alles wird wie früher. August? August!«

Langsam erlischt das Lächeln auf Strindbergs Gesicht.

Der König sitzt wie zuvor unter dem schönen Porträt seines Vaters, ihm gegenüber der Justizminister. Diesmal hält er den Band *Heiraten* in der Hand.

Der König hört zu, während der Justizminister ihm langsam daraus vorliest.

»Im Frühjahr wurde er dann konfirmiert. Der erschütternde Auftritt, bei dem die Oberklasse die Unterklasse auf Christi Leib und Blut schwören ließ, dass diese sich niemals damit befassen würde, was jene tat, hing ihm noch lange nach. Der unverschämte Betrug mit Högstedts Piccadon zu 65 Öre pro Krug und Lettströms Maisoblaten zu einer Krone pro Pfund, die der Pfarrer als Fleisch und Blut des vor mehr als 1800 Jahren hingerichteten Volksaufwieglers Jesus von Nazareth ausgab, gelangte nicht zu seiner Reflexion, denn damals reflektierte man nicht, sondern man hatte ›Stimmungen‹.«

Der Justizminister lässt das Buch sinken, sieht den König an, und ein halbes Lächeln umspielt seine Lippen.

»Das ist es. Fünf Jahre lang hat er sämtliche Institutionen verhöhnt und verfolgt, auf die sich die Gesellschaft, die bestehende Gesellschaft gründet. Ohne dass man ihm hätte Einhalt gebieten können. Jetzt hat er einen Fehler gemacht.«

Er zeigt auf den Text.

»… der unverschämte Betrug mit Högstedts Piccadon zu 65 Öre pro Krug …«

Der König nickt bedächtig.

»Gotteslästerung.«

»Gotteslästerung.«

Und der König sagt:

»Jetzt haben wir ihn.«

Er rennt die Treppe der Pension hinauf, in Siris Zimmer hinein, wirft ihr das Telegramm hin, sie hebt es auf, liest, wird ganz still.

»Anklage?«

»Anklage. Wegen Gotteslästerung.«

Später sitzt sie draußen im Nebel auf einer Bank, und ihr ist anzusehen, dass sie geweint hat. Er setzt sich neben sie.

Sie sagt:

»Da haben wir also den Skandal. Nun sind uns alle Türen verschlossen. Und ich komme nicht nach Hause.«

Er schweigt, sagt dann:

»Vielleicht ist es besser so. Ich habe keine Lust! Ich möchte kein verdammtes Nationaldenkmal sein. Ich will kein Nationaldichter sein; die lügen bloß. Ich will im Schlafrock und in Unterhosen rumlaufen und mich einen Skandalschreiber nennen lassen!«

Siri, aschgrau im Gesicht, sagt keinen Ton.

»Aber ich kann im Gefängnis landen. Wenn ich ins Gefängnis komme, werde ich geisteskrank. Du weißt, dass ich Klaustrophobie habe. Wenn ich im Gefängnis lande, werde ich verrückt.«

Und Siri dreht langsam den Kopf, betrachtet ihn lange und schweigend, nickt dann langsam.

»Genau, es macht einen verrückt, in ein Gefängnis gesperrt zu sein.«

Im hinteren Zimmer steht Siri dicht neben Strindberg, flüstert ihm besorgt ins Ohr.

»Bonnier ist gekommen. Du kannst ihn nicht warten lassen, das ist unverschämt.«

»Es dauert nur noch ein paar Minuten.«

Strindberg geht leise an ihr vorbei, während sie an der Tür stehen bleibt, sodass sie hören kann, ohne gesehen zu werden. Er geht hinein, setzt sich und reicht dem russischen Exilanarchisten Elpidin einen Grog. Ihre Gesichter sind fast im Dunkel.

»Sie sollten auf keinen Fall nach Hause fahren«, sagt Elpidin. »Das wäre grundfalsch. Die Strafe auf sich nehmen heißt, sich zum Verbrechen bekennen.«

»Dann sagen sie, ich sei feige. Und in Stockholm ist der Teufel los.«

»Unsinn! Nur Idioten lassen sich einfangen, aufs Rad flechten und verbrennen. Luther hat sich auf die Wartburg abgesetzt! Victor Hugo nach Jersey! Alle großen Helden sind vor der Übermacht geflüchtet. Denken Sie an Galilei! Napoleon türmte von Waterloo! Und Karl der Zwölfte von Poltawa.«

Plötzlich ertönt Siris Stimme vom anderen Ende des Zimmers, trocken und nüchtern:

»Er verabscheut Karl den Zwölften.«

Elpidin erhebt sich ein bisschen verwundert und macht eine tiefe Verbeugung, mit einem sonderbaren Lächeln. Siri geht hinaus.

»Ein echter Anarchist wirft eine Bombe und läuft weg! Und Sie sind doch ein Anarchist! Fahren Sie nicht!«

»Dann müsste jemand anders an meiner statt ins Gefängnis. Mein Verleger.«

»Na und? Es kommt oft vor, dass die falschen Personen im Gefängnis sitzen.«

Siri kommt die Treppe herauf, einen jungen Mann im Schlepptau. Er trägt einen grünkarierten Jägeranzug mit Jägerhut und schleppt zwei große Koffer, die er erleichtert auf den Boden stellt.

Sie begegnen Strindberg und Elpidin auf der Treppe. Strindberg sagt:

»Herr Bonnier!«

Stellt ihn Elpidin vor:

»… mein Verleger … Herr Elpidin.«

Zu Bonnier:

»Wir erwägen gerade, Herr Bonnier, ob ich meinen Verleger an meiner statt im Kerker vermodern lassen soll!«

Bonnier lächelt dämlich, Strindberg schüttelt den Kopf. Bonnier sieht erleichtert aus, doch Strindberg betrachtet den jungen Verleger plötzlich mit sehr kritischem Blick.

»Herr Elpidin hält es für eine Selbstverständlichkeit. Vielleicht eine gute Idee. Verleger sollten öfter im Gefängnis sitzen.«

Bonnier sieht Elpidin erschrocken an.

»Sie könnten Ihrer Arbeit doch von der Zelle aus nachgehen. In Vaxholm.«

Bonnier schwitzt. Strindberg schüttelt schließlich langsam und melancholisch den Kopf. Siri verlässt das Zimmer. Er blickt ihr nach.

»Sie ist krank. Ich weiß nicht, was ich tun soll. Sie ist krank und traurig, und ich bin bettelarm. Es ist gar nicht lustig zur Zeit, Herr Bonitier. Es ist wirklich nicht lustig.«

Bonnier hat sich auf einen seiner Koffer sinken lassen.

Strindberg explodiert plötzlich, wedelt mit einem Brief:

»Hier schreibt Björnson zuerst, ich soll hierbleiben! Dann bekomme ich einen Brief, dass ich feige sei. Feige! Wenn ich mich nicht stellen würde. Dieser Schweinehund soll aufhören, mich herumzukommandieren! Seine kaiserliche Hoheit Björnson ist ein Wolf im Schafspelz, und er soll mir nichts von Feigheit erzählen. Er soll überhaupt nichts sagen, der feige Norweger, ich habe ihm einen Brief geschrieben, ihn beschimpft, jetzt sind wir Todfeinde. Todfeinde, Herr Bonnier!«

Bonnier nickt unglücklich. Elpidin lächelt sein sonderbares Lächeln und sagt:

»Fahren Sie nicht!«

Grauer Morgen, eine Kutsche am Straßenrand. Schweine auf der Straße. Niedrige Wolken verhüllen die Alpen. Bonnier sitzt schon in der Kutsche.

Strindberg verabschiedet sich von Siri. Er umarmt sie schweigend. Sie stehen ganz still. Nieselregen. Das Pferd scharrt ungeduldig.

Der Undulator des Morseapparats tickt langsam die Nachricht herunter. Branting reißt den Papierstreifen ab, rennt durch die Redaktion in die Setzerei.

»Er ist gestern in Malmö angekommen. Ist auf dem Weg hierher. In Malmö hat es einen Volksauflauf gegeben.«

Der Redakteur nimmt ruhig einen umbrochenen Artikel heraus, sagt:

»Mach die erste Seite neu auf. Es wird ein Mordsspektakel geben.«

Auch vor dem Hauptbahnhof in Lund hat sich ein kleines Häufchen versammelt. Der Zug bremst ab, kommt zum Stehen. Ein paar Jungen laufen von Fenster zu Fenster, bis plötzlich einer von ihnen im breitesten und einfältigsten schonischen Dialekt schreit:

»Da isser! Da isser!«

Das Häuflein schart sich um das Fenster. Strindberg ist sehr steif. Er starrt vor sich hin.

Das Fenster ist klein, der Andrang ist groß. Da organisiert ein praktischer Schone die Vorstellung, nimmt zwei Öre fürs Gucken. Sogleich bilden die Schaulustigen eine kleine Schlange. Zwei Öre fürs Gucken. Zwei Öre fürs Gucken. Strindbergs Gesicht wie versteinert.

Das Abfahrtssignal. Endlich.

Er sitzt in aller Seelenruhe im Eisenbahnabteil. Bonnier begreift nicht, wieso Strindbergs Nervosität verflogen ist. Er fragt ihn vorsichtig danach.

Strindberg lächelt geheimnisvoll.

»Die Fähre nach Schweden. Als ich sah, wie sie hieß, wurde ich ganz ruhig. Die Mächte haben mir ein Zeichen gegeben.«

»Wie hieß sie?«

Der Zug rollt langsam in den Stockholmer Hauptbahnhof. Ein Menschenmeer wird sichtbar, Tausende von Gesichtern, Arme, die sich ausstrecken. Strindberg erstarrt, zupft den Mantel zurecht. Der Zug hält. Er steigt aus. Jubel am Bahnsteig.

Auf der Treppe, kurz bevor er von der Menschenmenge verschlungen wird, dreht er sich zu seinem jungen Verleger um und sagt mit leiser Stimme zu ihm:

»Sie hieß August Victoria.«

Die Freunde umringen ihn. Branting, Thyselius, Pehr Staaff, Knut Wicksell, Ludvig Josephson, Gustaf af Geijerstam, Stuxberg, alle, die zuvor um ihn waren, sind jetzt wieder da. Das Chaos ist perfekt. Man trägt ihn fast über die Vasagatan, zum Hotel Continental. Hochrufe erklingen. Es

lebe das Volkstribunal. Stockholm ist ein einziger brodeln-
der Wirbel.

Abends eine Festvorstellung von *Glückspeters Reise.* Von
der Bühne wird ein Lorbeerkranz in seine Loge hinüberge-
tragen, und das vollbesetzte Haus erhebt sich. Donnernde
Ovationen. Nur mit Mühe läuft die Vorstellung an, bei jeder
Anspielung auf das Königshaus grölt das Publikum.

Später steht Strindberg auf der Bühne, einen Lorbeerkranz
um die Schultern. Sehr schüchtern. Sehr verlegen. Sehr
glücklich.

Aus dem Parkett ertönen Rufe.

»Es lebe die Republik!«

»Tod den Bernadottes!«

Hinter Strindberg steht das Ensemble des *Glückspeter,*
ebenfalls applaudierend, das Theater brodelt: eine Huldigung
an Strindberg.

Sie gehen in Strindbergs Zimmer im Grand Hotel. Branting
sagt:

»Das nenne ich eine Festvorstellung. Bist du zufrieden mit
dem Publikum?«

»Es gefällt mir nicht. Jetzt heulen sie mit mir. Bald heulen
sie gegen mich. Heute Hurra. Morgen Pfiffe.«

»Du bist jetzt ein wichtiger Mann, August. Ein wichtiger … politischer … Faktor. Ist dir das klar?«

Langes Schweigen. Dann sagt Strindberg leise:

»Ich glaube nicht, dass ich dazu tauge.«

»Das tust du. Man kann wieder atmen. Jetzt sind die
Schweden aus ihrem Branntweinrausch erwacht. Spürst
du, wie die Straßen von Stockholm beben? Erinnerst du
dich an *Meister Olof? Freiheit! Freiheit!* Wirst du verurteilt,

so kann das der Funke sein, der eine … Revolution entfacht.«

»Wenn das so ist … Willst du, dass ich verurteilt werde?«

Branting lächelt rätselhaft.

»Alles schwankt. Alles ist möglich. Es kann ein Wendepunkt sein.«

Den Vorsitz am Stockholmer Amtsgericht führt Amtsrich-
ter Hjortzberg. Es ist ein kleiner Saal, viele Leute. Strindberg, sehr bleich und angespannt, spricht mit ziemlich leiser
Stimme. Doch er hat sich gut vorbereitet und ist ruhig.

»Ich leugne entschieden, Gott gelästert zu haben. Sollte
mit Gott aber Christus gemeint sein, so muss ich bemerken,
dass es bisher nicht als Gotteslästerung galt, die Göttlichkeit
Christi zu leugnen. Dieser Ansicht waren zumindest weder
die Gemeinde, die dieses Gericht eingesetzt hat, noch der
Professor der Kulturgeschichte, dessen größtes Verdienst
die berühmte Schrift über die biblische Lehre von Christus
war.«

Alle seufzen und setzen sich zurecht. Es wird ein langes,
schweres Gefecht werden. Der Staatsanwalt verliest noch einmal die beanstandete Textstelle.

»*Der unverschämte Betrug mit Högstedts Piccadon zu 65
Öre …*«

»Aber das habe ich als reine Faktenerklärung geschrieben,
nicht als Verunglimpfung!«

»Als Faktenerklärung?«

»Als Faktenerklärung.«

Dann fährt August still und ruhig fort:

»In Matthäus 27,63 wird, wie dem gelehrten Gericht sicherlich bekannt ist, Jesus als Verführer bezeichnet, und man
kann, wenn man so will, das Wort Volksverführer als etwas

Positives auffassen, denn einer, der das Volk zum Aufruhr
gegen den Tyrannen verführt, kann…«

»…kann?«

»…der Sache der Freiheit dienen.«

Siri sitzt auf dem Altan, regungslos in eine Decke gehüllt. Sie
trägt eine dunkle Sonnenbrille.

Zu ihren Füßen schwedische Zeitungen. Karikaturen vom
Prozess in Stockholm. Auf dem Tisch neben ihr die Weinflasche und das Glas.

Ein kühler, klarer Herbsttag in den Alpen.

Dämmerung, im Hotelzimmer brennt kein Licht. Strindbergs
Gesicht bleich und müde, er steht am Fenster und schaut hinunter zum Hafen und hinüber zum Schloss.

Branting bewegt sich schattenhaft hinter ihm.

»Strix, es herrscht Unruhe in der Stadt. Und sie wissen es.
Scharfe Munition wurde ausgegeben, die Kavallerie abkom-
mandiert.«

Strindberg schweigt. Sagt dann fast mit einem Flüstern:

»Ich weiß nicht, was es ist. Ich fühle mich so… traurig.«
Branting geht behutsam zu ihm hin, hebt die Hand, streicht
ihm über den Arm. Keiner sagt ein Wort.

Norrbro, die Auffahrt zum Schloss. Große Menschenmen-
gen sind unterwegs, erregte Stimmung. Alle reden über den
Prozess, das Königshaus kommt schlecht weg, Schmähworte
schwirren umher.

Der König und sein Adjutant passieren die Auffahrt. Be-
drohliche Stimmung, Mordlust liegt in der Luft. Der König
wird von seinem Adjutanten zu einem Seiteneingang gelotst,
kann sich aus der Menge befreien. Er ist leichenblass und außer sich vor Wut.

»Jetzt gilt es, Festigkeit zu zeigen. Jetzt gilt es, Festigkeit zu zeigen. Jetzt gilt …«

»Hier entlang, Eure Majestät. Schnell. Sonst kann es böse enden. Eure …«

Sie verschwinden im Schloss, schweißgebadet.

»Soll ich Alarmbereitschaft befehlen?«

»Ich wünsche den Justizminister zu sehen. Morgen früh um acht.«

Im Korridor vor Strindbergs Zimmer vier Männer. Es ist Nacht, sie klopfen an die Tür. Strindberg macht auf, lässt sie ohne Erstaunen und ohne ein Wort herein.

Strindberg sagt:

»Wir müssen leise sprechen. Womöglich belauscht man uns aus dem Nebenzimmer.«

Die fünf Männer setzen sich um den Tisch. Die Besucher sind ziemlich jung, sehr ruhig, wirken zielbewusst und selbstsicher, sprechen gepflegt und zusammenhängend. Sie breiten Papierrollen aus, Stadtpläne von Stockholm.

»Es ist nötig, verschiedene Situationen durchzuspielen. Wir brauchen Alternativpläne für alle Fälle. Herr Strindberg, wir betrachten es gewissermaßen als ein Schachspiel, wir müssen dem Gegner stets um einen Zug voraus sein.«

Strindberg hört schweigend zu.

»Eine Nationalregierung muss schon vor dem Attentat ernannt und bereit sein. Ich habe die Namen hier. Die ganze Liste. Norwegen erhält die Freiheit, das Grundgesetz wird umgeschrieben, die Republik wird ausgerufen. Die Armee ist zersplittert, und der König wird ermordet. Es braucht nur einen Volksauflauf, einen Anfang, ein paar kleine Morde. Und die Bombe.«

Strindberg schweigt.

»Ein Funke kann einen Steppenbrand entfachen. Der Prozess ist der Funke. Es ist ja … verzeihen Sie bitte … nicht besonders interessant, was Sie da über das Abendmahl schreiben. Ein blödsinniger Prozess. Aber man wird Sie verurteilen. Das ist der Startschuss. Dann ist die Lawine nicht mehr aufzuhalten.«

Strindberg beginnt plötzlich zu schmunzeln; er hat herumgekritzelt, es wird eine Zeichnung daraus, es ist der König, der auf einer Bombe sitzt, nur durch einen Zwischenboden, eine Stahlplatte von ihr getrennt, und eine Karikatur von August Strindberg, der das Elektrokabel anschließt.

Der Anführer der vier verstummt, nimmt den Zettel, schaut ihn mit einem schiefen Lächeln an. Dann erlischt das Lächeln, er sagt zu Strindberg:

»Sehr komisch. Aber dies ist Ernst. Es ist nicht Literatur, es ist Ernst.«

Strindberg, noch immer ganz still:

»Ich weiß.«

»Darüber sind wir froh.«

»Und wenn man mich nicht verurteilt?«

Der Anführer geht zum Fenster, wiederholt seine Kontrolle, blickt Strindberg an, sagt ohne ein Lächeln:

»Ich bin ganz zuversichtlich. Man wird Sie verurteilen.«

Vor dem Königsporträt der König und der Justizminister. Alles wie üblich, bis auf die Stimmung, die sehr gespannt ist.

»Heute um zehn Uhr treten die Geschworenen zusammen. Dann folgt eine Beratung von etwa drei, vier Stunden. Das Urteil wird also gegen zwei, drei Uhr verkündet.«

Der König trommelt mit den Fingern auf den Tisch.

»Wird er verurteilt, und er dürfte verurteilt werden, gibt es große Unruhen.«

»Sehr große Unruhen. Aber kontrollierbar.«

»Zur Zeit ist er ein Held. Es ist unbegreiflich. Im Gefängnis wird er zum Märtyrer. Spricht man ihn aber frei, werden seine radikalen Freunde erkennen, wo er in der Frauenfrage steht.«

»Eine … Isolierung?«

Der König geht ungeduldig auf und ab. Redet unablässig.

»Er ist ein Schwein, ein Hund, seine Schmähungen sind eine Schande für Schweden, er …«

Der Justizminister blickt auf die Uhr und sagt ganz ruhig:

»Eure Majestät, es ist jetzt halb neun, in eineinhalb Stunden treten die Geschworenen zusammen. Darf ich Eurer Majestät eine einzige Frage stellen, da die Zeit jetzt drängt?«

»Gewiss!«

»Wir werden gewinnen. Man wird ihn verurteilen. Doch das ist für uns nicht die entscheidende Frage. Er wird verurteilt, wenn wir es wünschen. Die Frage ist: Wollen wir gewinnen?«

Der König geht langsam zu seinem Lehnstuhl. Er setzt sich. Das Porträt über seinem Kopf blickt unverändert väterlich. Doch auf dem Gesicht des Königs breitet sich langsam ein Lächeln aus, ein immer offeneres Lächeln, jetzt lacht er, ein unbeherrschtes, dröhnendes Gelächter, das den Justizminister ansteckt.

Männer mit schweren Gesichtern; keine Frau. Sie nehmen Platz. Strindberg auf der Anklagebank. Der Gerichtssaal ist brechend voll. Unter den Zuhörern befinden sich auch vier sehr ernste junge Männer.

Der Vorsitzende Richter verliest das entscheidende Wort:

»… Freispruch!«

Ein Chaos bricht aus. Branting gratuliert ruhig, mit einem sonderbaren Lächeln auf den Lippen. Geijerstam hüpft herum und keucht:

»Welch ein Triumph! Welch ein Triumph! Sieg! Sieg!«

Branting antwortet nicht, beobachtet nur gelassen die Reaktionen ringsum. Sagt dann:

»Sieg für wen?«

»Für Strindberg! Für das Junge Schweden natürlich!«

Branting, sehr trocken:

»Ach so? Nun, das ist ein origineller Standpunkt.«

Er blickt den vier ernsten Anarchisten nach, die jetzt den Saal verlassen.

Strindberg ist bleich, aber gefasst. Geijerstam, ein wenig verwirrt, aber immer noch im Siegesrausch, wiederholt mechanisch, jedoch mit einem kleinen Fragezeichen darunter:

»Freispruch.«

In der Abenddämmerung sitzt Siri ganz allein in der Pension in Ouchy. Die Weinflasche auf dem Tisch ist fast leer.

Als Eva hereinkommt, tut sie so, als sehe sie die Flasche nicht. Sie steht in der Dämmerung und sagt zu Siri:

»Sind Sie jetzt nicht froh, gnädige Frau?«

»Was? Worüber denn?«

»Dass er freigesprochen wurde.«

»Doch, doch. Natürlich.«

Pause. Die Alpen draußen als schwarze Silhouetten.

»Fahren wir denn jetzt heim nach Schweden?«

»Nee. In Frankreich herrscht ein freier Geist.«

»Was?«

»Er schreibt in seinem Brief, in Frankreich herrsche ein freier Geist.«

Strindberg schließt langsam die französischen Fenster im Stockholmer Grand Hotel. Außer ihm sind noch zwei Personen im Zimmer: Branting und Bonnier. Und Strindberg sagt mit einem kleinen Lächeln zu seinem Verleger:

»Ich nehme an, die zweite Auflage von *Heiraten* ist schon im Druck.«

Ein kurzes Schweigen, sehr kurz, aber doch lang genug, dass Strindberg darauf reagiert:

»Nun? Gibt es Probleme?«

»Ein kleines«, sagt Bonnier verlegen.

»Aha?«

»Wir könnten an eine neue... Auflage denken, wenn...«

»Könnten denken?«

»Wenn. Unter einer Bedingung. Dass die Erzählung *Lohn der Tugend*, die die beanstandete – und freigesprochene – Stelle enthält, weggelassen wird. Insgesamt.«

»Was?« Strindberg ist fassungslos.

Branting beginnt plötzlich zu lachen, als habe er etwas wahnsinnig Komisches gehört, auf das er eigentlich schon lange gewartet hat; Strindberg stiert ihn wütend und verständnislos an, dann wieder Bonnier, und zischt:

»Bin ich nicht freigesprochen? Haben wir nicht gesiegt? Wir wurden doch von dem verdammten Piccadon freigesprochen? Sollen wir das Buch jetzt freiwillig kastrieren?!«

»Alle konservativen Zeitungen haben den Buchhandel zu einem freiwilligen Boykott des Buches aufgefordert... eine heikle Situation... heikel...«

Bonnier ist sehr nervös, schwitzt aus allen Poren.

»...und mich nennt man öffentlich Schundverleger... Kindesverführer... heikle Situation... viel Geld auf dem Spiel... und alle alten antisemitischen Vorurteile werden gegen mich mobilisiert... Sie müssen mich verstehen.«

Strindberg ist jetzt außer sich vor Zorn.

»Du verdammter israelitischer Esel! Warum habe ich dich nicht in die Festung gebracht! Bei Wasser und Brot! Ungesäuertem Brot! Jetzt willst du, dass ich vor dem Feind die Waffen strecke. Unglaublich. Mich selbst zensieren. Aber das mache ich nicht. Niemals.«

Bonnier starrt ihn mit verzagter Miene an, schüttelt verzweifelt den Kopf, geht.

Branting, mit einem unergründlichen Lächeln:

»So ist der Kapitalismus, Strix. Und das ist vielleicht nur der Anfang.«

»Wie bitte?«

»Du glaubst, du hättest gesiegt. Doch die Damen sind verärgert. Und in der Frauenfrage hast du tatsächlich unrecht. Du bist so verdammt borniert, du meinst, es gehe nur um eine Damenliga im Umkreis der Königin und um Gänse aus der Oberschicht. Du siehst nicht, dass es auch eine radikale Frauenbewegung gibt.«

»Dummes Geschwätz.«

»In der Frauenfrage hast du alle gegen dich. Auch die Sozialisten.«

»Die Damen, die Hofschranzen, die Päderasten, die Triboden und Ibsen. Was für ein Haufen. Und jetzt wollen sich die Sozialisten auch noch hinzugesellen.«

»Du isolierst dich«, sagt Branting ruhig. »So ist das.«

Der Jubel dringt in immer schwächeren Wellen zum Fenster hinauf. Strindberg geht hin, schiebt vorsichtig die Gardine zur Seite.

»Jetzt jubeln sie. Bald pfeifen sie.«

»So ist das.«

»Aber das ist nicht einmal das Schlimmste. Das Allerschlimmste steht noch bevor.«

Branting tritt still an seine Seite, sagt leise und in einem Tonfall, als überkomme ihn plötzlich Zärtlichkeit für diesen Verrückten:

»Und was ist denn ... das Schlimmste?«

Strindberg, nach einer langen Pause:

»Ich habe einen so merkwürdigen Brief von Siri bekommen. Ich glaube ... das Schlimmste ist, dass ich meine Frau gegen mich habe.«

III

Der Kampf der Gehirne

Er steigt mitten auf dem Marktplatz von Grez aus der Post-kutsche, völlig verschwitzt, trotzdem sieht er kühl aus. Sehr jung, sehr kühl, sehr aristokratisch, Verner von Heidenstam.

Die Bauern im Straßencafé fragt er auf Französisch:

»Können Sie mir den Weg zur skandinavischen Künstler-kolonie zeigen? Herr Strindberg? Strindberg?!«

Ein Alter macht eine äußerst vielsagende Grimasse, deutet aber in eine bestimmte Richtung.

Herr Heidenstam spaziert die Dorfstraße hinunter, den kleinen Koffer in der Hand.

Als er bei der kleinen Pension neben der Brücke über den Fluss ankommt, befinden sich etwa zwanzig Menschen auf der Wiese. Alle tragen helle Sommerkleidung und sind sehr ausgelassen. Unter Gekicher und Gelächter gruppieren sie sich für ein Foto.

Strindberg ist der Fotograf. Zwei Däninnen rauchen Zigarre. Strindberg ist offensichtlich über sie verärgert, doch sie stecken die Scheußlichkeit nicht weg.

Heidenstam ist leise hinter Strindberg getreten. Er sagt hinter seinem Rücken:

»Gruppenfotos sind nicht mehr in Mode, Herr Strindberg.«

Strindberg dreht sich überrascht um. Heidenstam sagt mit einem sanften kleinen Lächeln:

»Der Einsame soll im Mittelpunkt stehen. Darin ist das Junge Schweden sich einig.«

Strindberg malt. Langsam, methodisch füllt er die Leinwand. Ein Tumult von Farben, dennoch schält sich langsam eine Struktur heraus.

Greta, die kleine knubbelige Greta sitzt zwischen seinen Beinen, mit aufgesperrten runden Augen, den Daumen im Mund. Er spricht zu ihr. Und auch zu Sofie Holten, die vor ihnen sitzt und etwas zeichnet, vielleicht den Maler selbst.

Fast flüsternd sagt er zu Greta:

»Siehst du, wie die Farben kämpfen. Wie sie einander erschlagen. Graues Regenwetter im November wird erschlagen vom Cadmium des Sonnenaufgangs über dem Meer. Gelbe Kirchweih niedergedrückt von den grünen Schwanzfedern eines spanischen Meeresvogels. Ein roter Metzgerladen vernichtet einen schwarzen. Hier ist das Schwarz, das den Klageschrei der großen Trauer durchbricht. Die Bronze schlägt gegen das Gold. Siehst du das, kleine Greta? Sie kämpfen. Wie Menschen.«

»Ich finde ... Schwarz ist blöd. Blödes, blödes Schwarz.«

»Die Stärkeren besiegen die Schwächeren, siehst du das?«

»Will Sonne malen, Papa.«

»Gelbe Sonne? Grüne Sonne?«

»Rote Sonne.«

»Ich habe das Rot so satt, Kleines.«

»Ich will! Ich will! Ich ...«

Er drückt ihr den Pinsel in die Hand, die er dann behutsam zum Bild hinbewegt. Der Farbklecks explodiert auf der Leinwand. Ein glückliches Lächeln breitet sich auf Gretas rundem Gesicht aus. Und Sofie Holten sagt:

»Sie sind so schwer zu zeichnen. Sie haben so viele Gesichter. Heute so, morgen wie ausgewechselt, es ist ...«

»Bloß Idioten haben nur ein einziges Gesicht. Man muss sich verändern können. Seine Ansichten wechseln. Man wechselt doch auch die Unterhosen, oder? Warum nicht Ansichten?«

»Sie sind ... treulos!«

»Nur der Dummheit gegenüber.«

Jetzt ist er bei seinem Lieblingsthema angelangt.

»Dem Gesicht der Frau hingegen sind schurkenhafte Züge angeboren. Lombroso hat in seiner Studie gezeigt und bewiesen! dass die Frau wie der Verbrecher eine niedere Stirn und stechende Augen hat, dass der Geschlechterkampf also ein Kampf zwischen den Gehirnen ist. Der Kampf der Gehirne! Bei dem die verbrecherischen Instinkte der Frau, die angeboren sind ...«

»Herr Strindberg?«

»Ja?«

»Wenn ich nur begreifen könnte, was Sie verletzt hat, Herr Strindberg. Die Wunden sehe ich. Aber wann ist es geschehen?«

Doch er hört sie nicht. Er hat etwas gesehen. Im Garten gehen Siri und Marie eng umschlungen zum Fluss hinunter. Er lässt den Pinsel sinken. Sofie dreht sich um, sieht die beiden auch, ihre Intimität. Sie verfinstert sich. Es ist ganz still. Die beiden auf der Terrasse wechseln einen Blick, fast wie Verbündete. Sofie leise, ein bisschen ironisch:

»Lieber den Anfängen wehren, Herr Strindberg.«

Und er ruft wütend:

»Siri! Marie!«

Der junge Steffen und der junge Herr Heidenstam sind in eine angeregte ideologische Diskussion vertieft. Strindberg malt schweigend, er hört abwartend, aber sehr interessiert zu. Steffen ist enthusiastisch, Heidenstam kühl und ironisch.

»Aber Marx hat gezeigt«, sagt Steffen, »dass der Streik die einzige Waffe ist, mit der man …«

»Überholt.«

»Wie bitte?«

»Das ist längst überholt«, sagt Heidenstam kalt. »Uninteressant. Der Sozialismus war in einem Übergangsstadium interessant, doch jetzt sind alle Intellektuellen seiner überdrüssig.«

»Wie kann man der wichtigsten sozialen und politischen Frage unserer Zeit überdrüssig werden?«

»Es ist überholt. Ich war letzte Woche in Zürich, und da hat sich keiner mehr für den Sozialismus interessiert.«

»Das wage ich zu bezweifeln. Der Sozialismus ist das Neue.«

»Ganz und gar nicht. Die Psychologie ist das Neue. Die Reise ins Innere. Die Erforschung der menschlichen Psyche. Die Psychiatrie. Die Verbrecherpsychologie. Professor Charcots Experimente in der Salpetrire, mit hysterischen Frauen und Suggestion. Das ist das Neue. Der Sozialismus hat heute ausgespielt.«

»Du musst am Ball bleiben, August«, sagt Siri ironisch. »Am Ball bleiben! Um jeden Preis!«

Sie hat Marie untergehakt und geht mit ihr davon. Strindberg blickt von der Staffelei auf, sieht ihnen nach.

Heidenstam fährt fort:

»Doktor Charcot hat gezeigt, wie man bei hysterischen Frauen Gefühle erzeugt und wiederbelebt. In gewisser Hinsicht betrachtet er sie als Maschine. Man muss nur auf die richtigen Knöpfe drücken. Das ist neu.«

Steffen sieht Heidenstam überrascht und zornig an, sagt beinahe demonstrativ:

»Jedenfalls werden Herr Strindberg und ich eine Reportagereise unter französischen Bauern machen. Eine große soziale Reportage. Herr Strindberg zumindest findet den Sozialismus nicht … überholt.«

Strindberg sitzt mit steinernem Gesicht. Die beiden Duellanten werden immer aggressiver, Heidenstam weiterhin voll eisiger Arroganz. Es ist, als kämpften die beiden um seine, Strindbergs Gunst.

»Darüber wird sich Herr Strindberg doch sein eigenes Urteil bilden dürfen, Herr Steffen?«

»Es soll ein Buch werden, bei dem …«

»… um Gottes willen, ein Buch, an dem *Sie* beteiligt sind …«

»Es soll ein Buch werden …«

»Das sagten Sie bereits.«

»… ein Buch, bei dem ich für die Fotografien stehe und Herr Strindberg für den Text. Ein Buch, bei dem Herr Strindberg sozusagen der Kopf ist und ich … die Hand.«

Heidenstam sagt sehr exakt und artikuliert:

»Wir sind alle ungemein dankbar dafür, dass es nicht umgekehrt ist.«

Plötzlich zuckt es in Strindbergs Gesicht, ein Lächeln erscheint und wird immer breiter. Großes Gelächter.

Siri vor dem Spiegel, fingert besorgt an einem Schneidezahn herum.

»Denk nur, wenn ich ihn jetzt verliere, August. Wie hässlich werde ich aussehen. Denk nur, wenn ich ihn verliere.«

Er schreibt ruhig und zielbewusst auf seinem gelben Büttenpapier von Lessebo weiter, brummt ohne den Blick zu heben:

»Hmmm …«

»Ich kann diesen Heidenstam nicht ausstehen.«

»Er ist begabt.«

»Pah, ein Herrensöhnchen.«

Mit einem amüsierten Funkeln im Blick sagt sie:

»Weißt du, was Marie gestern gesagt hat? Dieser Heidenstam sieht aus wie ein Specht. Ich könnte wetten, dass er auch
vögelt wie ein Specht. Schnell wie ein Trommelwirbel, und
leider ziemlich kurz.«

Strindberg erstarrt und blickt wütend von seinem Manuskript auf.

»Siri! Von so was redet ihr also. Das ist ja … stell dir vor,
wenn die Kinder das hören!«

»Du bist so langweilig. Du sitzt da und lässt dich von diesem … Aristokraten bewundern. Der noch nicht mal ein
Buch herausgegeben hat.«

»Bald kommt eins. Bald kommt eins.«

»Ich begreife nicht, was du als Sozialist an ihm findest.
Aber du wirst wohl bald wieder untreu.«

»Untreu?«

»Deiner Überzeugung.«

Er schreibt weiter, sagt mit einem halben Lächeln:
»Gedanken muss man stets untreu werden. Sonst wird man
zu ihrem Gefangenen. Statt sie einzufangen.«

Sie sieht ihn schweigend an, schüttelt den Kopf. Dann sagt
er leichthin, liebenswürdig, aber gefährlich:

»Apropos untreu, so scheint mir fast, dass du mit den Däninnen Marie und Sofie ein bisschen zu intim wirst. Ein bisschen zu …«

»Ein bisschen zu …«

Er schreibt, sagt nach einer Weile:
»Ich fürchte, es sind Schlangen ins Gras gekommen. Du
musst aufpassen, wegen der Kinder.«

Der junge Heidenstam reist ab, es ist kurz vor Abfahrt des Zuges, Strindberg verabschiedet sich. Fröhliche, ausgelassene Stimmung.

»Ein Genie wie du sollte den Schritt tun, auf den alle warten.«

»Welchen denn?«

»In die Gemeinschaft der Einsamen. Da hinauf, wo nur die großen Einsamen sind.«

»Du bist vielleicht lustig.«

»Und lass dir von den Damen nicht die Hölle heiß machen. Wenn es zu schlimm wird, komm herüber nach Schloss Brunegg, dann nehmen wir einen Schnaps und reden wie Männer!«

Strindberg lacht amüsiert, jedoch nicht überheblich. Der Zug setzt sich in Bewegung.

Als er allein zurückbleibt, ist das Lächeln auf seinem Gesicht erloschen. Und er sagt zu sich selbst:

»Ein Kampf wird es.«

Wie kleine Bälle kugeln die Kinder durchs Zimmer, in wilder Jagd, halten inne, als sie den Vater bei der Arbeit sehen, ziehen sich kichernd durch die Tür zurück, verschwinden, tauchen wieder auf.

Er hebt den Kopf, die Hand stockt, er sieht ihnen lächelnd nach. Da kommt Siri herein, auf der Jagd nach den Kindern. Im Nachthemd, ärgerlich.

»Nicht zu bändigen. Ich werde noch verrückt. Wieso kann Eva denn nicht auf sie aufpassen. Ich wollte noch ein Stündchen schlafen, aber bei diesem Höllenlärm ...«

Strindberg sieht sie streng an:

»Es ist elf Uhr. Du bist verkatert.«

»Na und?«

»Du bist eine kleine Schnapsdrossel. Hast die halbe Nacht mit den Damen verbracht. Ihr habt euch wohl auch von den Herren hofieren lassen.«

Sie streckt ihm die Zunge heraus, immer das gleiche Geschwätz, wenn August sauer ist.

»Waren keine Herren dabei.«

»Aha. Dann könntest du dich jetzt vielleicht um unsere Kinder kümmern und wenigstens so tun, als wärst du eine anständige Mutter! Damit ich arbeiten kann!«

Sie sieht ihn eisig an.

»Du sitzt ganz schön auf dem hohen Ross.«

»Ich. Will. Bloß. Arbeiten. Um Geld ins Haus zu schaffen. Damit meine trunksüchtige Ehefrau was zum Saufen hat. Ich danke.«

In diesem Moment hasst sie ihn.

»Ja, was haben wir doch für nette Kinder. Es ist unglaublich. Kaum zu glauben, dass du ihr Vater bist.«

Der Federhalter stockt. Sie lächelt sanft. Dann geht sie.

Wald, Gras, hohe Pinien. Es ist ganz still.

Marie ist noch sehr jung, rothaarig. Sie liegt auf dem Rücken und schaut in die Baumwipfel hinauf. Siri sitzt neben ihr.

»Marie, warum ist es so?«

»Öffne die Tür eines Vogelkäfigs. Die Tür ist offen, doch der Vogel kauert sich in die hinterste Ecke. Starrt auf die offene Tür. Er weiß, dass die Katze durch sie hereinkommen kann. Von den Möglichkeiten der Freiheit jedoch weiß er nichts.«

Siri lässt Maries Haare langsam durch ihre Finger gleiten. Es ist sehr still im Wald.

»Warum ist es so?«

»Als meine Mutter frei wurde und endlich ihre Scheidung

bekam, hat sie sich kaputtgesoffen. Ich habe es mit eigenen Augen gesehen. Sie ist mit uns nach Sizilien gefahren und hat sich kaputtgesoffen. Ihr ganzes Leben lang hat sie von der Freiheit geträumt, und als sie frei war, fehlte ihr der Mut. Und eines Tages bekam sie einen Blutsturz. Finito.«

»Warum ist es so?«

»Ich weiß genau, wie sie sich fühlte. Wie ein Vogel, der sich in die hinterste Ecke kauert und durch die offene Tür auf die verfluchte Freiheit starrt.«

»Warum?«

»Das sind doch die Bedingungen.«

Siri in Tränen aufgelöst am Hundekorb. Sie schaut verzweifelt auf und flüstert fassungslos:

»Er hat sich übergeben.«

Strindberg blickt voller Ekel auf das widerliche kleine Tier hinab.

»Dann besteht vielleicht Hoffnung, dass die Tage dieses einfältigen kleinen Monsters gezählt sind. Und dass es mich zum letzten Mal gebissen hat.«

»Du bist gefühllos! Wie kannst du nur so was sagen! Wie kannst du nur!«

Er antwortet nicht. Geht ins andere Zimmer, atmet tief durch, zupft die Kleider zurecht. Hat dann wieder alles unter Kontrolle, kommt zurück. Siri hat für ein paar Minuten die kleine Kreatur sich selbst überlassen, sitzt vor dem Spiegel. Sie zieht die Oberlippe hoch, mustert trübselig ihren lockeren Zahn.

Strindberg tritt hinter sie. Beginnt ihr den Nacken zu massieren. Mit den zielbewussten Bewegungen eines Magnetiseurs, der sein Opfer in einen magnetischen Schlaf versetzen will.

»Soo. Möchtest du mir jetzt erzählen, was du damit mein-test, dass ich nicht der Vater meiner Kinder sei. Dass man kaum … glauben könnte … dass ich der Vater … meiner ei-genen Kinder sei.«

Sie schließt die Augen. Es ist immerhin sehr angenehm.

»Hör mit dem Unsinn auf, August.«

»Nimmst du noch Massage?«

»Freilich. Der Arzt hat es mir doch verschrieben.«

»Und der Arzt massiert dich selbst.«

»Gewiss.«

»Erzähl mir, was er macht.«

»Hör auf.«

»Erzähl.«

»Hör auf!«

»Du bist mir untreu gewesen. Mit wem?«

»Ich bin dir nicht untreu gewesen«, sagt sie langsam und unendlich geduldig.

»Ein Ingenieur auf der Finnlandfähre, nicht wahr?«

»Ich bin hässlich, habe schlaffe Brüste, habe einen Gebär-muttervorfall, wer, glaubst du, würde mich haben wollen?«

»O doch. Viele. Gesteh jetzt, dann hast du es hinter dir.« Sie öffnet die Augen. Dies ist ein Gefecht, und jetzt macht sie einen Ausfall.

»Du wirkst nervös, August. Ein bisschen unsicher. Glaubst du, du wärst kein guter Liebhaber? Ich bräuchte andere?« Er hält in der Massage inne, ein Augenblick völliger Stille. »Wo du doch …«, sagt Siri, »so … ausdauernd bist.« Steffen steht in der Tür. Späht nervös herein.

»Ich fahre jetzt … möchte mich bloß verabschieden … wie gesagt … am 10. September … bin ich zurück … ja … auf Wiedersehen … Verzeihung …«

Er verschwindet.

»Siri, ich sehe es dir an. Deinem Gesicht. Frauen sind Verbrechernaturen. Lombroso hat in seiner Studie gezeigt – bewiesen –, dass die Frau genau wie der Verbrecher eine niedere Stirn und stechende Augen hat, dass… dass… Man sieht es ihnen an, wenn sie lügen.«

»Aha.«

»Du bist mir untreu gewesen.«

»Ich bin dir nicht untreu gewesen.«

»Wie war das eigentlich mit dem kleinen Mädchen, das… starb. Das wir… weggaben? Das war womöglich gar nicht mein Kind?«

Sie dreht sich abrupt um, fixiert ihn mit hasserfüllten, aufgerissenen Augen, rückt ihm plötzlich auf den Leib.

»So willst du dich also aus der Verantwortung… stehlen? Deine Eifersucht kann ich ertragen. Aber nie, niemals können wir die Verantwortung für das unschuldige kleine Kind abwälzen, das wir… ums Leben gebracht haben. Niemals. Niemals.«

Dazu mag er nichts sagen, kein Wort.

Er lässt den Marienkäfer bis zur Fingerkuppe hochkrabbeln. Die Flügel entfalten sich, nach einem winzigen Zögern fliegt er davon. Zum Himmel hinauf. Und ist fort.

Strindberg folgt ihm mit dem Blick. Marie hebt den Blick von einem Buch, und gerade als der Marienkäfer über ihrem Kopf verschwindet, lächelt sie ihm zu.

Auf der Treppe vor dem Haus. Strindberg steht ganz still da, Marie sitzt einige Stufen über ihm. Sie sagt leise:

»Nun wissen Sie alles über mich.«

Er blickt sie nicht an; seine Stirn ist nachdenklich gerunzelt.

»Kein tolles Leben, Herr Strindberg, nicht so wie Ihres. Ein recht unbrauchbarer Mensch eigentlich.«

Zart, ganz zart berührt er ihren Arm. Sie schaut erstaunt auf, lächelt.

»Wenn Sie nur wagen würden, es herauszulassen ...«

»Was?«

»Das, was in Ihnen ist. Empfindsamkeit, Feingefühl. Eine feine kleine Frau.«

Er erwidert nichts, lächelt ihr nur zu.

»Und wenn Sie es wagen würden, Siri ihre Freiheit, ihre Möglichkeiten ... zurückzugeben.«

Da wird er stocksteif. Sein Gesicht verzerrt sich. Er richtet sich auf. Dreht sich um und geht sehr korrekt mit kleinen Schritten von ihr fort.

Zuerst kann er die Geräusche nicht recht lokalisieren. Im Garten herrscht eine kompakte Dunkelheit, es ist warm und feucht, die Zikaden zirpen. Jemand lacht leise, irgendwo, er geht vorsichtig durch die Dunkelheit, versucht herauszufinden, woher die Geräusche kommen.

Er schwitzt. Wischt sich die Stirn.

Dann ist er im Korridor, geht zur Schlafzimmertür, bleibt einige Minuten wartend davor stehen. Vor der Tür. Er horcht angestrengt, doch das Gelächter und Gekicher ist schwer zu deuten. Er ermannt sich. Geht davon. Überlegt es sich anders. Kehrt wieder um, reißt die Tür auf.

Im Schlafzimmer probieren Siri und Marie Korsetts an. Es ist recht intim, beide sind halbnackt. Siri spielt den Büstenhalter für die jüngere Freundin. Sie schütten sich aus vor Lachen. Marie ist ziemlich beschwipst, alles andere als prüde.

Strindberg ist zutiefst schockiert, sehr verlegen, wendet

sofort das Gesicht ab. Weiß nicht recht wohin mit seiner Verlegenheit, Empörung, Geilheit. Brüllt nach kurzem Zögern:

»Raus! Raus aus dem anständigen Schlafzimmer meiner Frau!«

Sie geht tatsächlich. Als sie an ihm vorbeikommt, lächelt sie zweideutig und traurig.

Und dann ist das Ehepaar Strindberg unter sich.

Er ist außer sich vor Zorn, zittert noch am ganzen Körper. Sie ist ruhig, leicht angetrunken.

»Jetzt reicht es. Jetzt reicht es. Diese ... perversen ... Spiele. Ihre Brüste begrapschen. Wie eine Hure.«

Sie umkreist ihn herausfordernd.

»Sie sind so knackig. Nicht wahr, August? Junge, knackige Brüste. Findest du nicht auch? Maries feine knackige junge Brüste.«

»Halt die Klappe.«

»Nein, wieso? Sie sind noch in meiner Handfläche zu spüren. Fühl mal, August, alter Puritaner. Man kann sie noch in meinen Händen spüren.«

Halbdunkel. Und sie nimmt seine Hand, streicht mit ihrer Handfläche wie hypnotisierend über die seine. Und er lässt es geschehen.

Schloss Brunegg, in der Abenddämmerung, sommerliche Alpenlandschaft. Strindberg überquert die Zugbrücke, ein Mann aus dem Dorf trägt seinen Koffer, er selbst ist erstaunlich sportlich gekleidet, wie zum Bergsteigen.

Er betätigt die Türschelle.

Unten im Tal bellen Hunde. Glockengeläut.

Heidenstam empfängt ihn – schlank, elegant, strahlt auf seine ironische Art.

»Also bist du doch gekommen!«

Sie überqueren den Innenhof, der Träger folgt ihnen in respektvollem Abstand.

»Jetzt möchte ich schwedischen Sill und einen schwedischen Schnaps. Dann wollen wir Klartext reden.«

Im großen Festsaal des Schlosses die beiden Schriftsteller und ein uralter Diener. Der Tisch ist enorm, mit Speisen überladen, großartig und stilvoll, sofern man diesen Stil mag. In dem Kamin brennt ein großes Feuer, ein Spanferkel dreht sich düster am Spieß.

Heidenstam ist so mager, dass er Schnaps nicht gut verträgt. Er wird schnell betrunken. Strindberg sagt verbissen, während er ein Hühnerbein abnagt:

»Branting schreibt mir jede Woche einen vorwurfsvollen Brief. Hält mich für abtrünnig. Branting ist ein verdammter Sozialistenfunktionär. Ein Parteimann. Er sieht nicht, dass die Arbeiter bald keine körperliche Arbeit mehr tun, sondern immer mehr zu Kontrolleuren werden, die herumgehen und auf Knöpfe drücken. Bald haben wir eine neue Oberklasse mit weißen Händen, die den Maschinen die Arbeit überlässt. Mein Programm ist – schafft die Oberklasse ab! Dann sehen wir weiter!«

Heidenstam schwankt graziös auf seinem Stuhl.

»Richtig. Genau. Verner Heidenhund weiß, was die Genüsse der Oberklasse bedeuten. Aber es quält mich! Verstehst du das, August? Quält mich! Mein Gewissen, mein Mitgefühl mit den Kleinen. Alle diese geduckten kleinen Bauern, die das Vermögen meiner Familie zusammengeschleppt haben! Wenn sie wüssten!«

Strindberg stiert ihn düster an.

»Wenn du in den Burgunder weinst, packt mich die Wut.«

Heidenstam ist nicht zu bremsen; eine Spur sachlicher fügt er hinzu:

»Zum Glück sind sie zu dumm. Also gibt es keine Revolution. Aber mich quält meine Empfindsamkeit. ich …«

Strindberg macht sich ruhig und methodisch über das köstliche Schneehuhn her, während Heidenstam die Forelle mit der Senfpanade auf der Gabel balanciert, als sei sie der Totenschädel in Hamlet.

»… höre beim Essen die Schreie der Hungernden. Das Leiden. Ich kann diese Genüsse nicht mehr recht auskosten, seit mir die Ohren so aufgegangen sind, dass ich mitten im Beefsteak das Stöhnen der Köchin und das Gebrüll des Schlachtochsen höre!«

Heidenstam blickt sein Steak mitleidig an, probiert ein Stück, hört kein Gebrüll, isst dankbar weiter. Strindberg betrachtet ihn voller Widerwillen.

»Was für ein dummes Geschwätz.«

»So bin ich eben!«

»Der Unterschied ist, dass du zur Oberklasse gehörst und ich zur Unterklasse. Wenn ich genieße, fühle ich mich wie ein Geselle, der sich einen blauen Montag macht!«

… aber … aber … du gehörst doch zum neuen Nervenadel! Zu den Intelligenzaristokraten! Du bist emporgestiegen, hast dich erhoben! Du hast … und sieh nur! sieh, wie deine Sozialistenfreunde in Schweden dich behandeln! Ist das gerecht? Wie du in Schweden von allen verfolgt wirst! Ist das gerecht?«

Strindberg starrt immer giftiger in sein Weinglas, antwortet nicht.

Sie legen die Ritterrüstungen in der Halle an. Beide sind jetzt sehr betrunken.

»Die Bauern sind die Rettung«, sagt August. »Die Bauern. Nächsten Monat werde ich in ganz Frankreich herumreisen. Eine Reportagereise. *Unter französischen Bauern.* Der junge Steffen begleitet mich. Soll die Fotografien für ...«

»Dieser Gimpel!«

»Pah ...«

»Wir sollten nach Paris fahren, August. Zu Charcot ... seine Hysteriestudien in der Salpetriere ... Studien, wie man hysterische Frauenzimmer behandelt ... in der Nerven ...klinik ...«

Strindberg stutzt, ein Schimmer von Nüchternheit in seinem Gesicht.

»Hysterische Frauenzimmer?«

Marie lässt das kleine Papierschiff zu Wasser, es gleitet in den Fluss hinaus, wird in einen Strudel hineingesogen, flussabwärts hockt Siri und wartet geduldig.

Vogelgezwitscher. Stille. Und Siri sagt:

»Er verbraucht alles. Menschen. Ideen. Überzeugungen. Jetzt ist die Psychologie dran. Die Kriminologie. Man soll die Verbrecher studieren: Affen, Verbrecher, Frauen, sie alle seien Instinktwesen. Es ist, als rette er sich damit vor dem Sozialismus und der Frauenfrage.«

Marie kommt an ihre Seite, Siri, auf den Knien, sagt still:

»Ich weiß nicht, ob ich noch ... Achtung vor ihm habe.«

Die Elektrisiermaschine, fast drei Meter hoch, Treibräder, Riemen, Leitungen.

Auf dem Stuhl ist eine Frau festgebunden. Ihr Oberkörper ist nackt. Hinter ihr eine andere Frau, grau, nervös, durch die Zuschauer verschüchtert. Sie hält die Elektroden.

Hinter einer spanischen Wand warten die andern Patienten. Auf einem Stuhl vor der Frau ein älterer, ernster Arzt, drei Beobachter. Eine Stimmung von Sachlichkeit und eiskalter Erotik. Der junge Assistent mit dem schmalen Gesicht ist offensichtlich nervös, aber sehr herzlich.

Er begrüßt Heidenstam und Strindberg.

»Sigmund Freud... Assistent von Doktor Charcot... es ist mir eine große Ehre, Ihre Bekanntschaft machen zu dürfen, Herr Strindberg... Doktor Charcot hat mich beauftragt, Ihnen vor der eigentlichen Sceance die Experimentiermaschinen zeigen...«

Freud demonstriert. Auf dem Oberkörper der Frau sind eine Reihe von Punkten eingezeichnet, vorn und auf dem Rücken.

»Die hysterischen Anfälle können, wie Doktor Charcot festgestellt hat, hervorgerufen und abgebrochen werden. Man kann sie völlig unter Kontrolle bringen. Hier sehen wir die hysterischen Zonen – da... an der Kehle... genau unter den Brüsten... das Schlüsselbein... ganz oben auf dem Kopf...«

Die Frau blickt ihn hilflos und besorgt an, sagt jedoch nichts. Strindberg starrt fasziniert auf ihre nackten Brüste.

»Das Bahnbrechende an Doktor Charcots Untersuchungen ist, dass er die hysterischen Reaktionen mit rein mechanischen Mitteln hervorrufen kann. Durch äußere Einwirkung. Durch äußere... Er dringt in das Geheimste des Menschen ein... in die Psyche... und kontrolliert sie... Wir sind zu einer ganz neuen Sicht der menschlichen... Natur gekommen.«

Die Elektroden werden auf den Rücken der Frau gesetzt. Ein Stromstoß. Die Frau krümmt sich vor Schmerzen, der Arm fällt herab, ihr Gesicht ist schmerzverzerrt.

In einem angrenzenden Zimmer liegen vier Frauen in ihren Betten. Eine davon hebt den Kopf, sieht die Besucher ohne Erstaunen kommen, ihr Nachthemd ist zur Hälfte hochgestreift. Und plötzlich beginnt der Anfall, ganz erwartungsgemäß.

Freud winkt enthusiastisch einen Helfer herbei, der mit einer merkwürdigen Maschine angelaufen kommt. Sie sieht aus wie ein Sattel; man hebt die Frau hinein, das sonderbare Ding wird an ihrem Unterleib befestigt und an ihren Eierstöcken angelegt.

»Das ist eine Ovarienpresse. Eine neue, einzigartige Erfindung… indem man sie hart auf die Eierstöcke presst, die der Ausgangspunkt der Hysterie sind… kann man die hysterischen Anfälle sowohl hervorrufen wie auch abbrechen. Sehen Sie.«

Unendlich langsam senkt sich die Presse herab. Ebenso langsam klingt der Anfall ab.

Schließlich liegt die Frau ganz still da, schaut mit ruhigem Gesicht zu ihnen auf.

Freud schraubt die Ovarienpresse langsam wieder hoch, sagt zu Strindberg:

»Entweder glaubt man, dass der Mensch eine ganze Person ist, geschlossen und unbeeinflussbar. Oder man betrachtet ihn in gewissem Sinn als eine… Maschine. Und dann kann man ihn beeinflussen. Von außen.«

Er steht dicht neben Strindberg, sagt fast kindlich:

»Es ist… beinahe atemberaubend. Dass das ganze Dasein… dass… die Persönlichkeit nichts Fertiges ist… sondern dass alles sich verwandelt, dass es in gewisser Weise Masken sind, die man aufsetzt… oder die einem aufgezwungen werden… dass der Mensch… zusammengestückelt ist! – Dass man ihn manipulieren kann!«

Die Frauen im Zimmer sehen die drei Männer mit ausdrucksloser Miene an.

Im Hörsaal lauter Männer. Wie auf dem berühmten Gemälde: Charcot stehend, umringt von etwa dreißig Zuschauern.

Charcot nickt. Alle starren gespannt auf die Frau – ihre aufgeknöpfte Bluse, ihre Schlaffheit. Charcot gibt ihr einen kurzen, kräftigen Schlag auf die linke Schulter.

»Zum Verständnis der weiblichen Psyche sind die Experimente, die wir hier durchführen, von entscheidender Bedeutung. Wir sehen hier, wie der linke Arm der Somnambulen durch eine hysterische Reaktion gelähmt wird. Wir unterscheiden zwei Phasen: eine prädisponierte, nervöse Person, die in einen somnambulen Zustand versetzt wurde, verstärkt die ursprünglich rein rudimentäre Lähmung unter dem Einfluss von Autosuggestion zu einer echten Paralyse.«

Die Patientin ist etwa 34 Jahre alt, recht hübsch. Freud flüstert Strindberg zu:

»Das ist Mrs. Blanche Wittmann... man nennt sie ›la reine des hystériques‹... von allen hysterischen Frauen im Krankenhaus wissenschaftlich am besten erprobt... ihre hysterischen Anfälle sind stets exakt... exakt die gleichen.«

Charcot sagt zu der Somnambulen:

»Bewegen Sie jetzt Ihre linke Hand!«

»... kann nicht ... kann nicht.«

»Na, wird's bald!«

»Oh... kann nicht...«

Charcots Gesicht: sein eines Auge ist starr und schräg nach außen gerichtet.

»Ihre Vorgeschichte und Kindheit interessieren ihn nicht«, flüstert Freud.

»Nicht?«, flüstert August zurück.

»Er sagt, er sei Forscher, kein Humanist.«

»Beachten Sie nun«, fährt Charcot fort, »dass sie zuerst die rechte, dann die linke Hand betrachtet. Dass sie die rechte Hand bewegt, und darauf den Blick wieder auf die linke richten und den vergeblichen Versuch machen wird, sie zu heben. Ihre Reaktionen sind jedesmal exakt die gleichen, die Experimente sind also wissenschaftlich völlig gesichert.«

Ein bewunderndes Raunen geht durch den Saal.

»Sie ist jetzt linksseitig total – total – gelähmt. In fünf Minuten werde ich die Lähmung aufheben, doch inzwischen will ich Ihnen eine Zusammenfassung der Experimente geben und gewisse Schlussfolgerungen ziehen.«

Freud flüsternd zu Strindberg:

»Ehrlich gesagt... Ich habe Doktor Charcot vorgeschlagen, die Herkunft dieser Frauen zu erforschen... was sie früher erlebt haben, und so weiter. Aber er wurde sehr böse auf mich und sagte, das sei keine Wissenschaft.«

Strindberg sieht ihn still an, nickt verblüfft und sagt:

»Eigenartig.«

Sie sehen einander ganz aus der Nähe in die Augen. Und dann nickt Freud, zuerst schuldbewusst, dann beinahe eifrig.

»Eigentlich sollte man das tun. Um die Natur der Frau zu verstehen. Wie soll man sie sonst verstehen?«

Im Brennpunkt die Frau auf ihren Stuhl, die Brüste halb entblößt, den Kopf jetzt zur Seite gewandt, die Augen geschlossen. Ihr Unterleib beginnt zu kreisen. Zuerst langsam, dann schneller und immer ekstatischer.

Heidenstam zu Strindberg:

»Pikant... pikant...«

Zuerst sehen sie ihn nicht. Er steht schweigend da, seinen kleinen Koffer in der Hand. Was er sieht, macht ihn nicht froh. Siri steht auf dem Tisch und singt. Die kleine Romanze aus Mignon. Sie ist stark betrunken.

Singt mit ihrer schönen, etwas spröden Stimme.

Marie ist die einzige, die ihn sieht. Mit einem eigentümlichen Lächeln geht sie leise zu Strindberg hin, die anderen bemerken es nicht.

»Sie sind also… zurück… Herr Strindberg? War es eine interessante Reise? Haben Sie viel von Doktor Charcot gelernt?«

»Viel. Über die Natur der Frau.«

»Und wie ist die?«

»Fräulein David. Darf ich etwas sagen. Ein Freund ist ein Freund. Aber ein Feind ist ein Feind, und wenn Sie meine Frau nicht in Ruhe lassen, sind Sie mein Feind. Und dann herrscht zwischen uns ein Kampf der Gehirne. Und dann werden wir sehen, wer der Stärkere ist.«

»Ein Kampf der Gehirne?«

»Genau. Und dabei werde ich der Stärkere sein. Dann gibt es eine Vivsektion, ich werde Sie aufschneiden. Da ich der Stärkere bin.«

»Und es ist sehr wichtig… der Stärkere zu sein?«

»So ist es.«

»Aha. Wir werden sehen.«

»Lassen Sie meine Frau in Ruhe.«

Sie dreht sich um und geht davon, und nun sehen ihn auch die anderen. Siri springt vom Tisch herunter, geht zu ihm hin. Er zieht sich zurück, doch sie folgt ihm.

Siri atmet heftig und sieht ihn mit beinahe lüsterner Aufmüpfigkeit an.

»August, na so was!«

»Siri…«

»Ja?«

Schweigen. Dann hebt er die Hand und drückt langsam, vorsichtig, aber immer fester auf einen Punkt kurz über dem Schlüsselbein, auf eine von Charcots hysterischen Zonen. Lässt die Hand sinken. Sieht sie gespannt an. Sie sagt verwundert und lachend:

»Was machst du? Was machst du? Bist du verrückt geworden?«

Er wartet. Nichts geschieht. Da macht er kehrt und flüchtet hinaus in die Nacht.

Der Garten senkt sich zum Fluss hinab, er ist ziemlich breit und wird ganz unten von einer kleinen Mauer begrenzt, über die sich die Bäume ins Wasser neigen. Links der Weg, die Zauntür, dahinter liegt das Dorf.

Strindberg grau im Gesicht, sonderbar aufgewühlt, hört Siri wieder singen, bestimmt zum fünften Mal in dieser Nacht: »Adieu, Mignon, Courage«.

Er geht durch die Dunkelheit zurück. Auf das Fenster zu.

Das Fenster ist wie ein Gemälde.

Er sieht zum Fenster hinein, von einer eigenartigen Faszination getrieben, er sieht sie von außen, als seien es Menschen, die er nicht kennt, aber er kennt sie, er kennt sie und sieht sie von außen und von innen. Auf sonderbare Weise ist es genau so, wenn er schreibt. Als sähe er in sein eigenes Leben hinein.

Siri singt die letzten Zeilen. Und er sieht, wie sie sich dann über Marie beugt, die Augen voller Tränen, wie sie ihren Mund öffnet und Marie küsst.

Er atmet dicht auf die Fensterscheibe. Alle Geräusche ringsumher sind wie ausgelöscht, er hört nur sein eigenes Herz schlagen und schlagen.

Einige Stunden später, die Gäste sind gegangen oder eingeschlafen oder haben sich sonstwie verzogen, jetzt sind nur noch drei übrig. August, Siri und Marie.

Sie sind unten im Garten. Es ist fünf Uhr früh, graue Morgendämmerung zwischen den Bäumen, sehr kalt, Nebel über dem Fluss. Sie scheinen einander zu jagen, doch immer im Kreis, in dem recht irrationalen Versuch, einander zu erreichen, zueinander vorzudringen.

Alle drei sind stark betrunken. Strindberg vielleicht noch am wenigsten.

»Bleib stehen, Siri. Ich will mit dir reden. Du sollst…«

»Lass mich! Lass mich!«

»Schrei nicht so, verdammt noch mal! Du weckst die…«

Sie taumeln weiter. Marie hat einen grauen Schal um die Schultern, sie lehnt sich gegen einen Baumstamm, schließt die Augen.

Ihr ist übel. Sie hört, dass die beiden über sie sprechen.

Strindberg schreit zwar nicht laut. Aber er zischt lauthals:

»Sie muss weg! Sie muss von hier weg!«

Es ist kalt. Dampf kommt aus ihren Mündern.

»Schluss mit der Hurerei. Mit dieser perversen… perversen! Erotik. Jetzt ist Schluss. Schluss. Sie muss weg!«

Siri weint verzweifelt, steht jetzt still, die Hände vorm Gesicht, sagt leise und schluchzend:

»Aber ich habe sie doch gern gehabt. Sie war doch der einzige Mensch, mit dem ich reden konnte.«

Er starrt sie machtlos an.

»Der einzige Mensch, mit dem du reden konntest!«

»Ja?!«

Strindberg läuft sinnlos im Kreis herum, umkreist Siri und Marie, weiß nicht, was er tun soll. Bleibt vor Marie stehen, mit einer sonderbar zweideutigen Bewegung. Will er sie erwürgen oder sie schlagen? Marie hüllt sich fester in ihren Schal und taumelt einige Schritte weiter. Am Zaunpfosten bleibt sie stehen. Kniet sich hin. Erbricht.

Der Nebel vom Fluss kriecht zwischen den Bäumen hoch. Sie kniet da und erbricht, es spritzt auf ihr Kleid. Sie wimmert und schluchzt. Streicht sich mit der Hand übers Kleid, um es zu säubern.

Starrt zu Strindberg hoch. Der steht wie ein Habicht über ihr.

»Ja ja ja ja. Ich werde. Ich werde.«

Sie schluchzt die Worte hervor.

»Ich werde abreisen.«

Es ist sehr still im Garten. Der Nebel hängt tief zwischen den Bäumen, Hundegebell hallt aus dem Dorf wider.

Siri sitzt auf einem Baumstumpf nahe am Ufer, blickt apathisch zu ihnen hinüber, geht nicht zu ihnen, sie sind fünfzig Meter von ihr entfernt.

Strindberg und Marie dicht beieinander. Er tritt einen Schritt zurück, sagt langsam:

»Schrecklich. Wie ekelhaft. Noch nie nie nie habe ich etwas so … Widerwärtiges gesehen.«

Marie versucht zu lächeln, doch es misslingt. Ihr Gesicht ist kreidebleich. Ihr ist übel.

Er beugt sich vor, nimmt ihren Schal, wischt mit einer einzigen Bewegung ihre Wange sauber. Lässt den Schal fallen, sagt leise:

»Adieu, Marie.«

Und fügt nach einer langen Pause hinzu:

»Courage.«

Lange, lange bleibt er stehen, und sie sehen einander an. Dann dreht er sich um und geht zum Haus hinauf.

Die beiden Frauen bleiben zurück. Hundegebell aus dem

Dorf. Es ist früher Morgen. Er sitzt in seinem Arbeitszimmer. Er schreibt. Er blickt nicht auf. Er arbeitet methodisch.

Draußen wird der Wagen mit Gepäck beladen. Marie und Sofie reisen ab. Siri weint und weint, Marie hingegen ist ruhig. Sie schickt einen Blick zum Fenster hinauf, doch er zeigt sich nicht.

Strindberg arbeitet. Jedenfalls beugt er sich über sein gelbes Lessebopapier. Doch die Hand bewegt sich nicht. Er blickt kein einziges Mal auf.

Siri geht durch den Wald. Dort ist der Platz, wo sie zusammensaßen und redeten. Da lag Marie. Da erzählte sie von den Bedingungen des Vogels im Käfig.

Am Mittagstisch, die Kinder sind sehr schweigsam. Sie spüren, dass etwas nicht stimmt. Zwischen den Eheleuten herrscht Hass und Schweigen.

Er steht vor der Schlafzimmertür, die verschlossen ist.

Er klopft an. Zuerst einmal. Dann noch einmal, und dann immer fester und entschlossener.

»Mach auf! Liebe Siri.«

Schweigen.

»Es ist mein Recht als Ehemann, und jetzt dulde ich das nicht länger! Mein Recht!«

Späht durchs Schlüsselloch. Klopft noch einmal, brüllt:

»Ich habe meine Rechte! Mach auf, Siri!«

Da reißt sie die Tür auf. Ihr Gesicht ist verweint, und sie ist sehr zornig.

»Du rührst mich nie wieder an. Jetzt ist Schluss. Nie wieder rührst du mich an, kleiner August.«

Auch er ist wütend.

»Soll dieses Zölibat denn ewig währen? Ich habe die Pflichten des Versorgers, aber keine …«

Er versucht sich zur Tür hineinzudrängeln, doch sie ist schon auf dem Weg hinaus. Sie schnappt sich einen Schal und rennt weg.

Er läuft ihr nach.

Es kommt zu einer Auseinandersetzung unter freiem Himmel, am Weiher unten. Die Worte sprudeln ihm aus dem Mund. Siri ist wütend und traurig.

»… verfluchte Oberklassendamen, mit Geld soll man sie versorgen, aber Pflichten haben sie keine … und dann diese Perversionen, die …«

»Halt's Maul! Halt's Maul, halt's Maul, halt's …«

»Und so eine soll man lieben! Unglaublich!«

»Und du glaubst, deine Eifersucht sei ein Beweis! Für deine Liebe! Ein Beweis! Sie vergiftet doch alles. Jedes Wort wird auf die Goldwaage gelegt. Man muss sich in acht nehmen, man muss auf der Hut sein, sagt man ein falsches Wort, muss man für immer daran schlucken, du betrachtest mich wie ein Tier, wie einen Verbrecher, du …«

»Du bist eine Verbrechernatur.«

»Du hast mir mein Leben gestohlen, du verdammter Dieb! Zwei Jahre bin ich dein Dienstmädchen gewesen, und jetzt schleifst du mich in Europa herum, und ich bin doch Schauspielerin und …«

»Ha! Ojeoje …«

»Ich bin Schauspielerin, und jetzt hat man mich in Stockholm vergessen, und …«

»Du bist eine kleine Hure, meine Liebe. Das bist du.«

»Und du nennst dich Sozialist. Du bist nichts, ich habe keine Achtung mehr vor dir, du betrachtest Frauen als Tiere, du hast …«

»Keineswegs tu ich das! Ich bin nur konsequent, zähle eins und eins zusammen, und das macht zwei!«

»Du taugst zu nichts.«

Das ist kein Gespräch mehr, kein Streit, nur noch Schimpfworte. Sein Gesicht ist jetzt grau vor Zorn, er jagt sie vor sich her, umklammert ihren Hals, versucht, sie zu erwürgen, sie ist stark, sie fallen zusammen hin, er packt sie an einem Fuß und schleift sie auf hässliche Art, wie einen Kartoffelsack oder eine Färse, schleift sie zum Weiher hinunter.

»Ich werde dich ertränken, du Hexe! Ertränken… du kleine… Hure!«

Und plötzlich steht oben an der Haustreppe die kleine Karin. Im Nachthemd, mit weit aufgerissenen Augen. Sie schreit.

»Papa! Papa Papa Papa… Papa!«

Er lässt Siri los. Flink wie eine Eidechse schlängelt sie sich davon, ohne zu weinen, rappelt sich nur schnell hoch, kommt auf die Füße, von ihm weg, in Sicherheit. Ohne einen Laut.

Er geht langsam zu dem Kind hinauf. Ganz still. Keucht mit offenem Mund. Karin zieht sich vorsichtig, vorsichtig zurück, zur Tür hinein. Als er merkt, dass er sie erschreckt, bleibt er stehen.

Siri verschwindet wie ein grauer Schatten um die Hausecke. Und dann ist er ganz allein. Er bewegt sich nicht.

Strindberg sitzt, sehr korrekt angezogen, auf einem Stuhl. Karin geht durchs Zimmer, den kleinen Putte an der Hand. Sie passt auf, dass sie ihm nicht zu nahe kommt. Er sitzt ganz steif da und sieht die Kinder vorbeigehen.

Es ist überhaupt nicht lustig.

An der Tür dreht sich Karin um und fragt:

»Bist du jetzt wieder gesund, Papa?«

»Gesund? Ich bin doch nicht krank gewesen?«

»Aber im Kopf ...«

»Hat Mama gesagt, ich sei im Kopf krank gewesen?«

Sie schaut ihn nur an, mucksmäuschenstill.

»Ich war nie krank, Kleines. Ich war nie krank.«

Da zieht sie Putte zur Tür hinaus, die Tür schlägt zu. Ein Augenblick des Schweigens und der Stille. Fliegen surren durch das Zimmer. Dann geht die Tür wieder auf, und Siri kommt herein. Auch sie ist sehr korrekt angezogen. Sehr steif.

»Ja. August?«

»Ich bin zu dem Schluss gekommen, dass ich Selbstmord begehen muss. Nach allem, was geschehen ist. Das ist der einzige Ausweg. Ich muss Selbstmord begehen.«

Siri ist ganz ruhig und freundlich.

»Das halte ich für eine ausgezeichnete Idee. Pistole, Messer, oder ertränk dich. Wenn nur was daraus wird.«

Pause.

»Aber vorher muss ich mein Buch über französische Bauern schreiben.«

»Ooo. Ich wusste es. Es musste was dazwischenkommen. Jedesmal kommt was dazwischen, wenn du Selbstmord begehen willst. Nie ist einem eine richtige Freude gegönnt. Kannst du nicht zuerst Selbstmord begehen und dann die französischen Bauern drannehmen?«

Sie betrachten einander mit ruhigem Hass.

»Es ist möglich, dass du ein wenig anders empfindest. Wenn du erst an meinem Grab stehst. Ich glaube, dann wirst du eine Träne vergießen ...«

»Das glaubst du.«

Pause.

»Nein.«

Die Tür wird vorsichtig aufgemacht, Greta streckt den Kopf herein und sagt verzweifelt:

»Mama, Pompe ist krank. Irgendwas ist passiert ... er liegt so komisch da.«

Siri fährt mit einem Schrei herum, rennt zur Tür hinaus. Strindberg bleibt auf dem Stuhl sitzen.

Dann kommt eins der Kinder quer durchs Zimmer gerannt, ohne ihn zu beachten, knallt die Tür zu.

Stille. Strindberg sitzt auf seinem Stuhl. Sagt plötzlich bitter vor sich hin, zischend:

»Mistköter!«

Sie gehen in einer kleinen Prozession durch den Wald. An der Spitze Siri, die einen Schuhkarton in den Händen hält. Dann die drei Kinder, sehr ernst, mit Tränen in den Augen.

Dann Strindberg. Im Sonntagsanzug.

Es werden viele Tränen vergossen.

Außer von Strindberg, der seinen Widerwillen kaum beherrschen kann. Doch der Kinder wegen hält er den Mund.

Sie begraben die Hundeleiche. Dann singen sie ein Kirchenlied, Strindberg ist gezwungen mitzusingen.

Siri liest einige Zeilen aus Shakespeares *Sturm*. Die Kinder weinen.

Danach gehen die Kinder als Erste davon. Die beiden Erwachsenen bleiben eine Weile bei dem Kreuz stehen. Strindberg sagt, wie zu sich selber:

»Würde ich nur halb so geliebt wie der widerliche Köter ...« Siri sieht ihn an. Sie geht, er folgt ihr.

Fünf Schatten im Wald unterwegs, mit langen Abständen zwischen sich.

Siri begleitet ihn zum Bahnhof von Grez, um ihn zu verabschieden. Der junge Steffen eilt mit Koffern hin und her. Er ist enthusiastisch.

»Oh, Frau Strindberg, es ist mir eine solche Freude! Ich werde mir so viel aneignen können, als Schüler von Herrn Strindberg, ich werde so viel …

»Fotografieren. «

»Ja? Freilich. Das auch.«

»Sie verstehen – Herr Strindberg weiß schon alles im Voraus. Wie es um die französischen Bauern steht. Jetzt will er es nur bestätigt haben.«

»Aha?«

August scheucht Steffen mit einer Handbewegung zur Seite, verabschiedet sich zeremoniell und mit einem eisigen Glitzern im Auge von Siri.

»Und du nimmst es mit der Ruhe, Siri. Nicht mit den Mägden herumspielen. Keine Tribaderie. Keine Brüste streicheln. Keine neue Marie. Ich bleibe einen Monat weg.«

Ihre Augen werden schmal vor Wut.

»Was bist du doch für ein Mistkerl.«

»Nicht hysterisch werden, Sirilein. Doktor Charcot hat mich gelehrt, wie man hysterische Frauenzimmer behandelt.«

Sie sieht ihn mit versteinerter Miene an.

»Ich finde, der junge Steffen ist ein so hübscher Junge. Du hast womöglich Geschmack an jungen Burschen gefunden, August? Nimmst du ihn deshalb mit?«

Sie lächelt süß, das Abfahrtssignal ertönt, er kann nicht mehr antworten, der junge Steffen winkt energisch aus dem Fenster, Abfahrt, Siri ruft:

»Lebt wohl, ihr kleinen Lieblinge! Viel Spaß! Und dass ihr gut aufeinander aufpasst!«

Sie sitzen sich im Abteil gegenüber. Steffen ist außer sich vor Glück, möchte das Gespräch sofort auf die wesentlichen Dinge bringen.

»Herr Strindberg. Zu unserem großen Projekt. Marx hat ja klar gezeigt, dass der Kapitalist sich den Mehrwert aneignet, den der Arbeiter produziert... Sie können meinem Gedankengang doch folgen, oder? Also ich meine, man muss beachten, dass wenn der Arbeiter diesen Mehrwert produziert... Verzeihung... machen Sie sich Notizen, Herr Strindberg, oder was... störe ich etwa?«

Auf seinen Notizblock schreibt Strindberg sehr säuberlich, während der Zug durch die französische Landschaft dampft:

»Steffen: Schädel, Haare, Nägel, Bart, Augen (Strabismus), Zähne, Füße – Banditentyp.«

Eine flache Landschaft, nördlich von Bordeaux, zwischen dem Meer und der Garonne. Fichtenwald, Büsche, Heidekraut und Farn. Die beiden Wanderer sehen eine Schafherde vorüberwogen. Steffen versucht das Stativ aufzubauen, doch er ist offensichtlich ein Amateur, es geht langsam, die Schafherde verschwindet.

»Der Bauer zuerst!«, belehrt ihn Strindberg. »Das Ganze ist eine Ernährungsfrage. Wir müssen lernen, mit der Natur... verbunden zu leben. Der Bauer züchtet den Schlachtochsen, dann isst der Adel das Roastbeef, der Industriearbeiter die Kaldaunen, die Innereien also, dann bekommt der Bauer die Knochen zurück, die er auf den Acker legt, als Dünger für neues Gras, um neue Schlachtochsen zu füttern... ein Kreislauf! Das eine entsteht aus dem andern, in einem... Kreislauf! Verstehen Sie?«

»Ich glaube, Herr Strindberg, Bebel hat das klarer ausgedrückt als Marx, als er meinte, dass... Sie kennen Bebel, nicht wahr? B-E-B-E-L. Die landwirtschaftlichen Produktiv-kräfte sind laut Bebel ...«

Strindberg explodiert.

»Ich bin schon in Marx' und Bebels Denken eingedrungen, als Sie noch nicht mal in den Hosen Ihres Vaters existierten, junger Mann. Hören Sie auf, Blödsinn zu reden und beantworten Sie mir lieber eine einzige Frage: Können Sie überhaupt fotografieren?«

Jemand kommt ihnen entgegengewandert. Er taucht über dem Hügelkamm auf, wird immer größer. Er geht auf Stelzen. Trägt einen japanischen Hut, eine blaue Jacke, blaue Hosen, ist barfuß. Die Stelzen sind schwarz gestrichen. Er geht sehr geschickt. Absurderweise hält er ein Strickzeug in der Hand. Steffen steht da wie vom Donner gerührt. Dann kämmt noch einer. Und noch einer. Sie sehen alle gleich aus. Auf Augusts Zuruf bleiben sie stehen.

»Wozu braucht ihr die Stelzen? Ist es wegen des Wassers?«

»Nein, wir kommen mit ihnen schneller voran. Acht Kilometer in der Stunde.«

»Was baut ihr an?«

»Harz.«

»Harz?«

»Aber jetzt macht uns das ausländische Harz Konkurrenz!«

Strindberg starrt sie verblüfft an, zückt seinen Notizblock, fängt an, sich Notizen zu machen. Hebt den Blick zu Steffen, der noch immer mit hängenden Armen die Bauern bestaunt: Er macht keinerlei Anstalten zum Fotografieren. Steffen sagt keck zu einem der Bauern auf Stelzen:

»Dürfte ich wohl die Stelzen ausprobieren? Nur einen Augenblick?«

Steffen möchte gern seine Tüchtigkeit demonstrieren. Er

nimmt die Stelzen entgegen, wirft einen etwas erschrockenen Blick auf ihre ansehnliche Höhe. August sagt ermunternd:

»Recht so! Recht so, Herr Steffen! Man muss die Bedingungen der arbeitenden Bevölkerung erproben, wie Marx schon sagte.«

Es gibt kein Zurück. Steffen klettert auf einen Stein, stellt die Stelzen zurecht, besteigt sie.

Seine Füße befinden sich fast zwei Meter über dem Boden. Er steht für ein paar schwindelerregende Augenblicke still, heftig schwankend, rückt mit dem einen Stelzenbein vor, dann mit dem andern, bekommt endgültig das Übergewicht, macht einen fieberhaften Versuch, die Kontrolle wiederzugewinnen, dann fällt er plump und unbeholfen mitten in den französischen Dreck.

Die drei französischen Bauern betrachten ihn melancholisch. Ein leichter Regen beginnt zu fallen.

Strindberg sieht ihn an, geht dann wortlos davon.

Seine Miene ist heiter. Der Anflug eines Lächelns erscheint auf seinen Lippen.

Steffen ist verzweifelt.

»Aber was ist geschehen? Was ist los? Was habe ich getan? Was habe ich getan?«

Auf dem Bahnhof von Nîmes stehen sie ganz am Ende des Bahnsteigs. Steffen ganz vernichtet, Strindberg ist erbarmungslos.

»Sie sind entlassen! Ich habe sofort gesehen, was für ein Typ Sie sind! Sie sind ein Parasit, der einen Seelenmord an mir begehen wollte! Aber das ist Ihnen nicht gelungen, mein Gehirn war das stärkere, zwischen dem Übermenschen und dem Verbrecher muss es so ausgehen, das habe ich studiert, wissenschaftlich…«

»Verbrecher!!! Aber was habe ich denn getan?«

»Wissenschaftlich! Wissenschaftlich, wissenschaftlich, wissenschaftlich, wissen …«

»Ich bin kein Verbrecher!«

Strindberg blickt ihn streng an.

»Sie haben bestimmt aus der Reisekasse gestohlen. Ich werde es kontrollieren. Nachher.«

»Aber was sagen Sie da … wir waren uns doch so einig … über alles … über …

»Ich bin nie mit jemand einig! Am allerwenigsten mit Ihnen! Auf Nimmerwiedersehen!«

Steffen lässt die Arme hängen, schüttelt bloß den Kopf. Der Zug fährt ein. Er klettert langsam hinauf.

Grauer stiller Regen. Dann ist der Zug fort, Strindberg bleibt auf dem Bahnsteig zurück. Er steht ganz still. Ein Eisenbahner fragt ihn:

»Monsieur – wohin sind Sie unterwegs?«

Strindberg, nach einem kurzen Zögern:

»Ich wünschte, ich wüsste es. Aber ich weiß es bedauerlicherweise nicht.«

Er beginnt zu gehen. Der Bahnhof ist beinahe leer. Er geht wie im Schlaf. Der Bahnsteig ist zu Ende. Er geht hinunter auf die Gleise. Alles ist grau, es regnet. Er trägt einen kleinen Koffer in der Hand, geht. Stellt schließlich den Koffer sehr korrekt ab, setzt sich darauf.

Der Eisenbahner steht hundert Meter weiter weg und schaut zu ihm hin. Strindberg sagt leise zu sich selbst:

»Ich werde an Heidenstam schreiben, dass ich jetzt jedenfalls völlig allein bin.«

Eine Lok gleitet langsam vorbei. Strindberg sitzt ganz still da.

Plötzlich beginnt er heftig zu weinen. Nach einer Weile

fasst er sich, bleibt aber trotzdem sitzen. Ein dünner grauer Oktoberregen fällt.

Bald bricht die Abenddämmerung herein. Er bleibt sitzen.

Er trägt immer noch den kleinen Koffer in der Hand. Bleibt am Zaun der Pension in Grez stehen. Der herbstliche Garten wirkt jetzt grau, fast verfallen: Der Gartentisch ist leer, die Stühle sind nachlässig darauf gestapelt. Kein Mensch weit und breit. Siri sieht ihn vom Fenster aus, hinter der Gardine verborgen.

Keiner kommt herunter, um ihn zu empfangen. Er geht hinein. Halbdunkel herrscht im Zimmer, er stellt seinen Koffer hinter der Tür ab. Es ist sehr still. Dann sagt er:

»Es wurde kürzer als geplant.«

Langes Schweigen. Dann sagt Siri:

»Ich habe meinen einen Vorderzahn verloren.«

Er bewegt sich nicht.

»Ich weiß, dass ich hässlich geworden bin.«

Da geht er ganz leise zu ihr hin. Behutsam, fast verlegen schließt er sie in die Arme.

Sie beginnt zu weinen, ganz still und leise. So stehen sie lange in der Dämmerung, und schließlich sagt er:

»Wollen wir es noch einmal versuchen?«

Sie nickt schweigend an seiner Wange, dann flüstert sie:

»Das ist doch Wahnsinn.«

IV

Die dänische Hölle

Dänemark, im Spätwinter 1888, die Küste bei Taarbek. Am gefrorenen Strand steht Strindberg, umringt von seinen drei kleinen Kindern als atemlose Zuschauer. Er beugt sich über einen Feuerwerkskörper in einer leeren Dose.

Dann zündet er ihn an. Die Kinder um sich geschart wie eine Glucke, zieht er sich fünf, sechs Meter zurück. Der Junge stößt vor Aufregung unwillkürlich kleine Schreie aus.

Aus einem Rauchwölkchen steigt eine Rakete auf, wie ein Feuerstrahl, ein paar Sekunden lang sprüht ein Funkenregen und verglüht.

Die Kinder kreischen vor Vergnügen, sind dann beinahe fassungslos enttäuscht, als sich der Rauch verzieht und alles schon vorbei ist.

Siri steht draußen auf dem Eis, drei bis vier Meter vom Ufer entfernt, den Mantel fest um sich gezogen. Sie kehrt ihnen den Rücken zu. Starrt über die Eiswüste hinaus, zur schwedischen Küste hinüber.

Er folgt ihr aufs Eis; sie dreht sich nicht um. Starrt nur immer weiter geradeaus. Er sagt leise hinter ihrem abweisenden Nacken:

»Schweden scheint heute ganz nahe zu sein.«

Schweigen.

»Was ist denn, Siri?«

»Es ist kalt…«

Von ihm kommt keine Antwort.

»Eis. Kälte. Keine Freunde. Keine Arbeit. Nur immer mit

seinem Hass herumlaufen. Komisch, dass man sich die Hölle heiß vorstellt. Ich denke sie mir als eine Eiswüste. In der man ganz allein ist.«

Strindberg schweigt. Sie fährt fort:

»Ich begreife nicht … warum wir nicht heimfahren können … nur für ein paar Monate?«

Schweigen.

Da schreit sie ihm plötzlich mitten ins Gesicht:

»Jetzt können wir nichts mehr anschreiben lassen! Beim Kaufmann hat man mich heute beschimpft! Es war unsäglich … demütigend! Geh doch du mal einkaufen, verdammt noch mal, dann merkst du, wie demütigend das ist! Wovon sollen wir denn leben, meinst du?«

Er sagt leise:

»Ich bin bestimmt bald fertig mit dem, woran ich schreibe.«

»Ach! Und was ist es denn? Ich erfahre ja nie etwas. Alle andern wissen alles. Außer mir. Ist es eine Fortsetzung der Hemsöer?«

»Es ist ein Eheroman.«

»Ooooo. So ist das. So ist das!«

»Er wird sehr wahr werden.«

Sie dreht sich auf dem Absatz um und starrt wieder auf die Eiswüste hinaus.

»Ich möchte ihn *Das Plädoyer eines Irren* nennen. Aber ich will ihn nicht veröffentlichen.«

»Ach so. Ich nehme an, es handelt von uns.«

Keine Antwort.

»Du bist ein Vampir. Völlig rücksichtslos. Sag doch was! Zum Beispiel, wovon wir leben sollen?«

»Ich mache nächste Woche eine Lesung im Dagmartheater. Gegen Honorar.«

Sie dreht sich um und sieht ihn ungläubig an.

»Du! Machst eine Lesung? Mein Gott. Mit deiner Stimme. Wirst du auf der Bühne stehen und ...«

Plötzlich mit ganz verzweifelter Stimme:

»Und wann darf ich wieder auf einer Bühne stehen? Werde ich in meinem Leben je wieder auf einer Bühne stehen, ja oder nein?«

Er sagt ungeheuer beherrscht und gedämpft:

»Und wie lange muss ich noch im Zölibat leben?«

Das Eis türmt sich am Ufer. Weiße, unmerklich schaukelnde Schollen. Sie sagt wie zu sich selbst:

»Aber er wird da stehen dürfen. Auf einer Bühne.«

Der große Saal des Dagmartheaters in Kopenhagen. Der berühmte Frauenhasser wird aus seinen Werken lesen. Strindberg steht in schwarzem Jackett und grauen Hosen in der Kulisse und ist kreidebleich vor Aufregung. Ein Geiger intoniert begeistert Thomas' kleine Melodie Adieu, Mignon, was Strindberg nicht eben glücklicher macht. Dann verstummt die Musik. Er bekommt das Zeichen für seinen Auftritt.

Strindberg geht auf die Bühne und setzt sich an den Tisch mit dem dreiarmigen Leuchter. Applaus. Eine Berühmtheit wird lesen.

Dann liest er das erste Gedicht aus dem Zyklus *Schlafwandlernächte*.

> *In der Avenue de Neuilly*
> *da liegt eine Metzgerei,*
> *und wenn ich in die Stadt geh,*
> *schau ich immer dort vorbei.*

Das große offne Fenster
es leuchtet von Blut so rot,
auf weißen Marmorplatten
dampft frisches Fleischangebot.

Heut hing dort an der Glastür
ein Kalbsherz, es kam mir so vor,
in seiner papiernen Hülle,
als ob in der Kälte es fror.

Das Publikum lauscht zunächst sehr aufmerksam. Man versteht nämlich kaum ein Wort. Strindberg liest mit aufgeregter, dünner, eintöniger Stimme. Unverständlich.

Schnell flogen meine Gedanken
zum alten Norrbro-Basar.
Da drängt sich vor lichten Fenstern
der Frauen und Kinder Schar.

Nach und nach erhebt sich leises Gemurmel. Man flüstert, macht Bemerkungen über seine Kleidung. Strindberg kommt zum letzten Vers des ersten Gedichts, die Stimme gleichbleibend dünn und zittrig.

Da hängt am Bücherschaufenster
ein Buch in dünnem Gewand.
Ein Herz ist's, herausgeschnitten,
das an den Haken man band.

Kurze Pause. Danach ertönt eine kräftige dänische Stimme im Zuschauerraum, die ruft:
»Lauter!«

In der Kulisse steht Theaterdirektor Hunderup und ringt die Hände. Verzweifelt flüstert er seinem Assistenten zu:

»Sag die morgige Lesung ab. Es ist ein Trauerspiel. Pfui Teufel. Hol mir ein Bier, sonst fall ich in Ohnmacht. Wie soll das nur weitergehen?«

Strindberg selbst scheint jedoch nicht mehr zugänglich zu sein; er liest und liest, die Lippen bewegen sich. Keiner versteht etwas, schließlich bemüht man sich auch nicht mehr. Das leise Gemurmel schwillt an. Plötzlich beginnt jemand zu applaudieren, er liest verwirrt weiter, ohne den Wink zu verstehen.

Endlich ist es dann doch zu Ende. Es herrscht ein Chaos. Strindberg verbeugt sich steif, geht ab. In der Kulisse steht Hunderup. Strindberg fragt ihn mit bleichem Gesicht:

»Wie war es?«

Hunderup ist bei seinem fünften Bier. Leicht schwankend, doch mit einem Hauch von Überzeugung sagt er:

»Ein klarer Erfolg.«

Strindberg wiederholt mechanisch:

»Ein Erfolg. Wie gut. Das brauchte ich wirklich.«

Die Gesellschaft landet in Rydbergs Keller in der Østergade. Strindberg bleibt an der Tür stehen und sagt zu Siri:

»Nein! Das gehört nicht zur Absprache.«

Da geht sie schnell, Tränen in den Augen.

Strindberg an der Spitze eines kleinen Hofstaats von Schauspielern und Literaten, darunter der jetzt sturzbetrunkene Hunderup.

Als die Gäste Strindberg erkennen, gibt es einen kleinen Applaus; er verbeugt sich verlegen, jedoch ein wenig geschmeichelt. Als aber ein Sänger Bellmans Lied »Schmetterling im Park von Haga« anstimmt, erstarrt Strindberg. Er sagt mit demonstrativ eisiger Stimme:

»Wenn ihr Bellmann singt, wird mir übel! Und ich verlasse das Lokal!«

Es entsteht ein betretenes Schweigen. Dann knallt sich Hunderup in eine Ecke, Brandes wird neben Strindberg eingequetscht.

Brandes ist der einzig Nüchterne. Und ihm ist nicht wohl in seiner Haut:

»… Ihre letzten Artikel in *Politiken* verstehe ich aber nicht, Herr Strindberg, diese Angst vor einer künftigen Frauenherrschaft, das bringt Ihnen doch nur eine Menge reaktionäre Freunde ein, und die Feindschaft der Radikalen, und Ihre Frau muss doch …«

Strindberg ist jetzt ziemlich betrunken, nimmt kein Blatt vor den Mund.

»Ich behalte sie ausschließlich – ausschließlich! – in ihrer Eigenschaft als Dienstmädchen! Und als Mutter meiner Kinder! Als Ehefrau ist sie jedoch ganz … ganz … ganz …«

Hier bleibt er stecken, starrt vor sich hin, sagt plötzlich wie zu sich selbst, gelassen erklärend:

»Sie bekam keine Rollen von mir.«

»Wie bitte?«

Da zieht Strindberg plötzlich eine Pistole, zielt, auf die Decke und schießt viermal.

Panik bricht aus.

Strindberg erhebt sich, um eine Rede zu halten.

»Meine Herren! Und meine Damen, falls das Unglück es will, dass welche anwesend sind! Ich möchte die Gelegenheit …«

Brandes ist leichenblass. Strindberg verlässt mit der Pistole das Lokal. Brandes sagt:

»Wir müssen ihn einholen. Bevor die Polizei kommt.«

Morgendämmerung in Kopenhagen. Ein Grüppchen gibt Strindberg das Geleit. Er hat sich jetzt beruhigt, ist aber traurig. Man kommt an ein paar Polizisten vorbei. Dem Gefolge hat sich ein Fremder angeschlossen, ein sonderbarer Mann mit dunklen schrägen Augen. Er sieht aus wie ein Zigeuner. Keiner scheint ihn zu kennen.

Als sie das Skandinavische Panoptikum passieren, sieht Strindberg mit eigenen Augen in einem der Fenster, was in diesem Sommer das beliebteste Ausflugsziel der Dänen gewesen ist. Eine Wachspuppe, die den »Frauenhasser August Strindberg« darstellt.

Die Figur sitzt an einem Tisch, mit gesträubten Haaren. Starrt wild vor sich hin, als habe sich gerade eine Ratte gezeigt, oder eine Frau.

Strindberg wird plötzlich ganz still. Betrachtet lange sein Ebenbild. Sagt dann leise zu sich selbst:

»Es gleicht mir. Das bin ich. Eingesperrt in eine Ecke, in der dänischen Hölle.«

Da streckt der Fremde plötzlich seinen Kopf vor und sagt:

»Herr Dichterfürst, ich habe Ihnen ein Angebot zu machen.«

Die Kutsche schaukelt gemächlich durch den Buchenwald, es ist ein herrlicher Sommermorgen; der helle, lichte Schimmer ist überwältigend.

Strindberg sieht in dem Fremden noch immer einen Zigeuner. Der Mann heißt Hansen, redet unablässig. Siri findet es offensichtlich unterhaltsam und interessant.

»Die Gräfin ist außerdem eine große Tierfreundin, sie hat viele… Haustiere, ist ein großes künstlerisches Talent und …« Strindberg setzt sich kerzengerade auf.

»Ich verabscheue Hunde!«

Hansen wechselt blitzschnell seinen Standpunkt.

»Es ist wohl nur ein kleiner... ein winziger Hund! So etwas wie ein... Dackel? Und sie sperrt ihn neuerdings immer ein! Sehr wenig Hunde jedenfalls...«

Er beugt sich rasch zu Siri hinüber und plappert weiter über die faszinierende Persönlichkeit der Gräfin von Frankenau. Strindberg gefällt diese Intimität nicht. Er sagt leise zu Siri, so leise, dass es Hansen kaum möglich ist, ihn zu verstehen:

»Du flirtest doch wohl nicht mit einem Zigeuner?«

Schweigen. Die Vögel zwitschern im Buchenwald, und während dieses Schweigens hellt sich Strindbergs Gesicht immer mehr auf. Ein schöner Tag.

Schließlich biegt die Kutsche nach Schloss Skovlyst ein.

Ein junges Mädchen läuft über den Hof und verschwindet im Haus. Eine nicht mehr ganz junge Frau tritt auf die Freitreppe heraus. Sie sieht ein bisschen sonderbar aus. Ihre hellblaue Krinoline lässt die Schultern frei, das blonde Haar trägt sie offen mit Mittelscheitel.

Tatsächlich entspricht sie ein wenig der Vorstellung, die man sich gewöhnlich von Fräulein Julie macht. Und in gewisser Weise ist sie es ja auch.

In den Armen hält sie ein winziges Lamm. Die Strindbergschen Kinder sind atemlos vor Entzücken.

Das Schloss ist verfallen, alles ist unglaublich verdreckt, vermoderndes Holz, Kot von Schweinen, Schafen, Hühnern. Es riecht ein wenig nach Fäulnis. Vom Weiher, vielleicht auch von den Wänden.

In dem recht großzügig proportionierten Saal, wo ein Ferkel in eine Ecke scheißt und von Hansen diskret verscheucht wird, hängt ein Kristallüster von der Decke. Hansen zeigt bedeutungsvoll darauf, wie um die kolossale Vornehmheit des Ortes zu unterstreichen, während die Gräfin den Gästen Stühle hinstellt, sodass sie eine Reihe bilden.

Nun übernimmt Herr Hansen das Kommando. Er stellt einen großen Pokal vor Siri hin, holt einen Wattebausch hervor, bittet sie, sich zu vergewissern, dass Wasser in dem Pokal ist. Dann soll sie den Wattebausch anzünden und ihn ins Wasser tauchen. Das tut sie. Hansen macht wilde Gesten und rollt mit den Augen und bittet sie dann, zu bestätigen, dass er das Wasser in Wein verwandelt habe.

Siri nippt an dem Pokal.

»Es ist tatsächlich Wein!«, sagt sie in stiller Verwunderung.

Da steht Strindberg auf, plötzlich wutentbrannt.

»Lassen Sie den Wagen vorfahren! Auf der Stelle! Jetzt reicht es!«

Die Kinder sind traurig. Fräulein von Frankenau stürzt herbei.

»Aber Herr Strindberg… wir wollten Sie doch nicht kränken… möchten Sie sich nicht wenigstens die Räumlichkeiten ansehen, die Miete ist ganz billig, so gut wie umsonst, könnten Sie nicht doch ein paar Minuten…«

»Lieber August«, sagt Siri, »wir können es uns doch immerhin anschauen?«

»Und selbstverständlich renovieren wir alles ganz nach Ihren Wünschen, im Handumdrehen!«

Schließlich lässt er sich widerwillig auf einen Rundgang ein. Hansen sagt beiseite zu Fräulein von Frankenau:

»Du kannst doch die Frau herumführen, dann gehe ich mit Herrn Strindberg in den Garten.«

Der Garten ist gar nicht so übel. Viele verschiedene Pflanzenarten. Und ein Treibhaus! Strindberg ist plötzlich Feuer und Flamme. Seine Einwände gegen das verdreckte Haus sind plötzlich wie weggeblasen. Mit entschlossenen Schritten geht er zu Siri hin, sagt zu ihr:

»Wir bleiben. Hier kann ich das Leben der Pflanzen studieren. Ein schönes Treibhaus. Ein großer Garten.«

Siri schüttelt den Kopf über diesen raschen Sinneswandel, ist aber erfreut. Plötzlich hält Strindberg jedoch inne und sagt prüfend:

»Aber es ist sonderbar. Irgendwas ... stimmt da nicht.«

»Was stimmt nicht?«

»Er duzt die Gräfin, wenn er glaubt, dass wir ihn nicht hören.«

Siri, auf allen vieren. Sie schrubbt den Boden. Dabei singt und summt sie vor sich hin. Ganz leise, fast glücklich.

Strindberg steht am Fenster. Beobachtet gespannt die Gestalten unten auf dem Rasen.

Der Vogel, sehr klein und nervös, in seinem Käfig. Fräulein von Frankenau hat ihre Hand in den Käfig gesteckt, lässt den Vogel auf ihren Finger klettern, flüstert leise mit ihm. Strindberg nähert sich langsam, blickt zwischen ihr und dem Vogel hin und her.

»Was ist es für einer?«, fragt er.

Sie antwortet nicht, lächelt nur schwach, spielt mit dem Finger. Es ist, als halte sie ein Traum gefangen, in dem seine Worte nicht zu ihr vordringen.

»Was ist das für ein Vogel?«

Sein Gesicht ist ziemlich nahe an ihrem. Er sieht den Vogel nicht mehr an, nur sie. Jetzt sieht sie jünger aus. Ist sie krank? Ein rundes, herzförmiges Gesicht, Trauerränder unter den Nägeln, schmutzige Hände.

Sie antwortet nicht.

Dann hört er sie sagen:

»Ein Zeisig.«

Das junge Mädchen, Martha, überquert den Hof, wiegt sich in den Hüften.

In dem kleinen Teich vor dem Schloss ist eine künstliche Insel angelegt, darauf ein Pavillon. Hansen wartet schon dort, er hat die hübschen kleinen Schnapsgläser und die Flasche bereitgestellt. Nur für Strindberg und sich.

Der Verwalter ist froh, einen Zuhörer zu haben, und erzählt weitschweifig aus seinem Leben.

»Unwahrscheinlich verfallen, als ich hier ankam. Es brauchte einen Mann, um alles instand zu setzen, zu organisieren. Ungeheure Arbeit. Ich habe hart geschuftet. Hart. Aber es war nötig. Werde es bald geschafft haben. Ich habe schon …«

»Und die Gräfin?«

Strindberg interessiert sich offenbar weniger für die Prahlerei, die ihm aufgetischt wird, als für eine ganz andere Geschichte.

»Die Gräfin?«

»Ja, ist es nicht merkwürdig, dass Sie als … Diener … Verwalter … sie gleichsam bezwingen können? Eine Adlige. Das würde doch kein gewöhnlicher Jean fertigbringen?«

Der Verwalter, schon etwas angetrunken, ist geschmeichelt, hat jedoch nicht die geringste Ahnung, in welche Richtung Strindberg seine detektivischen Fragen lenkt.

»Tja, vielleicht ist man begabt, einer muss ja schließlich die Zügel in die Hand nehmen, das schafft doch kein Frauenzimmer wie sie …«

»Das habe ich nicht gemeint.«

»Ach so?«

»Sie fühlen sich also nicht als Paria?«

»Pa... was?«

»Wollen Sie emporsteigen? Emporsteigen, sie mit Suggestion bezwingen, mit Ihrer ... Macht?«

Der Verwalter ist verwirrt, aber glücklich.

»Sie sind ein komischer Kauz, Strindberg... Prost! Martha! Martha! Bringst du dem Herrn noch ein bisschen Wasser?«

Sie kommt, mit sanftem Hüftschwung, lächelt den Kumpanen zu. Hansen tätschelt ihr liebevoll den Hintern und sagt:

»Habe ich nicht eine prächtige Schwester, wie! Bald eine richtige ... Frau!«

Sie lacht. Schenkt Wasser ein.

Es ist schon spät geworden, im Pavillon brennen die Lichter, die Dunkelheit draußen ist dicht und feucht und sehr heiß.

Das Turmzimmer. Siri tritt durch die Tür, bringt Tee, stellt das Tablett auf den Arbeitstisch, fragt:

»Was machst du?«

Er dreht sich nicht um. Lässt den Tatort nicht aus den Augen. Hat sich notiert: »10 Uhr 35. H. allein im Gewächshaus. F. geht hinein.«

»Er hat ein schändliches Verhältnis mit Fräulein von Frankenau. Zweifellos. Der Zigeuner ist eine Knechtsnatur, aber dennoch hat der Paria die Arierin in seiner Gewalt. Interessant. Interessant.«

Siri betrachtet ihn mit Widerwillen.

»Du studierst sie also?«

»Das tue ich. Der Zigeuner ist eine Verbrechernatur. Ich werde ihn eingehend studieren. Es ist merkwürdig mit diesen ... Kleinen. Die die Großen bezwingen. Doch es braucht wohl eine Rasse von Erniedrigten und Kleinen, die als wärmender und nährender Dung zuunterst liegen, damit alle hundert Jahre der Adelsstamm des Ariers sprießt und Blüten treibt.«

Siri mustert ihn ausdruckslos.

»So weit ist es also gekommen, August.«

Er macht auf dem Absatz kehrt, geht zum Tisch, schnappt sich einen Brief, wedelt ihr damit vor der Nase herum.

»Ich bin bei Weitem nicht der Einzige, der es gesehen hat. Ich bekomme Briefe von Nietzsche! Er sagt dasselbe! Es ist groß! Und neu!«

Sie setzt sich erschöpft hin.

»Welch ein Sommer! Welch eine Hölle! Wann wird das endlich zu Ende sein?«

Wütend stößt er hervor:

»Und wie lange soll ich noch in diesem Zölibat leben? Es macht mich wahnsinnig! Ich bekomme Epilepsie! Anfälle! Das ist deine Schuld! Epilepsie!«

Über die Pflanzen im Treibhaus gebeugt, scheint er botanische Studien zu treiben. Doch in sein Notizbuch schreibt er meistens etwas anderes. Da notiert er alles, was er durch die Gewächshausfenster oder durch den Türspalt verfolgen kann.

Das Auge am Türspalt, wachsam. Und sogleich Notizen. »Gibt den Hunden Wasser. 3 Uhr 22: gräbt hinter li. Gebüsch: Versteck? Diebesgut?« Und mittendrin Notizen ganz anderer Art: »Auf der Primel ein Marienkäfer, saß still, flog dann: nach Osten. Bedeutet?«

Dann wandert sein Blick, Martha kommt in sein Gesichtsfeld. Sie steht an der Ecke des Seitenflügels, eine Gießkanne in der Hand. Die Sonne brennt, der Garten dampft. Sie blickt sich um, sieht niemanden, zieht das Kleid aus. Darunter ist sie nackt. Begießt ihren Körper mit der Kanne.

Es ist sehr still.

Strindberg beobachtet sie, ohne zu zwinkern. Ihr Mund bewegt sich, vielleicht singt sie, während sie ihren sehr weißen Körper mit den braunen Armen wäscht.

Siri liest die alten Liebesbriefe, die August ihr vor unendlich langer Zeit geschrieben hat. Sie ist betrunken.

Spät abends sitzt er in der Dunkelheit des Treibhauses. Lastende Hitze, Zikaden.

Er schwitzt. Siri an der Tür, sagt:

»Willst du die ganze Nacht da sitzen? Kommst du?«

Er sagt, das Gesicht in der Dunkelheit verborgen und ohne sie anzusehen:

»Neue Untersuchungen haben gezeigt, dass erzwungenes Zölibat Epilepsie verursacht.«

Sie sagt:

»Wie du willst.«

Es ist sehr warm im Turmzimmer, und sein Herz schlägt wie ein Schmiedehammer. Langsam und schwer.

Er schreibt, da kommt Martha herauf. Sie will putzen.

»Puh, ist das warm! Wie die Hitze sich hier staut. Nee, hier kann man nicht arbeiten. Jedenfalls nicht angezogen.«

Sie knöpft sich spielerisch ein paar Blusenknöpfe auf. Lacht mit weißen Zähnen, fröhlich und schwitzend beginnt sie mit der Arbeit.

Er kann den Blick nicht von ihr losreißen. Ihre Brüste: weiß und weich.

»Soll ich … auf dem Tisch auch staubwischen? Keine

Angst. Ich bringe … die Papiere … nicht durcheinander. So. So. Schreiben Sie ein … Stück? Theater ist so spannend. Sie kennen bestimmt viele Leute am Theater?«

»Ja. Viele.«

»Auch welche, die … Rollen vergeben?«

»Solche auch. Ja. Freilich.«

Sie steht jetzt dicht vor ihm. Er sitzt da wie hypnotisiert. Dann hebt er die Hand und berührt sie. Steht auf, küsst sie. Und plötzlich liegen sie beide auf dem Boden. in einer gierigen, hektischen Umarmung. Sie liegen eng umschlungen, er streift ihr die Bluse ab, küsst ihre Brüste. Unter ihr der Flickenteppich, der Holzboden.

Sein Herz schlägt und schlägt.

Hinterher liegen sie beide auf dem Rücken. Sie lacht zur Decke hinauf.

»Wie alt sind Sie?«

»Neununddreißig.«

»Und ich bin siebzehn. Denk mal an.«

»Hm.«

»Ich mag Sie.«

Fliegen summen an der Decke.

»Sie werden Ihrem Bruder nichts davon sagen, oder?«

»Nur keine Angst, Herr Strindberg.«

»Kein Wort?«

Fliegengesumm. Und draußen die Hunde: ihr Gebell wird immer lauter und lauter, als habe die Jagd gerade begonnen.

Es sind mehrere Hunde, knurrend reißen sie ihre riesigen Mäuler auf, als wollten sie die ganze Welt verschlingen: Zähne, Zungen, dumpfes, heiseres Gebell. Hansen hat sie jedoch an der Leine, zerrt sie zurück, lotst sie ins Gehege. Er hat die Situation unter Kontrolle. Schließt das Gatter. Lacht mit Zähnen, die fast genauso bedrohlich sind wie die der Hunde.

Strindberg schwitzt. Er steht da, die herausgezogenen Pflanzen in der Hand, lässt seine wissenschaftlichen Beobachtungen vorübergehend ruhen, langsam verebbt die Angst vor den Hunden, er kann zu seiner Arbeit im Garten zurückkehren.

Oder etwa nicht?

Hansen steht über ihm. Er ist zurückgekommen, immer noch sein schreckliches Hundelächeln im Gesicht, sagt er:

»Ich glaube, Herr Strindberg, wir zwei kommen uns immer näher! Wir gehören ja fast zur selben Familie!«

»Was? Wie meinen ...?«

»Doch, doch! Wenn das Blut ins Sieden kommt! Dann kann so was schon mal passieren!«

»Ich verstehe nicht?!«

Hansen gluckst freundlich, jetzt hat er die Oberhand, Strindberg kniet vor ihm zwischen den Beeten.

»Ich habe Verständnis dafür! Aber keine Angst. Alter Freund. Wir werden einander helfen. Unter Brüdern. Wir regeln das schon ... diese Angelegenheit.«

Er geht. Strindberg gräbt geistesabwesend in der Erde, ohne zu wissen, was er tut. Siri kommt vorbei. Wieder das Hundegebell.

Fräulein von Frankenau überquert den Hof, wie üblich ihr kleines Lamm in den Armen. Die blonden Haare hängen ihr über die Schultern.

Siri sitzt im Schatten auf dem Altan, die Kinder rennen lachend im Gras herum. Strindberg beobachtet sie, als könne er von ihnen Hilfe oder einen Fingerzeig bekommen. Er schlendert Fräulein von Frankenau nach, bleibt dann unentschlossen stehen.

Die Hitze nimmt zu. Siri hebt den Kopf und mustert ihn. Da geht er rasch zum Treibhaus, und dort, genau dort, ist er wieder in der Falle.

Hansen erwartet ihn schon. Immer noch lächelnd, aber nicht mehr freundlich.

»Jetzt reißt mir bald die Geduld. Das nenne ich kein redliches und ehrenhaftes Betragen, Herr Strindberg. Es ist Ihrer nicht würdig. Ich brauche das Geld.«

»Sie kann nicht schwanger sein! Ich hatte ein Präservativ!«

»Das sagen Sie. Das sagen Sie, ja! Aber es ist jedenfalls ein Skandal. Vierhundert Kronen. Bar auf die Hand. Und zwar sofort.«

»Nein.«

»Dann kann ich nicht für meine Gefühle garantieren, Herr Strindberg. Sie wissen, ich bin eine Künstlernatur. Empfindlich. Sie haben meine kleine Schwester geschändet. Ich weiß nicht, wozu mich meine Gefühle treiben könnten. Ich habe Angst, dass mein Temperament mit mir durchgeht, Herr Strindberg. Stellen Sie sich vor, wenn ich Ihrer Frau alles erzähle. Grauenhaft. Wenn ich die Kontrolle über mich selbst verliere. 380 Kronen. Keinen Öre weniger.«

»Nicht so laut!«

»Das ist mein Temperament!«

Strindberg läuft panisch ins Treibhaus. Es tropft von Glaswänden und Decke. Er zückt sein Notizbuch, schreibt klar und deutlich: »12 Uhr 45. H. hat es wieder probiert. Wurde mit Ruhe und Festigkeit von mir abgewiesen.«

Dann wird die Tür zum Treibhaus geöffnet, Siri schaut herein. Strindberg ist jetzt äußerst nervös, steckt das Notizbuch in die Tasche.

»Was ist mit dir, August? Du siehst ganz verstört aus?« Er

beginnt mechanisch an einer Tomatenpflanze mit giftgrünen Früchten herumzuzupfen.

»Er ist eine Verbrechernatur. Er ist gefährlich. Geradezu lebensgefährlich.«

Siri, gut gelaunt und ein bisschen stichelnd:

»Ach was. Mit dem wirst du doch sicher fertig. Ein Mensch mit deiner überlegenen Intelligenz wird sich doch nicht von so einem Zigeuner besiegen lassen? Oder?«

Der Spaß kommt nicht an. Strindberg überhört geflissentlich den Spott.

»Ein Verbrecher.«

»Sieh mal an, wie klar du das erkennst. Du übertriffst ja fast diesen Detektiv Dupin. Dann ist es wohl Hansen, der all die Einbrüche der letzten Monate in Holte und Taarbæk begangen hat?«

Strindberg richtet sich kerzengerade auf und starrt sie an, als habe er gerade eine Erscheinung gesehen.

»Die Einbrüche... in Holte und... du hast recht! Man kann es an seiner Schädelform sehen! Lombroso hat es ja gezeigt... stechende Augen... du hast recht! Dass ich nicht selber...«

Sie schüttelt den Kopf und murmelt verzagt:

»Um Gottes willen. Was habe ich da angerichtet!«

Hansen auf dem Weg zum Turmzimmer. Er geht an Siri und den Kindern vorbei, die im Nachthemd sind. Im Turmzimmer sitzt Strindberg am Schreibtisch, als sich die Tür öffnet und Hansen vor ihm steht.

»Ich könnte Martha mit auf eine Reise nehmen, damit sie ihren Schock überwindet... neue Menschen... neue Länder... Hamburg, die Schweiz. Ich könnte ein Hotel aufmachen... am Comer See... man hat schließlich ein bisschen

Französisch gelernt – vous voulez plaisanter, Madame. Aber ich brauche jetzt das Geld, sonst bin ich gezwungen, zu den Zeitungen zu gehen und über die Vergewaltigung zu reden ...«

Strindberg erhebt sich mit kalkweißem Gesicht und zischt:

»Raus! Raus! Raus!«

Knallt die Tür hinter Hansen zu. Er ist einer Ohnmacht nahe, lehnt sich an den Türrahmen, schließt die Augen.

Da hört er Hansen vom Hof herauf brüllen wie verrückt:

»Dreihundertfünfzig! Dreihundertfünfzig! Dreihundertfünfzig!«

Die Kinder kommen ins Zimmer, wo Strindberg und Siri Tee trinken. Sie sind ganz aufgeregt, weil sie etwas zu erzählen haben!

»Papa! Die Polizei hat Hansen geholt! Zehn Polizisten sind gekommen, und er war unten am Fluss, und da haben sie ihn geschnappt und haben ihm so ein Zaumzeug umgelegt. Um die Hände!«

Siri, völlig verdutzt:

»Handschellen?«

»Ja, genau! Sie sagen, er hat überall in Holte und Taarbæk geklaut!«

Langsam wendet Siri sich August zu.

Er sieht völlig unbeteiligt aus, auf die interessierte Art, die von jemand zu erwarten ist, der eine große Neuigkeit erfährt. Doch plötzlich beginnt er vor sich hinzusummen, was einen sonderbaren Eindruck macht. Er vermeidet es konsequent, Siris Blick zu begegnen.

»August!«

»Jaa ... was ist?«

Bei aller Teilnahmslosigkeit sieht er doch ungeheuer schuldbewusst aus.

»August!«

Keine Antwort.

»August! Hast du mit der Polizei geredet? Hast du Hansen angezeigt? Antworte, August!«

Starres Gesicht, keine Antwort.

»O Gott. ich wusste es. Was soll jetzt werden? Und was hast du überhaupt für Beweise?«

Die Sonne steht hoch über dem kleinen Teich. Es ist sehr heiß. In der Ferne bellen Hunde.

Da sieht er die beiden den Hof überqueren: Fräulein von Frankenau, die langsam geht und ihren Arm behutsam um Martha gelegt hat. Sie gehen ganz still. Wie im Traum.

Strindberg steht hinter dem Baum verborgen. Es ist, als erzeuge die Hitze Halluzinationen. Und plötzlich verschmelzen die beiden Gestalten, etwas geschieht, die beiden Frauen werden zu einer, ihre Konturen gleiten ineinander. Eine fremde Frau? Sie ist elegant gekleidet. Wie ein Adelsfräulein. Siri?

Dann ist alles wieder wie zuvor. Fräulein von Frankenau geht an Marthas Seite, und er kann sehen, dass sie ihr sanft übers Haar streicht, wie einem Kind.

Das Pochen seines Herzens tönt immer lauter und heftiger durch die fast undurchdringliche Dunkelheit.

Dann leuchtet Siris Gesicht auf, als sie die Lampe anzündet. Sie ist im Nachthemd. Rennt barfuß durchs Zimmer, flüstert in panischer Angst:

»August! Was ist das? Ich habe Angst! Hörst du?«

Strindbergs Gesicht im flackernden Schein der Lampe, es verschwindet wieder, dann steht er am Fenster, schaut hinaus und flüstert:

»Hansen.«

»O Gott, o Gott. Hansen. Sie haben ihn laufen lassen, ich wusste doch, dass …«

»Schließ die Tür ab.«

»Sie ist abgeschlossen, du Idiot! Er versucht sie doch einzuschlagen!«

Siri späht durch den Gardinenspalt und sagt bestätigend:

»Er ist betrunken. Es ist Hansen. Er wird uns totschlagen.«

»Mich.«

»Ja, warum musstest du ihn denn auch verleumden? Kein Wunder, dass er …«

»Halt's Maul, halt's Maul, halt's …«

Die Kinder tauchen auf wie aufgescheuchte Mäuse. Putte weint. Siri bringt sie ins hintere Zimmer. Strindberg bemüht sich fieberhaft, die Pistole zu laden. Siri flattert wie ein Schatten zwischen den Zimmern hin und her. Dröhnende Hammerschläge. Und schließlich zersplittert die Tür und Hansen taumelt herein, die Axt in der Hand.

Sturzbetrunken und außer sich vor Wut.

»Wo is das Dichterschwein? Jetzt verpass ich dir eins. Jawohl, das tu ich, verdammt noch mal.«

»Bleib, wo du bist. Sonst schieße ich!«

»Feiger Hund, elender. Mich bei der Polizei verleumden, das kann er, aber …«

»Keinen Schritt weiter!«

»Den Schwanz sollte man dir abhacken, verdammter Mädchenschänder, das sollte man! Erst stinkvornehm hier ankommen, aber dann …«

»Ich schieße!«

Strindberg hat zu seinem Glück den Tisch zwischen sich und Hansen. Er zieht sich zurück, bei Hansens Zustand gelingt ihm das ohne Schwierigkeiten. Hansen hat Schaum vor dem Mund, er versucht, mit der Axt nach Strindberg zu hacken, bleibt am Tisch hängen, rutscht zur Seite. Siri steht mit ausgebreiteten Armen an der Tür wie eine Glucke.

Plötzlich nimmt Hansen sie wahr, lässt die Axt fallen, zeigt auf sie und schreit:

»Wissen Sie, Gnädigste, dass der August da sich an meiner kleinen Schwester vergangen hat! Er hat sie oben im Turmzimmer gefickt!«

Siri steht regungslos, blickt August an. Ein Blick genügt, sie weiß Bescheid. Worte sind überflüssig. Eine überlegene, eiskalte Ruhe kommt über sie, sie geht ganz still zu Hansen hin und sagt:

»Das wusste ich bereits. Und es ist doch mit Ihrem Wissen und Ihrer Billigung geschehen, oder?«

Er starrt sie schweigend an, schwankt, versucht zu begreifen, was schiefgelaufen ist. Sie sagt:

»Es berührt mich nicht im Geringsten. Verschwinden Sie!«

Dann packt sie die Axt und wirft sie in eine Ecke.

Hansen sackt in sich zusammen. Er wankt zur Tür, taumelt hinaus, verschwindet.

Siri sieht August an. Dann sagt sie:

»Er kommt wieder. Wir müssen fort. Der Gärtner hat einen Wagen .«

Er steht still da, die Pistole in der Hand, und schaut darauf hinunter. Sie geht zu ihm hin, sagt ganz ruhig:

»Und die Pistole nehme ich an mich.«

Draußen ist unartikuliertes Gebrüll zu hören. August und Siri packen fieberhaft in wortlosem Einverständnis. Die Kinder sitzen fertig angezogen auf einem Koffer und starren die Eltern an. Kerzenlicht. Karin fragt:

»Müssen wir jetzt für immer wegfahren?«

Keine Antwort.

Siri späht zur Haustür hinaus, um festzustellen, wo er jetzt ist. Das Gebrüll ist jetzt vom Teich her zu hören, doch an der Rückseite des Hauses knirschen Wagenräder. Siri geht die Treppe ein paar Stufen hinunter. Tatsächlich, er ist vorgefahren. Sie hält die Kerze in der einen Hand und die Pistole in der andern. Sie sagt:

»Jetzt ist der Wagen da. August geht zuerst, Karin bleibt bei mir, wir gehen zuletzt. Seid leise.«

Ihr Gesicht ist abgewandt.

Sie tragen das restliche Gepäck die Treppe hinunter. Siri sagt mit ruhiger, fast tonloser Stimme zu Karin:

»Karin. Ich muss dir etwas erzählen, damit du verstehst.«

»Ja?«

»Es ist so, Karin. Papa und ich haben beschlossen, dass wir nicht mehr zusammenwohnen wollen.«

»Wollt ihr euch … trennen?«

»Ja.«

In der Dunkelheit können sie ihre Gesichter nicht sehen, und das ist gut so. Das Mädchen sagt ganz einfach:

»Kommt Papa denn nie mehr nach Hause?«

Keine Antwort, Siri hält das Mädchen nur fest in den Armen.

»Ist das nicht traurig für Papa?«

»Es ist für uns alle traurig. Jetzt gehen wir. Jetzt gehen wir. Ganz leise.«

Ein einfaches Untermietzimmer in Kopenhagen, bedrückte Stimmung. Strindberg sitzt wie gelähmt auf einem Küchenstuhl und schweigt. Er hat zwei Besucher: Siri und Georg Brandes. Dieser sagt:

»Frau Strindberg. Ich will aufrichtig sein. Es ist nahezu eine Katastrophe.«

»Aber es ist falsch, was überall in den Zeitungen steht. Sie war nicht minderjährig. Und es war keine Vergewaltigung.«

»Ja, ja. Das kann man dementieren. Das werden wir tun. Aber es ist trotzdem eine Katastrophe für ihn.«

Sie reden, als sei August überhaupt nicht anwesend.

»Das ist Hansens Rache«, sagt Siri.

»Ja ja.«

»Was sagst du selbst, August?«

Siri antwortet für ihn:

»Er sagt, er habe Klaustrophobie.«

»Ach du lieber Gott.«

Brandes zieht einen Zettel aus der Tasche.

»Ich habe ein kleines Dementi geschrieben, das man in *Politiken* bringen könnte.«

»Und wenn es nun in meinem Namen erschiene!«, sagt Siri. »Dann würden doch alle begreifen, dass ich auf seiner Seite stehe und loyal zu ihm bin!«

»Frau Strindberg; Sie sind eine außergewöhnliche Frau.«

»August hat es sehr schwer gehabt.«

»Und Sie selbst?«

Schweigen.

Sie blicken beide zu August hin, der bleich und gequält auf seinem Küchenstuhl sitzt und schweigt. Schließlich sagt er:

»Wenn nun alle Lügen und ... falsche Behauptungen richtiggestellt sind, möchte ich dir nur danken, Siri. Du bist stark gewesen. Aber ich weiß ja, dass du das bist. Danke!«

»Und was gedenkst du jetzt zu tun?«, sagt Brandes.

»Ich werde ein skandinavisches Experimentiertheater gründen. Dort sollen nur meine eigenen Stücke gespielt werden. Ich brauche Geld. Das gleiche Modell wie beim Théâtre Libre in Paris. Habe schon mehrere geeignete Stücke. Eins davon heißt *Fräulein Julie*.«

»Aha?«

»Eine Aristokratin, die sich zu einem Pariatyp, einem Knecht hingezogen fühlt. Der Knecht verführt sie. Sie begeht Selbstmord. Erträgt nicht die ...«

»Was?«

August starrt Brandes an, ohne ihn zu sehen. Sagt dann:

»... die Schande.«

Tiefe Stille. Dann sagt Siri langsam:

»Weißt du was. In der Rolle werde ich zum Theater zu-rückkommen.«

Strindberg steif:

»Das kannst du nicht. Du bist zu lange fortgewesen.«

Und da sagt sie, mit einer verhaltenen Ruhe, unter der er jedoch die Drohung spürt, genau wie Brandes auch:

»Ich will. Ich will. Genau die Rolle, lieber August, die will ich haben. Meinst du nicht, ich hätte diesen kleinen ... Dank verdient?«

Lange Pause. Dann sagt er sehr steif und korrekt:

»Selbstverständlich. Du hast ganz recht.«

»Ja, ich habe ganz recht.«

Und nach einer Pause kommt es wie eine Explosion von August:

»Sie wollte auch eine Rolle haben! Deshalb war sie ... wil-lig! Diese kleine Hure!«

»Sie? Wer?«

Aber da sagt er nichts mehr.

Siri und August sind gerade aus der Tür getreten. Plötzlich hören sie von unten im Treppenhaus leises Rufen.

Es ist Fräulein von Frankenau im Reisekostüm, sie kommt zu ihnen hinauf. Die beiden bleiben völlig verdutzt stehen.

Ganz unten sehen sie undeutlich eine Gestalt. Es ist Hansen. Er bleibt die ganze Zeit dort unten, sonderbar geknickt. Fräulein von Frankenau sagt flehend:

»Herr Strindberg ... Hansen hat sich dieses ganze ... Geschreibsel ... so furchtbar zu Herzen genommen ...«

»Ja?«

»In Holte haben es alle gelesen. Und er ist so ... ja, still geworden ... und traurig ... Alle nennen ihn jetzt einen Dieb.«

»Ich habe ihn nicht – nicht! – des Diebstahls beschuldigt.«

Strindberg starrt schweigend in das dämmrige Treppenhaus hinab. Siri dreht sich heftig um und geht zur Tür hinein. Fräulein von Frankenau sagt:

»Zigeuner nennen sie ihn. Sie sind der eigentliche Dieb! Sie haben uns ... unser Leben gestohlen! Er weint nur noch! Sehen Sie doch!«

August schließt die Tür hinter sich. Fräulein von Frankenau ruft durch die geschlossene Tür:

»Wir haben gedacht, Herr Strindberg, Sie könnten was Gutes über Hansen schreiben. In der Zeitung oder so. Herr Strindberg? Herr Strindberg!«

Die Bühne des Studentenvereins in Kopenhagen, Uraufführung von *Fräulein Julie*.

Ein schäbiger kleiner Saal. Und da vorn auf der Bühne ersteht der Sommer auf Skovlyst wieder, jedoch auf bemerkenswerte Art transformiert, als habe jede Figur, jede Replik einen doppelten Umriss.

Doch die Personen sind erkennbar: Jean spricht wieder von der Reise zum Comer See, und Siri hat die Züge des Fräulein von Frankenau, sie trägt das gleiche weiße Kleid. Es handelt von jenem Sommer, von Martha und von August selbst.

Strindberg steht an einer Seitentür, späht durch einen winzigen Spalt hinein. Auf der Bühne berührt Herr Schiwe, der den Jean spielt, Fräulein Julie mit einer unzüchtigen Gebärde. Strindbergs Gesicht verzerrt sich in Qualen der Eifersucht. Die Umarmung ist wie ein Messer. Doch er vermag sich nicht abzuwenden.

Nach dem Applaus, der nicht überschwenglich ist, geht er zur Seitentür, sieht Siri hinter der Kulisse, wie sie Schiwe umarmt. Die Stimmung ist fabelhaft, Siri ist fast hysterisch vor Glück. Sie scheint ihn nicht zu sehen, doch: Als sie auf dem Weg zum nächsten Gratulanten an ihm vorbeistürzt, sagt sie nebenbei:

»August, an der Premierenfeier willst du ja sicher nicht teilnehmen, das habe ich ihnen schon gesagt. Adieu, ich kann jetzt nicht…«

Und weg ist sie.

Er stürzt auf die Straße hinaus.

In nassen Flocken fällt der letzte Schneeregen des Winters. Er geht und geht durch das eiskalte Kopenhagen. Er ist bleich, sieht fast kränklich aus. Und er spricht vor sich hin:

»Es kommt mir so vor, als wandelte ich im Schlaf; als vermischten sich Leben und Dichtung. Ich weiß nicht, ob das, was ich schrieb, Dichtung ist, oder ob mein Leben es war; doch mir scheint, als würde mir dies in einem gegebenen, kurz bevorstehenden Augenblick aufgehen, und dann stürze ich entweder in den Wahnsinn, voll Gewissensqualen, oder in den Selbstmord. Durch vieles Dichten ist mein Leben zu einem Schattendasein geworden; mich dünkt, ich gehe nicht mehr auf der Erde, schwebe vielmehr schwerelos in einer Atmosphäre nicht aus Luft, sondern aus Dunkelheit. Fällt Licht in dieses Dunkel, so falle ich zerschmettert herab. – Sonderbarerweise fühle ich mich in einem häufig wiederkehrenden nächtlichen Traum

fliegen, schwerelos, und finde dies ganz natürlich, wie auch alle Begriffe von recht, unrecht, wahr, unwahr bei mir aufgelöst sind, und alles, was geschieht, wie ungewöhnlich es auch sei, erscheint mir so, wie es sein soll.«

Und er geht weiter durch Kopenhagen.

Als er zum Theater zurückkehrt, graut der Morgen.

Die Premierenfeier ist ziemlich entgleist: Rauchschwaden, Katerstimmung, viele sind gegangen.

Siri steht mitten auf der Bühne, in der Kulisse von *Fräulein Julie,* und liest eine Zeitung. Sie ist betrunken und aschgrau im Gesicht. Lässt die Zeitung sinken. Sieht August an, der durchnässt und still hereinkommt, und sagt:

»Es sieht ... nicht gut aus.«

»Was heißt: nicht gut?«

»Lies selbst.«

Er bückt sich unentschlossen nach der Zeitung, besinnt sich anders, zischt plötzlich:

»Was kann man schon erwarten, wenn unfähige Schauspielerinnen einem die Stücke verderben!«

»Es ist also meine Schuld?«

Herr Schiwe, sehr jung und hübsch, versucht zu vermitteln und legt Siri tröstend seinen Arm um die Schultern. Strindberg explodiert:

»Das ist ein Theater! Und kein Hurenhaus! Hören Sie verdammt noch mal auf, meine Frau zu befingern! Das haben Sie schon viel zu lange gemacht.«

Siri verliert die Beherrschung und kreischt August mitten ins Gesicht:

»Jetzt ist Schluss! Schluss! Schluss! Schluss! Ein für allemal. Pack deine Sachen und hau ab! Ich nehme die Kinder ... und ...«

Die restlichen Teilnehmer des Festes verschwinden wie Mäuse in ihren Löchern, in wenigen Sekunden sind nur noch August und Siri übrig.

»Ach ja, das hab ich mir gedacht! Du nimmst sie, du verdammte Hure!«

»Genau. Hätte ich schon vor zehn Jahren machen sollen. Pfui Teufel, pfui Teufel…«

»Na, meinetwegen. Und eins will ich dir sagen, Siri, ich wäre nie geblieben, wenn die Kinder nicht wären. Nie!«

Plötzlich fährt sie in weißglühendem Zorn herum und fischt eine Pistole aus der Tasche, die Pistole von Rydbergs Keller und Schloss Skovlyst, und das Gesicht vor Schmerz und Zorn verzerrt, zielt sie mit der Waffe auf August und zischt:

»Ich war also nichts? Du hattest mich nur als… ich war nichts!«

Er blickt auf die Pistole und sagt seelenruhig:

»Schieß nur. Das wird das Beste sein.«

Nach einem ziemlich langen Schweigen lässt sie die Pistole sinken und sagt:

»Das bist du nicht wert.«

Es wird sehr still. Sie setzen sich beide auf das kleine Küchensofa, das zur Dekoration gehört.

»Das ist also das Ende, Siri.«

»Ja.«

»Wie konnte es so weit kommen? Wo es doch so gut angefangen hat.«

Siri schüttelt still den Kopf.

»Nein, es hat sehr schlecht angefangen. Wir haben das Kind unsrer Liebe ums Leben gebracht. Das habe ich nie verwunden.«

Darauf sagt er ganz leise:

»Es ist ein Jammer um …«

Sie dreht den Kopf zu ihm hin, schaut ihn von der Seite an. Er sagt nichts mehr. Jemand beginnt die Lichter zu löschen, eins nach dem andern. Bis tiefe Dunkelheit herrscht.

Abschied bei hellem Tageslicht, Siri geht nicht mit ihm hinaus. Sie muss ihn etwas gefragt haben, er antwortet:

»Um die Menschen.«

Die Kinder erwarten ihn am Wagen. Sie haben ihre Sonntagskleider an. Karin umarmt ihn und fragt:

»Du kommst doch bald zurück, Papa? Ich brauche Hilfe mit dem Mikroskop!«

Da steigt er rasch in den Wagen, ohne die Kinder anzuschauen. Die Peitsche knallt, der Wagen setzt sich rumpelnd in Bewegung.

Das Schiff ist erstaunlich klein, doch es herrscht gutes Wetter, die Wasserfläche ist ganz glatt. Leichter Nebel.

Sein Gepäck wird eingeladen. Er setzt sich auf das kleine Vordeck, auf einen Rohrstuhl, und schaut hartnäckig geradeaus. Sein Gesicht ist sehr bleich: Plötzlich sieht er alt aus. Der Mann, der sein Gepäck eingeladen hat, fragt teilnahmsvoll:

»Ist alles in Ordnung?«

Strindberg sagt nach einer winzigen Pause:

»Es tut nur ein bisschen weh.«

»Sind Sie krank, mein Herr?«

»Nein.«

Sie legen ab. Durch die Nebelschwaden gleitet das Schiff auf der blanken Wasserfläche dahin. Strindberg sitzt völlig regungslos da. Als lausche er: vielleicht der kleinen Melodie aus Mignon.

Und schließlich erreichen sie die schwedische Küste. Er geht allein an Land. Niemand ist da, um ihn zu empfangen.

Das Gut Brevik auf Värmdö in den Stockholmer Schären, 1890. Er geht rasch und hinkend am Strand entlang. Das Meer donnert schwer und düster, der Himmel ist blauschwarz wie Eisenblech, im Südosten ein dunklerer Streifen der Abenddämmerung.

Er nähert sich der Landzunge.

Da sieht er plötzlich einige sonderbare Gegenstände im Wasser treiben, kleine Köpfe, nein, keine Kinder, Puppen. Die Wangen, einst rosig, sind abgeblättert.

Vorsichtig klettert er hinaus, angelt sie sich. Legt sie behutsam in einer Reihe auf einen Stein, setzt sich. Nach einer Weile dreht er sich ein wenig weg, kehrt den Puppen seinen Rücken zu.

Die Dämmerung geht schon in die Nacht über. Er möchte die Puppen nicht ansehen.

Strindbergs Wohnung in Brevik. Branting sitzt Strindberg gegenüber, schüttelt missmutig seinen Kopf, weiß sich keinen Rat.

»Und was tust du?«

Strindberg sitzt auf der Holzbank und dreht eine kleine Gipsstatue zwischen den Händen. Streicht mit dem Zeigefinger sacht über das recht unbeholfen modulierte Gesicht. Die Statue stellt einen weinenden Knaben dar.

»Das ist mein Junge. Ist nicht gut geworden. Nichts ist gut geworden. Ich habe mir das Reden beinahe abgewöhnt. Sehe so gut wie niemanden.«

»Was schreibst du?«

»Versuche *Am offenen Meer* zu beenden. Geht schlecht.«

Er dreht die kleine Statue um, und auf der Rückseite steht ein kleiner Vers in Strindbergs charakteristischer Schrift. Branting liest:

»Rauscht meine Linde?

Singt meine Nachtigall?

Weint mein kleiner Sohn?

Wird dein Herr seines Lebens je froh?«

Ein Zug von Ungeduld huscht über Brantings Gesicht.

»Aber du musst doch zurückkommen zu … zu uns … in die Sozialdemokratie!«

»Zu spät. Glaube ich.«

»Siehst du sie nie? Das muss grauenhaft sein.«

»Die Kinder? Doch. Die sehe ich jede Woche. Von Weitem.«

»Von Weitem?«

»Von Weitem. Siri wohnt nur wenige Kilometer von hier. Ich sehe sie von Weitem.«

»Du und Siri – könntet ihr euch nicht versöhnen?«

Und da erwidert er ganz still:

»Nein. Nie mehr.«

Vor dem Kirchenrat: Die Scheidungsverhandlungen sollen beginnen. Lauter Männer sind versammelt. Da sitzen Pastor Kallberg, die Gutsbesitzer Silfverhielm, Malmberg, Sandin und Wahlberg, die Organisten Lindberg und Carlsson sowie die Kirchenältesten Boman und Dahlberg. Der Pastor hat den Vorsitz, er beginnt:

»Könnten Sie, Herr Strindberg, zunächst die Gründe dafür nennen, warum Sie nicht zusammenwohnen?«

»Gegensätzliche Temperamente, verschiedene Denkweisen und Anschauungen in religiösen und anderen wichtigen Fragen haben seit mehreren Jahren einen wachsenden Widerwillen bewirkt, der es mir unmöglich macht, mit meiner Frau zusammenzuleben.«

Der Pastor registriert wohlwollend die ausgefeilte Formulierung dieser Äußerung. Die neun älteren Männer glotzen das berühmte Paar mit unverhohlener Neugier an.

Strindberg ist bleich, aber korrekt. Er wirkt viel besser als sein Ruf. Und Siri. Der Pastor bittet sie vorzutreten. Sie ist bleich und nervös. Und tatsächlich ein bisschen angetrunken.

Die neun Männer starren sie mit zunehmendem Abscheu an. Der Pastor leitet das Gespräch mit ihr ein:

»Meinen Sie, Frau Strindberg, keine Schuld an dem Zerwürfnis zu tragen?«

»Mein Gott. Wer ist ohne Schuld …«

»Der Name Gottes darf in keinem Zusammenhang missbraucht werden.«

»Verzeihung.«

Ein schlechter Anfang für sie. Sie versucht die Stimmung mit einem kleinen Lachen aufzulockern, doch keiner stimmt ein. Sie schwankt leicht, nimmt sich dann aber zusammen.

»Ich bin zur Versöhnung bereit.«

Strindberg blickt sie überrascht an, und sie wiederholt leise, als habe sie etwas Schändliches gesagt:

»Das bin ich. Doch wenn es zur Scheidung kommt, möchte ich die Kinder haben.«

Sie macht eine dramatische Wendung, man sieht ihr plötzlich die Schauspielerin an, sie geht zu August hin und reicht ihm ihre Hand. Er nimmt sie nicht, starrt peinlich berührt geradeaus. Sie sagt ein wenig pathetisch:

»Nun sieh einer an! Hier komme ich und …«

Der Pastor schlägt jetzt einen strengen Ton an. Das geht zu weit.

»Frau Strindberg? Sind Sie betrunken?«

Sie schwankt nervös, sagt aber mit einem angestrengten Lächeln:

»Aber keineswegs bin ich das.«

Eisiges Schweigen.

»Aber ein bisschen nervös bin ich schon!«

Ihre Scherze kommen nicht an. War es überhaupt ein Scherz? Im Saal ist es ganz still, sie leckt sich mechanisch die Lippen, doch jetzt grollt die Stimme des Pastors wie Donner.

»Sie sind betrunken, und Ihr Auftreten ist einer Ehefrau und Mutter unwürdig!«

Sie blickt die neun Männer an, die seine Worte durch ihr massives Schweigen verstärken.

»Warum ...«

Sie verhaspelt sich und nimmt noch einmal Anlauf.

»Es wäre vielleicht besser, eine Ehefrau und Mutter säße mit im Kirchenrat und könnte ...«

Der Vorsitzende klopft mit dem Hammer auf den Tisch und sagt gereizt:

»Frau Strindberg hat die Versöhnung angeboten, wollen Sie darauf eingehen, Herr Strindberg?«

»Nein!«

»So ermahne ich die beiden Eheleute, die Auswirkungen zu bedenken, die Sitzung ist geschlossen, das Ehepaar kann gehen, danke, das war alles.«

Es ist ziemlich demütigend. Das Ehepaar wird zwar nicht direkt hinausgeworfen, doch ein würdiger Abgang ist es nicht. Strindberg fasst sich als Erster, verbeugt sich leicht, geht.

Siri folgt ihm.

Er erwartet sie auf der Freitreppe.

Sie versucht an ihm vorbeizugehen, doch er packt sie am Arm und zischt ihr triumphierend ins Gesicht:

»Du bist besoffen! Hast einen Rüffel gekriegt! Pfui Teufel, wie du dich blamiert hast!«

Sie will sich losreißen, doch er hält ihren Arm in einem, eisernen Griff.

»Lass los! Ich habe nichts mit dir zu schaffen, lass los!«

»Besoffen!«

»Ich hatte Angst!«

»Besoffen! Pfui Teufel. Und Versöhnung, da wird einem ja übel. So was Scheinheiliges.«

»O je, kleiner August, was bist du für ein Schwein. Wie schön, dich loszusein. Endlich.«

»Stimmt es, dass diese dänische Hure Marie bei dir wohnen wird? Und bei den Kindern?«

Sie musterte ihn mit abgrundtiefem Ekel.

»Wer hat das gesagt?«

»Dann stimmt es also?«

»Mein Leben geht dich nichts mehr an. Lass los!«

»Die Kinder! Ihr Leben soll nicht von einer lesbischen Hure vergiftet werden! Dann verklage ich dich!«

Endlich lässt er sie los. Sie tritt einen Schritt zurück und reibt sich den Arm.

»Du bist krank. Du bist ein kranker Mensch!«

»Keineswegs bin ich krank. Aber diese Hure soll ihren Fuß nicht in das Heim meiner Kinder setzen!«

»Krank!«

»Kerngesund! Und bereit, um meine Kinder zu kämpfen!«

Sie wendet sich heftig ab und geht.

Es ist ein sehr friedlicher Sonntag, kaltes Wetter, weißer Atem steht vor den Mündern.

Da taucht der Pastor hinter ihm auf, sieht der davongehenden Siri nach. Reicht Strindberg plötzlich die Hand, schüttelt sie lange und nachdrücklich. Blickt ihm tief und kameradschaftlich in die Augen.

»Herr Strindberg. Von Mann zu Mann. Ich verstehe Sie. Wie schrecklich. Schrecklich!«

Ein fast kindliches Lächeln der Dankbarkeit leuchtet auf Strindbergs Gesicht auf, und er sagt:

»Danke. Von ganzem Herzen: danke!«

Sie sehen sich lange und tief in die Augen und drücken sich fest die Hände. Dann sagt der Pastor:

»Aber die Kinder müssen natürlich zur Mutter.«

Er steigt in das Gig, setzt sich. Der Wagen ruckelt los. Das Pferd trottet unendlich langsam dahin.

Neujahrsabend: und der erste Schnee fällt. Der Kutscher fragt:

»Soll's wieder zur selben Stelle gehen?«

Der Kutscher weiß genau, wo er halten soll. Es ist kurz vor dem Waldrand, bevor der Weg sich aus dem Wald herauswindet, fünfzig Meter vor der offenen Ebene. Strindberg klettert herab. Er hat die ganze Zeit ein Paket auf dem Schoß gehalten. Langsam wickelt er es aus. Macht es auf. Es enthält mehrere Röhren, offenbar selbstgebastelt, die auf Stäbe gesteckt sind. Feuerwerkskörper.

Am Waldrand angekommen, steckt er sie in einer langen geschwungenen Linie in den Schnee, schräg auf den kleinen Hof gerichtet, der Lemshaga heißt. Es ist ein winziges Gebäude, etwa zweihundert Meter entfernt.

Abenddämmerung. Dann zündet er die erste Rakete. Und dann die nächste. Unbeholfen springt er zwischen den Raketen hin und her: Ein Feuerwerk flammt auf.

Die Kinder sind kaum mehr als kleine graue Schatten, als sie aus dem Haus herausgetanzt kommen. Es sind drei, sie bleiben auf dem Hof stehen, blicken andächtig zum Waldrand hin. Sie wissen nicht, wer da ist, oder was es ist, doch plötzlich beginnt der Kleinste, Putte, übers Feld zu rennen, als ahne er, wer dahintersteckt.

Dann kommen die Erwachsenen. Zuerst Siri, die in der Tür stehenbleibt. Und eine andere Frau, Strindberg erkennt sie, Marie David. Sie geht auf den Hof hinaus, zu den Mädchen hin, ruft mit lauter Stimme:

»Putte! Komm zurück!«

Der Junge bleibt stehen. Am Waldrand oben sind die Raketen nacheinander langsam erloschen. Das Feuerwerk ist vorüber.

Putte macht kehrt, geht zu den Frauen zurück.

Strindberg sieht ihm nach. Der Junge dreht sich um und blickt zurück.

V

Inferno

Das Schiff ist unterwegs nach Stockholm. Es ist warm, Strindberg und Branting sitzen im Rauchersalon des Schärendampfers.

Branting sagt:

»Ich verstehe dich nicht. Wir haben uns sehr weit voneinander entfernt. Aber ich mag dich. Was wirst du jetzt tun? Willst du wieder heiraten?«

Strindberg schüttelt langsam den Kopf.

»Nie wieder. Das ist das Einzige, was ganz sicher ist. Nie wieder.«

»Du hast dir selber viel zerstört.«

»Das habe ich schon immer getan. Werde es immer tun.«

»Was wirst du jetzt schreiben?«

»Weiß nicht. Fühle mich ganz leer. Vollständig ... leer. Ich könnte vielleicht ... Wissenschaftler werden. Chemie. Chemie. Aber nicht ... schreiben. Chemie.«

»Du bist nicht bei Trost.«

»Tja, das sagen sie alle.«

Er schweigt, sagt dann fast kindlich:

»Ich habe Briefe aus Berlin bekommen, man spielt mich jetzt viel da unten. Vielleicht könnte ich ...«

Plötzlich taucht am Fenster ein Schatten auf. Draußen auf Deck geht eine Dame vorbei, ohne sie zu sehen. Nur die Andeutung ihres Profils ist sichtbar. Strindberg springt auf.

»Das war Siri! Wir dürfen uns nicht begegnen! Ich kann nicht. Kann nicht! Glaubst du, sie hat mich gesehen?«

Möwenschreie. Im Rauchersalon lagern dichte Schwaden von Zigarrenrauch: Hierher kommen keine Frauen. Branting setzt sich mit einem tiefen Seufzer wieder hin, schüttelt den Kopf.

»Vielleicht solltest du am besten doch reisen. So kannst du nicht weitermachen. Das wird ein Inferno.«

»Das wird es unter allen Umständen.«

Strindberg steht am Bullauge, hält Ausschau.

Dann legt das Schiff am Kai an, Passagiere gehen an Land, doch keine Siri. Heringskisten werden ausgeladen. Strindberg späht angespannt und bleich hinaus.

»Da geht sie.«

Eine schlanke, elegante Frauengestalt geht über die Landungsbrücke. Es ist Siri.

Strindberg betrachtet sie mit eigentümlichem Gesichtsausdruck: Hass. Oder Begierde. Dann sagt er ganz leise, mit einer Pause zwischen jedem Wort:

»Wie schön sie geht.«

Und dann ist sie verschwunden. Branting erhebt sich schweigend, nimmt seinen Koffer, geht zur Tür, bleibt stehen, sagt:

»Du solltest wirklich fahren. Du hast es nötig. August?«

Doch Strindberg steht regungslos am Fenster, sieht ihr nach, und sie ist fort, und er bewegt sich nicht.

Ein Polizist liest langsam und deutlich den amtlichen Erlass vor.

»Der Magistrat von Berlin hat hiermit befunden, dass der ausländische Staatsbürger Edvard Munch durch diese Exzesse an Formlosigkeit, Brutalität, Roheit und Gemeinheit sich eines Verstoßes gegen die guten Sitten schuldig gemacht hat und erklärt hiermit die Ausstellung für geschlossen.«

Draußen auf dem Bürgersteig drängen sich an die hundert Schaulustige. Sie versuchen, einen Blick durch die Fenster des Vereins der Berliner Künstler in der Wilhelmstraße zu werfen. Uniformierte Wächter halten sie zurück.

Zwei Wächter nehmen die Gemälde von den Wänden, verpacken sie in Kisten. Der Polizist steckt seine Verlautbarung umständlich wieder ein und schaut sich melancholisch um. Munch selbst sitzt am Boden, an die Wand gelehnt, und raucht. Strindberg spaziert herum und schaut zu. Beide sind sehr ruhig, fast ausgelassen wegen der Hysterie da draußen.

Der Polizist fügt hinzu, als fürchte er, nicht genug Eindruck gemacht zu haben:

»In Berlin ist kein Platz für Dekadenz!«

Strindberg bleibt vor ihm stehen, mit dem Anflug eines Lächelns im Gesicht, verbeugt sich höflich, aber leicht ironisch, und sagt in gutem Deutsch:

»Selbstverständlich, ganz recht. Aber mein Freund ist Norweger, und die sind ja so dekadent, so überfeinert… so…«

Der Polizist, zutiefst beunruhigt:

»Ist das wahr? Aha? Sehr bedenklich!«

Strindberg nickt ernst. Ein leises Glucksen kommt von Munch, der an seiner Pfeife zieht. Das letzte Bild wird jetzt abgehängt: Strindberg bleibt davor stehen. Ist plötzlich ganz verzaubert.

Ein Frauenporträt. Große Augen, schmaler Mund, wie ein blutiger Schnitt im Gesicht. Ein Vampir mit bläulich weißer Haut. Er sagt langsam:

»Unglaublich, wieviel du von Frauen verstehst. Obwohl du so jung bist.«

Keine Antwort von Munch. Doch er steht auf, geht zu dem Bild hin, mustert es.

»Das ist Aspasia.«

»Es gibt sie also? Kennst du sie?«

»Ja.«

»Hier? In Berlin?«

»Im ›Schwarzen Ferkel‹. Eine Norwegerin. Aber nimm dich vor ihr in Acht, August.«

Ein geschmeidiger Körper. Und dieses eigentümlich gierige Gesicht mit dem großen Mund, den dünnen Lippen, den schwarzen, herausfordernden Augen. Sie sitzt inmitten einer Gruppe in der Kneipe »Zum Schwarzen Ferkel«. Künstler, Schriftsteller, Berlin in den 90er Jahren. Ein Pole sitzt am Klavier, er spielt Variationen, fast rituell.

Es ist eine Gesellschaft von vielleicht zwanzig Personen, Männer und Frauen. Viele davon sind kaum verhohlen in sexuelle Beziehungen verwickelt. Auffallend viele junge Männer scheinen bisexuelle Neigungen zu haben. Die Frau, die man Aspasia nennt, sitzt zwischen dem dänischen Schriftsteller Drachmann und dem jungen Munch. Sie ist das Zentrum, die Achse des Rades. Da kommt Strindberg zur Tür herein, jemand pufft sie in die Seite und macht sie auf ihn aufmerksam.

Auch er sieht sie an. Erkennt er sie von dem Gemälde?

Sie steht auf, ruft laut:

»Ist das der Frauenhasser? Ist das tatsächlich Strindberg?«

Für einen Augenblick verstummen die Gespräche, alle sind gespannt. Wird es einen Eklat geben?

»Ich möchte einen Kuss, Strindberg!«

Er steht an der Tür, mustert sie eindringlich. Ja, das ist sie. Das ist die Frau auf dem Bild.

Langsam zieht er sein Jackett aus, steht in Hemdsärmeln da. Man könnte eine Stecknadel fallen hören. Er steigt auf den Tisch, geht bis zu ihr hin, bleibt vor ihr stehen. Wird er sie schlagen? Er fasst sie um die Taille, küsst sie.

Drachmann, Munch und die übrigen Gäste des Lokals verfolgen mit Verblüffung das Geschehen. Drachmann zieht bedächtig seine silberne Zwiebel hervor. Nach einer Weile sagt er resigniert:

»Schon zwei Minuten.«

Aber der Pole Przybyszewski, der das Ganze fasziniert beobachtet hat, beugt sich vor und flüstert:

»Hast du die Plazenta gesehen! Er mag geschieden sein und sich als Frauenhasser ausgeben, aber er hängt noch am Mutterkuchen fest! Er wird sich nie von der Frau befreien! Er kommt nie los!«

Zwei junge Männer: der eine davon ist Munch, der andere der Pole, den sie abgekürzt Py nennen. Der Pole spielt wie üblich Klavier, langsam, gedämpft, es ist bald Morgen, jemand schläft auf einer Bank, überall ist dichter Rauch, Asche, Alkohol, Verwirrung.

Langsam, unendlich langsam beugt Munch sich vor, beißt seinen Freund behutsam in den Nacken. Lässt die Zunge spielen, immer näher zum Ohr hin. Hinter ihnen Aspasias Gesicht: stark geschminkte Augen, ein lächelnder Mund.

Sie geht zu ihnen hin. Munch wendet sich ihr wie im Traum zu. Da schiebt sie ihm sacht ihre Hand zwischen Hemd und Hose, lässt sie hinabgleiten.

Das Gesicht des Polen: unergründlich. Strindberg beobachtet sie unablässig von seinem Ecktisch aus. Was er sieht, ist wie ein Gemälde: Er wird es bald wiedersehen. »Der Kuss« von Edvard Munch.

In einem blitzschnellen Erinnerungsbild sieht Strindberg Siri über die Landungsbrücke gehen. Fast blendend weiß. Wie schön sie geht.

Es ist Nacht. Sie beugt ihr Gesicht ganz nah zu ihm hin und sagt leise:

»Man muss die Grenze überschreiten. Wagen Sie das?«

Es ist schon spät, die Gäste des »Schwarzen Ferkels« sind gegangen. Übrig ist nur der innerste Kreis.

Aspasia hat einen Tisch quer gestellt, ihren schwarzen Schal darüber gebreitet und zwei Gabeln kreuzförmig in den Holztisch gesteckt. Ein Altar.

Die Kerzen brennen. Py schlägt leise und monoton einen Akkord auf der Gitarre an; schneidend, geheimnisvoll.

Aspasia liest die schwarze Messe, während alle totenstill zuhören. Strindberg an der Tür, eigentümlich gefesselt. Er kann nicht gehen, hat Angst. Sie sieht ihn immerzu an.

»Ich glaube nicht an einen allmächtigen Gott,
der Himmel und Erde geschaffen hat.

Ich verleugne Jesus Christus,
misstraue dem Heiligen Geist.

Ich glaube an den Menschen,
glaube an Satan,

vom Himmel herabgestürzt, Freund der Menschen,
verbannter Herrscher, entthronter Fürst.

Ich verleugne Gott als Schöpfer der Welt.

Ich glaube an eine heilige, allgemeine
weltliche Kirche der Menschen.

Ich rufe Satan an, das Sinnbild des Menschen,
den Fürst der unterdrückten Frauen, den ...«

Da geht Strindberg, mit einem Ausdruck von Grauen oder Ekel im Gesicht.

Sie holt ihn noch an der Tür des Lokals ein, hält ihn am Arm fest, sagt ganz einfach und natürlich:

»Sie dürfen mich nicht enttäuschen. Sie nicht. Sie sind doch der einzige, der ...«

»Das ist ... Blasphemie ... unanständig ..«

»Warten Sie ... es ist doch nur eine Messe für ... den Menschen. Glauben Sie nicht an den Menschen?«

Er starrt sie stumm und ungläubig an. Weiß nicht, was er sagen soll. Da schnappt sie sich einen Mantel, nimmt seinen Arm und zieht ihn hinaus. Munch sieht ihnen lange nach.

Hinterher liegen sie still in ihrem Bett, und sie flüstert zur Decke hinauf, ein kleines Lächeln auf den Lippen:

»Ich hatte immer dieses sonderbare Gefühl, Sie verstünden etwas ganz Bestimmtes von den Frauen. Was kein anderer versteht. Ich bin so froh, dass Sie mitgekommen sind. Man muss etwas riskieren, wenn man neue Welten erschließen will. Das wagen Sie doch, oder?«

Er liegt still, mit geschlossenen Augen, antwortet nicht.

Aspasia schläft. August sitzt auf dem Bett und sieht die Morgendämmerung hereinsickern, betrachtet ihren nackten Oberkörper, das schmale Gesicht, die Weinflaschen und die Kaffeekanne auf dem Tisch. Er sitzt in Unterhosen da.

Da sieht er plötzlich einen Stapel von Bildern, noch ungerahmt, die graue Rückseite ihm zugekehrt an der Wand lehnen. Er geht auf Zehenspitzen hin, dreht eins nach dem andern um.

Es sind Munchs Bilder von Aspasia. Der Mund wie eine klaffende Wunde, die Vampirbilder, die Eifersuchtsbilder. Warum stehen die Bilder hier?

Plötzlich fasst er einen Entschluss. Er zieht sich rasch und lautlos an, geht.

Als er in der Tür steht, sagt sie sehr ruhig, als sei sie die ganze Zeit wach gewesen und habe in Ruhe über alles nachgedacht:

»Du wagst es also auch nicht. Auch du nicht!«

Da schließt er die Tür.

Strindberg beobachtet fasziniert eine chemische Reaktion. Es brodelt rot und schleimig, als wäre es ein lebender Organismus. Wie eine Wunde.

»Das hier, darauf kommt es an. Die Wissenschaft, die Forschung. Literatur ist nur Gewäsch, Staub. Die Wissenschaft ist das Wichtigste. Aber die meisten Wissenschaftler sind so feige, so leichtgläubig. Wagen es nie, etwas in Frage zu stellen. Gegen den Strom zu schwimmen. Sie laufen herum und glauben, die Erde sei rund, bloß weil sie das in ihren Büchern gelesen haben.«

Hinter ihm ein junger Mann, Schleich, der im Laboratorium arbeitet.

»Ist sie das denn nicht?«

»Denken Sie mal an, wenn das gar nicht stimmte. Vielleicht ist die Erde flach. Auch der Mond ist flach. Eine Quarzscheibe, die von der Erde abgesprengt wurde. Ein flacher Spiegel da oben. Dann wären es keine Mondberge, die wir sehen, sondern ein Spiegelbild von Nord- und Südamerika. Schleich. Sie haben entdeckt, wie man örtliche Betäubungen macht, und möchten trotzdem glauben, dass die Erde rund ist.«

»Aber sonst würde man doch nicht die Masten eines Schiffes zuerst sehen, bevor man ...«

»Dummes Gerede. Die Erde ist flach.«

»Aber?«

Strindberg, beinahe wütend, sagt ihm mitten ins Gesicht:

»Sie müssen davon ausgehen, dass alle Sie zu betrügen versuchen! Glauben Sie an nichts. Flach! Flach! Es kann die Strahlenirradiation sein!«

Endlos lang streckt sich Unter den Linden, und da es früher Morgen ist, sind kaum Menschen unterwegs, nur ein paar Müllkarren.

Hier stehen August, Schleich, Munch und Aspasia.

In weiter Ferne steht Herr Paul mit einem Besenstiel in der Hand. Er soll ihn ganz senkrecht halten.

Schleich und Strindberg legen sich auf den Bauch, der Letztere hält so etwas wie ein Teleskop oder einen Sextanten in der Hand. Strindberg ist unzufrieden mit dem Stockhalter da hinten.

»Der verdammte Finne hält den Stock nicht gerade!«

Da treten plötzlich ein paar Beine in sein Blickfeld, uniformierte Beine. Der Wachtmeister beugt sich zu Schleich und Strindberg hinunter, mustert sie kritisch.

Schleich grüßt höflich, wenn auch aufgrund seiner liegenden Stellung ein wenig mühsam. Strindberg tut so, als sei nichts.

»Und was geht hier vor?«

Schleich rappelt sich nervös hoch und setzt zu einer Erklärung an.

»Herr … Herr Doktor Strindberg hat die Hypothese aufgestellt, dass man die Erde nur aufgrund der Strahlenirradiation als gekrümmt ansieht!«

»Strahlen …?«

Herr Schleich leckt sich nervös die Lippen. Eine heikle Angelegenheit. Strindberg liegt immer noch auf dem Bauch.

»Herr Strindberg meint, man bekomme einen falschen Eindruck von der … von der Rundheit der Erde gewissermaßen, wegen der Strahlenirradiation. Und wir führen jetzt … Messungen … durch.«

Hilflos verstummt er für einen Augenblick, dann greift er nach dem rettenden Strohhalm:

»Herr Strindberg ist ein weltberühmter Schriftsteller!«

Der Wachtmeister steht routinemäßig stramm, salutiert zögernd, wirkt jedoch weiterhin zutiefst verwirrt. Strindberg blickt im Liegen zu ihm auf und sagt mit ruhiger Überzeugungskraft:

»Viel zu viele Leute nehmen alles als gegeben hin, Herr Wachtmeister!«

Der Wachtmeister salutiert noch einmal.

»Selbstverständlich! Selbstverständlich!«

»Wieso selbstverständlich? Nichts ist – selbstverständlich!«

Der Wachtmeister setzt an:

»Selbstv …«, bricht aber mitten im Wort ab. Was soll er sagen. Strindberg fügt hinzu:

»Man muss selber nachsehen!«

Der Wachtmeister verbeugt sich ein wenig gebückt, aber wohlwollend, blickt fragend Strindberg an, der ihm auffordernd den Stock hinhält. Da legt sich der Wachtmeister neben Strindberg. Hält den Stock fest, späht angestrengt nach dem weit entfernten Herrn Paul. Strindberg fragt:

»Sehen Sie etwas Ungewöhnliches?«

Der Wachtmeister gibt sich Mühe.

»Nein.«

Strindberg zögert einen Augenblick, dann erhebt er sich, wirft einen Blick auf Paul, wirft einen Blick auf Schleich, brummt bedeutungsvoll, sagt wie zu sich selbst:

»Man kann nicht immer recht behalten!«

Der Wachtmeister liegt immer noch auf dem Boden und hält den Stock. Strindberg blickt ihn missbilligend an, faltet die Hände auf dem Rücken, spitzt die Lippen, runzelt die Stirn und beginnt mit kleinen, gemessenen Schritten von diesem Ort wegzuspazieren, eine höhnische Aspasia auf den Fersen.

»Na, kleiner August? Es war also ein Irrtum? Die Erde ist nicht flach?«

Er bleibt stehen, sieht sie mit einem sonderbaren Lächeln an und sagt:

»Wenn man eine Hypothese aufstellt, darf man nicht kleinlich sein.«

Nur der Wachtmeister bleibt zurück, mit dem Stock am Boden liegend. Zwei morgenfrische Damen tauchen auf, bleiben wie vom Donner gerührt vor dem hingelagerten Wachtmeister mit dem Stock stehen.

Dieser erhebt sich plötzlich, ungeheuer verlegen. Klopft den Staub ab, salutiert vor den Damen. Dann sieht er sich um. Strindberg ist verschwunden. Nur der Stock liegt noch da.

Bedächtig tupft Strindberg kleine Farbkleckse auf die Leinwand. Es wird ein ziemlich großes Bild, mit einem winzigen Umriss in einer Ecke, ein einsamer Fliegenpilz.

Da fegt Aspasia zur Tür herein wie ein Wirbelsturm und überrascht die beiden Freunde Munch und Strindberg.

»Hier hockst du also! Wenn du nicht herumläufst und Scheiße über mich redest und mich eine Hure nennst! Oder mir aus dem Weg gehst und mich verleugnest!«

»Schrei nicht.«

»Ich schrei soviel ich will! Aber bloß weil du mich ein einziges Mal gefickt hast, brauchst du nicht mit geschwollenem Kamm herumlaufen. Es wär besser, wenn du woanders geschwollen wärst!«

Strindberg geht wutentbrannt zur Ateliertür, reißt sie auf.

»Raus! Mach, dass du rauskommst!«

Jetzt kommt sie erst richtig in Fahrt.

»Nimm dich bloß in Acht, kleiner August. Ich hab dich in der Hand, und ich werde mich rächen. Nimm dich in Acht. Das gibt eine Aufforderung zum Tanz. Nimm dich nur gut in acht, denn mit mir spielt man nicht. Und ich habe Freunde.«

Sie rauscht hinaus. Strindberg ist kalkweiß im Gesicht, er sagt zu Munch:

»Was meint sie? Sie ist ja lebensgefährlich!«

Aber plötzlich merkt er, dass Munch weint. Munch steht am Fenster und weint ganz leise mitten in der Stille vor sich hin, und dann sagt er:

»Sie will Py heiraten. Sie hat mir gesagt, dass sie diesen verdammten Polen heiraten will. Und ich kann nicht aufhören sie zu lieben.«

Sein neues großes Gemälde ist fast fertig. Man erkennt die Gestalten. Im Vordergrund Munchs eigenes, verzweifeltes weißes Gesicht. Dahinter zwei Figuren: eine Frau, nackt, ihre Haare wie Tentakel um den Rücken eines andern Mannes.

Und Strindberg sagt still:

»O mein Gott. Mein Gott.«

Tageslicht fällt auf die Zigarettenstummel, die Zeitungen, den Rauch, die Biergläser, ekelhaft klarer Sonnenschein und überdeutliche Konturen: die Stimmung am Tag danach.

Strindberg und Munch im »Schwarzen Ferkel«. An der Wand der lange Tisch, wo die zeitunglesenden Journalisten zu sitzen pflegen, jetzt sind nur drei da.

Eine davon ist eine junge Frau. Sie hat die Wiener Zeitung vor sich und trinkt Tee. Aufmerksam und neugierig beobachtet sie die beiden Männer, unablässig. Sie liest keine einzige Zeile.

August sagt:

»Edvard, du musst sie dir aus dem Herzen reißen. Du glaubst bloß, dass du leidest. Du erdichtest es, genau wie der

Junge, der durch den Wald geht und glaubt, er sähe die Waldfee. Doch es ist bloß ein ausgehöhlter Baumstamm, er hat es sich erdichtet. Mit dem Leiden ist es wie mit der Kunst, man erschafft es, tief in sich selbst, begreifst du? Leben und Kunst liegen so dicht beieinander, Edvard, da kannst du dir doch ebensogut dein eigenes Glück erdichten wie dein eigenes Leiden?«

»Kannst du das selbst?«

»Ich werde nie mehr dichten. Damit ist Schluss.«

»Ach was. Du bist noch jung.«

»Ich weiß nicht, was ich bin. Ich glaube, jeder Mensch besteht aus vielen Menschen. Ich… glaube… der Mensch ist wie ein… Prisma? Ich möchte malen wie du! Oder ein Wissenschaftler sein. Nicht schreiben! Ich habe das Gefühl, als befände ich mich außerhalb von etwas in mir selbst, in das ich hinein muss! Wie eine Reise!…«

In diesem Moment erhebt sich die junge Frau, geht zu ihnen hin, verneigt sich förmlich und sagt auf Deutsch:

»Herr Strindberg, mein Name ist Frida Uhl, und ich bin eine große Verehrerin Ihres schriftstellerischen Werks, eine Verehrung, die ich übrigens mit meinem Vater teile, der Chefredakteur der Wiener Zeitung ist.«

Strindberg blickt diese sehr hübsche, sehr selbstsichere junge Frau verblüfft an. Sagt unsicher:

»Wiener… Zeitung?«

»Ich schreibe dort Kulturartikel, und ich würde sehr gern ein Interview mit Ihnen machen… ein paar Fragen stellen… wenn es recht ist…«

»…ja… aber… vielleicht nicht gerade jetzt?«

Sie lacht weich.

»Nein… das wäre doch zu unverschämt von mir, mich einem weltbekannten Schriftsteller ohne Verabredung aufzudrängen ... selbstverständlich ... würde es Ihnen morgen passen ... so gegen fünf?«

Und er nickt, in Wirklichkeit schon besiegt.

»Ja ja.«

Sie gehen über den bereiften Rasen, ihr Atem in kleinen Wolken vor ihren Mündern. Er hält die Hand leicht unter ihrem Ellbogen. Die kahlen Bäume werfen scharfe Schatten.

»All diese Geschäfte, diese Korrespondenz, das raubt Ihnen zuviel von Ihrer Schaffenskraft. Sie bräuchten einen Impresario, der Sie entlastet, jemanden, der ...«

Schweigen. Sie bleibt stehen, nimmt seinen Kopf in ihre Hände, küsst ihn, sagt leise und sanft:

»... Sie liebt«.

»Wir wollen heiraten.«

Sie stehen auf der Schwelle des »Schwarzen Ferkels«, und es wird ganz still im Lokal. Strindberg ist fabelhaft angezogen. Er trägt einen hellen, gestreiften englischen Gehrock, eine weiße Gardenie im Knopfloch und dazu einen Zylinder.

Frida sieht jung, verführerisch und demütig aus, sie lehnt ihren Kopf an seine Schulter, als sei sie eine frisch erlegte Beute, was nicht ganz der Wahrheit entspricht.

Da sitzt sie, die ganze Clique aus dem »Schwarzen Ferkel«. Schleich und Munch und Py und Laura Marholm und Ola Hansson und Aspasia und Drachmann und all die andern.

Sie sind sprachlos. Drachmann ist der Erste, der etwas sagt.

»Du willst heiraten? Du hast doch gesagt, nie wieder ...«

Aspasia, die in eine Ecke eingeklemmt ist, steht auf, überraschend zornig, und schreit durch den Raum:

»Viel Glück, du fettes altes Schwein!«

Strindberg verliert plötzlich die Fassung, brüllt zurück:

»Nicht jeder will der Knecht einer Hure sein, jetzt fahren wir nach …«

Tumult. Aspasia versucht über den Tisch zu klettern, will Strindberg erwürgen, wird jedoch zurückgehalten. Das Paar Strindberg macht einen gemessenen und würdigen Abgang, in aller Eile.

Munch kommt ihnen nachgerannt.

»Aber wieso wollt ihr heiraten?«

Frida, triumphierend:

»Weil wir uns lieben.«

»Aber …»

Strindberg, sehr sachlich:

»Wir haben wohl auch an Kinder gedacht.«

Er reicht ihr den Arm. In seinem neuen Anzug wirkt er sehr elegant und jugendlich. Sie hakt sich triumphierend bei ihm ein, wirft einen Blick zurück. So gehen sie unter den Linden entlang.

Die gelbe Steinwand scheint in der Hitze fast zu schwitzen: August sitzt auf einem Holzstuhl auf der Wiese, genau unter dem Fenster, er ist in Hemdsärmeln, in der Hand hält er ein Grasbüschel, das er mechanisch in kleine, immer zerzaustere Stränge teilt.

Die Glocken dröhnen vom Kirchturm herab. Plötzlich wird das Fenster über ihm aufgestoßen, Frida beugt sich heraus und sagt wütend:

»Sitzt du immer noch da? Du wolltest doch gehen? Geh! Jetzt! Ich brauche eine Amme für das Kind, und du musst jetzt eine besorgen.«

Er explodiert, zischt sie an:

»Ja! Ja! Ja! Ich werde gehen! Aber ich begreife nicht, wieso du nicht selber stillen kannst!«

»Ich? Stillen?!«

Er beherrscht sich und sagt auf Schwedisch:

»Gud. Herre Gud. Vilket helvete. Vilket helvete. Vilket helvete.«

»Sprich deutsch, damit man dich versteht!«

»Welche Hölle.«

»Ach so, dir gefällt es nicht in Dornach? Du kannst sehr froh sein, dass wir umsonst hier bei meiner Mutter wohnen dürfen. Finde ich. Heilfroh.«

»Ich bin heilfroh.«

Sie starrt misstrauisch auf die unbewegliche Gestalt unter dem Fenster hinab, schüttelt den Kopf, zieht den einen Fensterflügel zu, sagt:

»Du hättest wohl gern, dass ich am Herd stehe und Kinder gebäre und ein glückliches Gesicht mache, aber ich will nach Paris und einen literarischen Salon führen und Gastgeberin sein und … geh endlich!«

Sie schließt das Fenster mit einem Knall. Er sitzt regungslos da. Erhebt sich und sagt leise:

»Nein. Nein. Aber ich habe immer davon geträumt, neben der Wiege zu sitzen und zu schreiben. Während sie schläft.«

Und plötzlich dröhnen die Glocken immer bedrohlicher.

Er kann es nicht fassen: Alles ist auf einmal so hässlich geworden.

Das Dorf ist hässlich, die Straße ist hässlich, die Menschen sehen so wunderlich aus: alle Frauen so mager, mit zerrissenen Kleidern, krähenartig. Wie ärmlich alles ist. Die europäische Armut. Ein Junge mit Wasserkopf lächelt zu ihm hinauf, ein hydrozephalisches Lächeln, grenzenlos traurig, wie aus einem Riesenballon von Einsamkeit heraus.

In drückender Hitze geht er auf der einen Seite der Dorfstraße entlang, der Junge folgt ihm. Er dreht sich um und sieht plötzlich zwei Bettler hinter sich, freundlich grinsend. Der Schweiß läuft ihm herunter. Er fischt den Zettel mit der Adresse heraus, findet das Haus nicht, bleibt vor zwei schwarzgekleideten Frauen stehen und sagt:

»Ich möchte eine Frau Drewitz aufsuchen ... sie könnte die Amme meines ... ich finde das Haus nicht ...«

Die Gesichter der Frauen sind auf einmal wohlwollend, sie lächeln ihn an, er ist verwirrt.

»Meine Frau will nicht selber stillen ... nicht selber stillen ...«

Die Glocken läuten immer lauter.

Am Himmel zieht ein Raubvogel immer engere Kreise, als habe er eine Beute erspäht.

Er senkt sich herab.

Über den Marktplatz kommt ein Leichenzug: Zwei schwarzgekleidete Frauen ziehen einen Wagen, auf dem ein Kindersarg steht, dahinter ein Trauergefolge von acht Personen. Strindberg folgt ihnen fasziniert mit dem Blick.

Da spürt er plötzlich etwas in seiner Hand. Es ist der Junge mit dem Wasserkopf: Er hat Strindbergs Hand ergriffen, flüstert ihm mit unverständlicher Stimme etwas zu.

Dann zeigt er nach oben, auf den Vogel, der sich herabsenkt. Er möchte etwas mitteilen. Strindberg sagt auf Schwedisch:

»Vad vill du?«

Das Papier, gelbes Lessebo, ist das Übliche. Doch es ist ganz leer. Er sitzt im Zimmer, der Federhalter liegt vor ihm, und er rührt ihn nicht an.

Frida steht hinter ihm.

»Warum schreibst du nicht?«

»Ich schreibe.«

»Ich kann aber nicht sehen, dass Worte daraus werden.«

Stille. Er dreht sich abrupt um, starrt sie bösartig an, dann an ihr vorbei in das hintere Zimmer, wo sechs Frauen um die Wiege versammelt sind.

Wie groß sie sind, sechs Riesenweiber. Frida sagt:

»Den einen Tag willst du Gold aus Schwefel machen. Und am nächsten redest du davon, einen Mönchsorden in den Ardennen zu gründen und Mönch zu werden… Gott, wie kindisch. Warum schreibst du nicht stattdessen?«

Er reibt sich die Schläfen und platzt plötzlich heraus:

»Es stinkt! Ich finde, es stinkt hier!!!«

Sie sagt kühl:

»Morgen ziehe ich ins Gasthaus gegenüber. Damit du… deine Arbeitsruhe hast.«

»Dann darf ich also nicht mal mehr mein Kind sehen?«

Sie geht hinaus und schließt die Tür hinter sich. August ist allein mit der alten Frau am Fenster, sie schaut auf, sagt fragend:

»August? Was ist? Ist sie böse mit dir? Frida war immer ein unartiges Mädchen.«

Er geht langsam zu ihr hin, kniet nieder, setzt sich, lehnt den Kopf an sie.

Ihre Hand auf seinem Haar. Er sagt gedämpft, fast flüsternd:

»Irgendwas ist im Gange, Großmutter. Ich weiß nicht, was es ist. Nachts habe ich Krämpfe. Alles ist falsch gelaufen. Ich bin fünfundvierzig Jahre, habe keine Brille, keine Zahnprothese, kein Toupet, kein Korsett. Zola begann mit fünfzig Jahren, Fahrrad zu fahren. Ich habe kein Fahrrad. Aber ich fühle mich alt. Finde, dass die Welt und die Menschen nur schlechter werden. Warum fühle ich mich so alt? Sie schreiben mir, dass ich heimkommen soll. Nach Schweden. Eine scheißgrüne Landschaft, mit scheißroten Klippen und einem scheißgelben Himmel und scheißschwarzen Tannen. Ich fühle mich so komisch. Ich verstehe nicht, was sie von mir wollen. Frida will nach Paris.«

Sie streicht und streicht über sein Haar, sagt nichts. Plötzlich steht Frida auf der Schwelle. Sprachlos starrt sie die Gruppe am Fenster an.

Strindberg erhebt sich langsam. Geht auf sie zu. Bleibt ganz dicht vor ihr stehen, sagt mit einem sonderbaren Lächeln:

»In Paris herrscht ein freier Geist.«

In ihrem Gesicht steigt zunächst Angst auf, dann Neugier. Schließlich ein kleines Lächeln.

Die ganze Clique ist beisammen, man geht am Ufer der Seine entlang. Da sind Gauguin und seine dänische Frau, und Mollard, Leclerc und Lie, der Däne Willy Pedersen Gretór, der Deutsche Albert Langen, und schließlich ein junger Mann, der Sekretär von Gretór. Er geht an Strindbergs Seite und sagt ein bisschen einschmeichelnd:

»Und an welchem Drama schreiben Sie gerade, Herr Strindberg?«

Strindberg, sehr leise, verschlossen, fast unhörbar.

»Ich schreibe nicht mehr. Ich habe die Literatur aufgegeben.«

»Aufgegeben?«

Mechanisch, fast leiernd:

»Ich habe das Vorhandensein von Kohlenstoff im Schwefel festgestellt, Schwefel galt bisher als einfaches Element, das ist also falsch, ich habe das große Problem gelöst, die herrschende Chemie gestürzt und die Unsterblichkeit gewonnen, die dem Sterblichen vergönnt ist …«

Der junge Mann sieht ihn misstrauisch, fast verächtlich an und bleibt stehen. Strindberg geht allein weiter.

Hinter ihnen Frida. Der junge Mann pirscht sich an sie heran und stellt sich auf elegante Weise vor.

»Frank Wedekind. Dramatiker. Sehr erfreut, Sie kennenzulernen, Frau Strindberg.«

Sie lächelt ihn an, ermunternd und einladend.

Strindberg geht vor sich hin, wie abwesend. Plötzlich bekommt sein Gesicht einen aufmerksamen Ausdruck. Er lauscht.

Eine Stimme, ein leises Flüstern.

Jemand will eine Nachricht übermitteln. Er bleibt stehen.

Der Feuerschlucker. Das Mädchen mit den tanzenden Bären. Die Kirchenglocken. Frida kommt zu ihm hin.

»Was stehst du hier herum? Komm doch!«

Er blickt auf seine Hände hinunter, die merkwürdig aussehen, und sagt flüsternd:

»Die Hände bluten wieder.«

»Selber schuld! Es wäre besser, du würdest schreiben statt dich mit dieser idiotischen Chemie zu beschäftigen.«

Er schaut sie kindlich an.

»Im Hotel hat es doch wirklich sehr komisch gerochen?«

»Aber nun komm doch! Alle warten!«

»Ich wünschte, wir hätten die Kleine hier in Paris dabei.«

»Das wünsche ich mir weiß Gott nicht!«

Und zu seinen Händen, die er noch vor sich hält, sagt er flüsternd:

»Es ist mir, als gehe ich in einer … Glasglocke.«

Willy Gretórs Wohnung ist prachtvoll. Doch als sie dort ankommen, ist Strindberg verschwunden. Frida fragt:

»Wo ist er hin?«

»Weiß nicht«, sagt Gretór, »es schien, als ob er ...«

»Er ist unmöglich! Wahrscheinlich ist er unterwegs, um Gold zu waschen.«

»Aber es ist doch eigenartig ...«

Man besichtigt die Kunstsammlungen.

»... Und das habe ich vorgestern gekauft, ein Provinzmaler, van Gogh, recht interessant ...«

Bald kommen die Gläser auf den Tisch.

Plötzlich steht August in der Tür, abgewandt, eine Kerze in der Hand. Er scheint sich nicht darum zu kümmern, was in den Zimmern vorgeht, nimmt die andern nicht zur Kenntnis. Er geht vorsichtig, unendlich vorsichtig zu dem Bild von van Gogh, beugt sich vor, studiert eingehend die Farben. Das Kornfeld: wie ein Meer im Sturm.

Frida macht sich ein bisschen an Langen heran, bekommt einen Korb, landet auf einem Sofa neben Wedekind.

In einer Ecke ist Gauguin auf dem Boden eingeschlafen, sie ist über ihn gestolpert, hat versucht, ihn wachzurütteln, hat seinen Namen gerufen, ohne Erfolg.

Und jetzt der schöne Wedekind.

»Sie wollen doch nicht etwa auch Alchimist werden, Herr Wedekind?«

»Frank, sagen Sie Frank.«

»Nun?«

Sie lässt ihre Hand um seinen Nacken gleiten, sie sprechen sehr leise. Er ist jung und hübsch und ein bisschen entflammt. Sie ist noch jung.

»Ich. Ich bin zum Dichter geboren ...«

»Oh ... wie spannend!«

»Mir ist das Gold zu kalt. Haut, die Haut einer Frau ... das ist das Gold des Lebens.«

Er streicht mit der Hand über ihre Wange, ihren Hals, hinunter zu den Brüsten, unter der Bluse.

Ihr gefällt das.

»Herr Wedekind. Frank.«

»Ja, Frida.«

»Komm!«

Strindberg ist verschwunden.

Strindbergs Gesicht ist sehr bleich im kalten Licht des Morgengrauens vor dem gusseisernen Eisenzaun des Jardin du Luxembourg.

Er ist ganz allein. Er steht mit der gelöschten Kerze in der Hand, das Ohr an das schwarzbraune Eisen gepresst. Er lauscht angestrengt, mit geöffnetem Mund. Die Augen sind wachsam, als sei er nahe daran, eine wichtige Botschaft aufzufangen.

Er fährt mit dem Zeigefinger an den Eisenranken entlang.

Sein Gesicht ist angespannt. Die flüsternde Stimme fast unhörbar:

»Jetzt ist es ganz nah.«

Er sitzt auf einem Stuhl inmitten des Zimmers.

Heller Tag. Er sieht völlig verwahrlost aus, die Haare sind verklebt, er starrt fasziniert auf das Bett, in dem Frida schläft.

Sie schläft einen schweren Rausch aus, der Lippenstift ist ab, ihr Mund steht offen. Ihr Kleid hat sie noch an, die Schuhe nicht: Er betrachtet sie voller Ekel. Flüsternd sagt er:

»Frida. Frida.«

Keine Reaktion.

Er geht zum Tisch. Da steht die Fotografie eines sehr kleinen Mädchens, schlechte Qualität, verschwommen. Es ist Kerstin. Lange betrachtet er das Bild, dann die schlafende Mutter, ein Ausdruck primitiver List in seinem Gesicht, er nimmt eine Nadel, sticht sie vorsichtig in das Bild, in die rechte Schulter. Er flüstert:

»Orfila.«

Frida regt sich leise im Schlaf, schlägt mit dem Arm aus. Er fährt fort:

»… ist gezwungen, zu dem kranken Kind zu fahren, damit sie mich in Ruhe lässt.«

Sie schläft. Tiefe Atemzüge. Er bleibt sitzen.

Auf dem Bahnhof verabschiedet sich Strindberg von Frida. Sie fragt:

»Sehen wir uns wieder?«

Da ertönt das Signal zur Abfahrt.

Behutsam löst er den Keim der Walnuss, den Embryo, der herzförmig und nicht größer als ein Birnenkern zwischen den beiden Herzblättern eingefügt ist. Legt ihn unters Mikroskop. Und da sieht er plötzlich zwei kleine Kinderhände, wie zum Gebet erhoben, alabasterweiß.

Er schnappt nach Luft, flüstert:

»Die Kinderhände!«

Schaut noch einmal nach, doch, sie sind noch da, flehend.

»De profundis clamavi ad te …«

Er lässt das Mikroskop los, als habe er sich verbrannt. Wohin soll er sich flüchten?

Hinaus.

Er geht und geht wie in einem Traum. Plötzlich hebt er den Kopf. Ein Hotel. Er liest den Namen des Hotels:

»Hôtel Orfila«.

Am 21. Februar 1896 zieht er ein. Hier wird er im Fegefeuer leben.

Munch hilft ihm, sich einzurichten. Munch ist sehr praktisch, ungefähr wie eine Ehefrau. Er hängt die Hemdkragen auf. Stellt die Schuhe in den Schrank. Brummelt:

»Du bist so unpraktisch, dass man dich auf einer Ausstellung zeigen sollte. Bloß in deinen Manuskripten, da herrscht weiß Gott Ordnung.«

Strindberg sitzt mitten auf dem Bett, hört ihm nicht zu.

»Gestern fand ich zwei Bleistempel. Der eine trug die Initialen V. P. Eigenartig. Als ich dann durch die Allee ging, sah ich auf, und der Hahn auf dem Kreuz der Kirche schien mit den Flügeln zu schlagen, wie zum Zeichen: nach Norden! Und im Schaufenster des Uhrengeschäfts hier unten stand ein Wort auf einem Zettel. Marder. Was bedeutet es? Ich muss die Zeichen deuten. Jedes Zeichen. Ich habe das Gefühl, als würde ich jetzt auf die Probe gestellt, als prüfe mich jemand und gehe mit meinem ganzen Leben ins Gericht, als wolle jemand ...«

»Wer?«

»Ich weiß es nicht. Aber jemand stellt mich jetzt vor Gericht ... schuldig oder nicht schuldig ... jemand ...« Schweigen. Dann sagt Munch kurz:

»Vielleicht bist du es selbst.«

Die Wirtin kommt mit einer Teekanne und zwei Tassen herein und stellt sie auf den kleinen Tisch. Sie ist dick, spricht französisch und schenkt Strindberg ein großes, einschmeichelndes, teilweise zahnloses Lächeln.

Sie mag etwa fünfzig Jahre alt sein. Sie ähnelt jemandem, wem nur? Ihre Haare sind schwarz, nein, da ist keine Ähnlichkeit, sie ist dicker, und doch erinnert sie ihn an jemanden. Sonderbar. Ist sie nicht Strindbergs Mutter, die starb, als er dreizehn war? Irgendwas an ihr ... undeutlich ...

Strindberg zeigt keine Reaktion. Er verzieht keine Miene.

Als die Frau zur Tür hinausgeht, dreht sie sich noch einmal um, und Strindberg betrachtet sie mit ruhigen, wachsamen, neugierigen Augen und sagt nur:

»Merci, Madame.«

Die fette Wirtin behandelt ihn mit großer Intimität.

»Sie sollten sich nicht mit diesem chemischen Zeug abgeben! Schauen Sie nur Ihre Hände an! Sie bluten ja fast. Sie können sie doch gar nicht gebrauchen!«

Sie bringt Suppe und besteht darauf, ihn zu füttern. Er kann den Löffel nicht halten, also lässt er es zu. Ein Löffel nach dem andern. Dann nimmt sie seine Hand, mustert sie und drückt sie mitleidig an ihre Brust. Er ist sonderbar passiv, fast hilflos in ihrer mächtigen Umarmung.

Plötzlich ertönt Musik. Ein Klavier von weither. »Aufforderung zum Tanz«.

»Er ist hier! Der Pole! Er ist hier und will mich umbringen, weil ich mit seiner Frau, diesem teuflischen Vampir, geschlafen habe und …«

»Herr Strindberg! Ho ho …«

Sie lacht gurrend und führt mit einem liederlichen Lächeln seine Hand über ihren Körper.

»Ich wusste es! Er ist hier! Gestern stellte er die Statue eines Kriegers, mit einer Sense bewaffnet, ins Fenster des Antiquariats, um mich zu erschrecken! Ich habe es jedoch durchschaut. Jetzt spielt er die Aufforderung, um mich an vorgebliche Sünden zu gemahnen, die ich jedoch nicht begangen habe!«

Sie beruhigt ihn; die zwei Zahnlücken im Oberkiefer geben ihrem Lächeln ein sonderbar satyrhaftes Aussehen. Die Wirtin flüstert:

»Kommen Sie heute Abend herunter, lieber Herr Strindberg. Dann können wir … plaudern!«

»Als Siri ihren Vorderzahn verlor, gab sie mir die Schuld daran. Alles war meine Schuld. Alles.«

Die Musik tönt immer lauter.

»Aber das stimmt nicht ... schuld ist der verdammte Ibsen! Der Norweger ist schuld!«

Ein Reagenzglas auf dem Tisch des Hotelzimmers. Er schüttet das graue Pulver aus. Es ist wie Sand. Er stochert mechanisch mit dem Finger darin herum. Schlägt verzweifelt das Glasrohr auf den Tisch, es zerspringt in lauter Splitter. Er setzt sich aufs Bett, kauert sich darauf zusammen.

Welch ein sonderbares Licht im Zimmer, das Fenster brennt wie ein Kreuz. Er sitzt auf dem Bett, schaukelt vor und zurück, starrt stumm auf das brennende Kreuz, dann faltet er die Hände und betet, fast kindlich:

»Oh, lieber Gott. Wenn du mich nur verstehen ließest. Wenn du mir nur einen engelhaften Riesen schicktest, der mich verstehen ließe. Wohin das alles führen soll. O Gott. Was ist das für ein Leben? Was ist das für ein Leben? Was ist das für ein Leben?«

Geht vorsichtig an der Hauswand entlang. Langsam, mit kurzen Schritten. Die Hände auf dem Rücken gefaltet. Der Mantel hat einen Riss.

Er sieht eine Spielkarte auf dem Boden liegen. Sieht sich um. Hebt die Karte auf.

»Pik zehn! Ein böses Spiel.«

Nickt.

Die vier Bettpfosten gleichen zweifellos den Konduktoren einer Elektrisiermaschine. Er geht ums Bett herum, schlitzt die Matratze auf, zum Vorschein kommen Federn aus Kupferdraht.

Er legt sich aufs Bett, in seinen Kleidern, und wartet gespannt. Dann kommen die Krampfanfälle, schütteln seinen ganzen Körper, nur mit Mühe gelingt es ihm, sich aus dem Bett zu rollen.

Er keucht.

»Er versucht es mit Bestrahlung. Induktionsspulen. Pettenkofers Versuch. Wo ist die Maschine?«

Jemand hämmert an die Tür. Jemand will herein, Strindberg versucht das Fenster zu öffnen, doch es gelingt ihm nicht, er stürzt zur Schublade, findet ein Messer, stellt sich hinter den Tisch. Immer lauteres Klopfen. Dann fliegt die Tür auf. Munch erscheint in Begleitung des norwegischen Malers Thaulow und eines Arztes.

Dahinter die Wirtin, schnatternd und protestierend.

Munch fängt sich als Erster.

»Was zur Hölle machst du da? Leg das Messer weg und beruhige dich, ich habe nur einen Arzt für deine Hände geholt!«

Strindberg lässt das Messer nicht los. Er sagt eiskalt zu Munch:

»Der Gasapparat ist offenbar nach Pettenkofers Experiment konstruiert: eine Kerze durch die Wand hindurch ausblasen. Aber er arbeitet schlecht!«

»Ruhig, August!«

»Ich bin ruhig. Doch als ich dich zuletzt sah, schienst du das Aussehen eines Mörders zu haben – oder zumindest eines Handlangers!«

Munch geht ruhig auf ihn zu, nimmt ihm das Messer ab, schaut sich seine Hände an.

Tiefe Risse, die Hände schuppen sich. Doch Strindberg blickt fasziniert auf den riesenhaften Thaulow, der fast in Tränen ausbricht und zu ihm sagt:

»Magst du nicht zu mir und meiner Frau nach Dieppe kommen? Wir werden dich pflegen. Sie ist ein ...«

Strindberg, ruhig und dabei neugierig:

»... Engel?«

Das Saint-Louis-Krankenhaus. Die Patienten rings um ihn her haben Gesichter wie Totenschädel: hier fehlt eine Nase, dort ein Auge, bei einem dritten ist die Lippe gespalten und die Wange verfault. Ein ekelhafter Geruch nach Jod. Und diese langsamen Bewegungen, ausdruckslosen Gesichter, mittendrin eine Krankenschwester, die herumgeht und Medikamente austeilt.

Er lässt sich nichts anmerken, doch sie erinnert ihn tatsächlich an die schwedische Königin Sophia, die Anklage gegen *Heiraten* erhoben hat.

Sie lächelt mütterlich. Er erwidert das Lächeln und sagt zu ihr:

»Mutter. Wahrhaftig, dieses Wort ist mir seit dreißig Jahren nicht über die Lippen gekommen.«

Sie lacht weich, geht weiter.

Dann kommen die Ärzte, er setzt sich im Bett auf, mit nacktem Oberkörper, beide Hände ausgestreckt, wie auf Munchs Gemälde »Das Asyl«. Fünf Ärzte umgeben ihn, sie betrachten ihn neugierig.

Der Oberarzt gleicht sonderbarerweise dem Oberbibliothekar Klemming mit seinem gigantischen Bart. Er bestreicht Strindbergs Hände behutsam mit Salbe.

»Nur ein Ekzem, Herr Strindberg. Ein chronisches Ekzem, ernst, jedoch nicht gefährlich. Doch die Chemie müssen Sie bleiben lassen, die Säuren zerfressen Ihre empfindliche Haut. Und nicht versuchen ... Gold zu machen! Keine Alchimie!«

Er antwortet nicht, sitzt nur still da, mitten in der Hölle.

Und die Ärzte lachen in amüsiertem Einverständnis über den kleinen alchimistischen Scherz.

Der Arzt nimmt Strindberg in einem Behandlungszimmer beiseite; er ist barsch, doch mit einem gewissen Humor und von großer Freundlichkeit.

Strindberg sagt:

»Man bestrahlt mein Bett im Hotel weiterhin mit Elektrizität, Doktor Leplace. Unglaublich, dass die Behörden nicht eingreifen und meinen Feinden das Handwerk legen.«

»Still! Keine Dummheiten! Schluss jetzt mit dem Unsinn über Elektriker, Herr Strindberg. Sonst kommen die Irrenärzte Sie holen! Und dann werden Sie verrückt! Was Sie jetzt wirklich nicht sind.«

»Nein, ganz recht. Ich bin nicht geisteskrank. Doktor Leplace, Sie haben gewiss Balzacs Séraphita gelesen, das von Swedenborg handelt … diesem Mystiker, der … nein, ich bin nicht geisteskrank.«

Der Arzt betrachtet ihn mit einem grimmigen Lächeln. »Gut. Dann hören Sie auf mit dem Blödsinn.«

»Ich bin ganz gesund! Nicht krank! Gestern sah ich ein paar blühende Stiefmütterchen in dem schmalen Beet da draußen. Sie schüttelten ihre Köpfe, als wollten sie mich vor einer Gefahr warnen, und eine dieser Blumen mit den Kindergesichtern bedeutet mir mit ihren großen, tiefen, leuchtenden Augen: Geh fort von hier!«

Der Arzt verbindet Strindberg die Hände. Schnell und präzise. Nun ist er fertig und will gehen.

Doch da merkt Strindberg, dass der Arzt seine Tasche vergessen hat. Er bückt sich danach, hebt sie auf, und dabei öffnet sie sich.

Wie versteinert betrachtet Strindberg ihren Inhalt. Ein Fötus, groß wie eine Maus, abgetrieben, tot. Starr vor Schrecken blickt er zum Arzt auf, der ihn freudlos anlächelt.

»Nun?«

»Ein … Fötus?«

»Ich musste das Leben der Mutter retten. Der Stärkere muss auf Kosten des Schwächeren überleben. Weg mit der Weichherzigkeit, die das Menschengeschlecht degeneriert! Nicht wahr?«

Der Arzt blickt ihn an, die Augen sonderbar vergrößert, aufgesperrt, ein irres Lächeln; ist er ganz normal?

Er verstaut den Fötus wie eine tote Maus, sagt:

»Manchmal ist es nötig, Kinder ums Leben zu bringen, um die Eltern zu retten.«

Das Gesicht des Arztes wirkt jetzt fast deformiert.

Nacht im Hotel Orfila. Im Traum kommt Siri zu ihm, und ihr Gesicht ist bleich und alt und fast grotesk verschrumpelt. Sie spricht mit großen, lautlosen Mundbewegungen und weint unablässig, mit etwas theatralischem Gehabe, als spiele sie in einem Stück, geschrieben von August Strindberg. Er sieht plötzlich, dass ihr drei Vorderzähne fehlen, ihre Zahnreihe hat in der Mitte eine riesige schwarze Lücke, und er flüstert:

»Aber liebe Siri, was hast du mit deinen Zähnen gemacht?«

Da lacht sie listig und unbegreiflich, winkt abwehrend mit den runzligen, klauenartigen Händen und hält einen Gegenstand hoch.

Zuerst sieht es aus wie eine Maus. Als halte sie eine Maus am Schwanz. Es ist aber tatsächlich ein winziges Kind. Ein Fötus. Und dann hüllt sich Siri in ihren Schal und geht, das Kind fest an sich gedrückt, durch den fallenden Schnee davon, wie kann es plötzlich schneien? Als sie ihm den Rücken zukehrt, erkennt er deutlich, dass es nicht Siri ist, sondern die alte Engelmacherin, die vielleicht Johannson hieß, und als er den Kopf dreht, steht der Zigeuner Hansen da, herausgeputzt in einem braungelben Anzug.

Genauso unwahrscheinlich elegant wie Strindberg selbst in Berlin, und neben ihm der entzückende Steffen, der seinen Kopf an Hansens Schulter lehnt, und Hansen sagt in ruhigem, sachlichen Ton:

»Wir haben wohl auch an Kinder gedacht.«

Es ist unerträglich, Strindbergs Gesicht glänzt vor Schweiß.

Er rollt sich aus dem Bett, schlägt das Fenster ein, klettert in den Hof hinab.

Der kleine Hotelgarten liegt im Halbdunkel, Strindberg atmet schwer, wie ein Tier, stolpert, fällt beinahe in eine Rosenhecke, steht wieder auf, blutend.

Er setzt sich auf den Rasen, versucht ungeschickt, die Dornen herauszuziehen, gibt auf. Und dann sagt er:

»O Gott, vergib mir. Ich habe Menschen weh getan. Ich bin ein schlechtes Geschöpf. Ich muss sterben.«

Er packt. Dann und wann geht er zum Fenster und späht durch den Gardinenspalt. Klaviermusik, immer noch die Aufforderung, jetzt sehr heftig.

Er ist umstellt. Er hat sich selbst umstellt. Jedenfalls ist er fest entschlossen, jetzt auszubrechen.

Mit dem Koffer in der Hand geht er ungerührt zur Haustür hinaus. Der Straßenkehrer auf der anderen Straßenseite versucht so zu tun, als sei er wirklich ein Straßenkehrer. Strindberg verzieht keine Miene. Er mustert jedoch die gegenüberliegende Fassade, dort müsste ein Spion stecken.

Tatsächlich: Eine Gardine bewegt sich.

Strindberg klettert in den Wagen. Befiehlt mit demonstrativ lauter Stimme:

»Gâre de Lyon!«

Der Straßenkehrer, der ihm den Rücken zugewandt hat, scheint zu lauschen. Der Wagen rollt, doch schon nach wenigen Querstraßen befiehlt er dem Kutscher anzuhalten, springt heraus, überquert rasch die Straße, nimmt einen neuen Wagen, sagt leise:

»Gâre du Nord.«

Auf dem Bahnhof wartet er kaltblütig bis zum Augenblick der Abfahrt. Er kauft keine Fahrkarte. Gerade als die Räder sich in Bewegung setzen, springt er auf die Lokomotive und nimmt auf dem Tender neben dem Heizer Platz.

Der Zug beschleunigt. Er blickt zurück, lächelt triumphierend. Er hat sie hereingelegt.

Der Heizer ist ein kleiner vierschrötiger Mann in den Sechzigern. Er ist sehr schmutzig, fast schwarz im Gesicht. Verdutzt mustert er den adretten Mann mit dem Koffer.

Das verschmierte Gesicht des Heizers, alles andere als kleinbürgerlich sauber geschrubbt, ist dennoch ganz offensichtlich das des Vaters. Oder?

Mit keiner Miene zeigt Strindberg, dass er ihn erkennt.

Er setzt sich auf seinen Koffer. Und dann beginnt der Heizer zu arbeiten, während der Kohlenrauch August Strindberg einhüllt und die Flucht nach Dieppe ihren Lauf nimmt.

Er kommt den Hügel zum Thaulowschen Haus in Dieppe herauf, und er sieht wirklich sehr merkwürdig aus.

Den Hut hat er verloren. Sein Gesicht ist schwarz, sein Anzug zerknittert. Tatsächlich sieht er aus wie ein Schornsteinfeger auf einem Maskenball.

Seinen Koffer aber trägt er korrekt in der Hand.

Fritz Thaulow und seine Frau betrachten ihn stumm vor Staunen.

»Woher kommst du?!«

»Vom Tode.«

»Ja, mein Gott. Du siehst aus wie eine Leiche!«

»Ich wurde verfolgt und war krank, ein paar internationale Kunstfälscher stecken dahinter, die mit meiner Frau in Verbindung getreten sind und im Besitz elektrischer Apparate sind, die…«

Frau Thaulow ist ebenso tatkräftig wie schön, und zudem ist sie sehr praktisch.

»Papperlapapp! Jetzt müssen wir dich waschen!«

Sie zieht ihn ins Badezimmer, lässt Wasser in die Badewanne, zieht ihm das Jackett aus, mit einer Entschlossenheit, die Strindberg förmlich betäubt, ihn aber trotzdem offenbar glücklich macht.

Doch er stutzt vor seinem Spiegelbild. Mustert stumm sein Gesicht. Streicht prüfend mit dem Finger über den Ruß.

Malt Kreise auf die Wangen. Senkrechte Striche über die Augen. Und dann sieht er im Spiegel den Jungen, vielleicht zwölf Jahre alt.

Der Sohn der Thaulows, wie gebannt beobachtet er den eigentümlichen Mann, der mit dem Finger in seinem schmutzigen Gesicht herummalt und jetzt den Blick hebt. Es ist der Blick eines Clowns.

Und so blicken sie einander an.

Strindberg hat ein Mansardenzimmer zugeteilt bekommen, mit Aussicht über die Hügel und das sonderbare Gebäude, das aussieht wie eine Anstalt. Es ist der Abend zwischen dem 25. und dem 26. Juli 1896.

Durchs Fenster sieht er zwei Männer, die auf die Gartenmauer gestützt in seine Richtung deuten. Er verbirgt sich hinter der Gardine, beobachtet sie unablässig.

Hinter ihm ein Geräusch.

Blitzschnell dreht er sich um, wachsam wie ein Indianer.

Es ist der Junge. Langsam schleicht er durchs Zimmer, bedeutet Strindberg, still zu sein, streckt den Kopf vor und späht ebenfalls hinaus.

Einen Augenblick lang scheint Strindberg von dieser bedingungslosen Loyalität ein wenig verwirrt zu sein, dann nimmt er einigermaßen beruhigt seinen Beobachterposten wieder ein.

Der Junge flüstert atemlos:

»Sind die das?«

Strindberg nickt, überrascht, aber billigend.

»Ich glaube, sie haben mich gefunden.«

»Was machen sie denn jetzt?«

»Ich glaube ... sie bestrahlen mich mit einer Elektrisiermaschine ...«

»Was???«

»Ich ... nehme es an ...«

»Ich habe einen Kompass! Der schlägt bei Strahlung aus!«

Sprachlos betrachtet Strindberg den kleinen Detektiv.

Spät nachts, der Junge ist am Fenster eingeschlafen, im Lehnstuhl sitzend. Strindberg liegt im Bett. Lange betrachtet er den schlafenden Knaben: ein Kind, jetzt nicht mehr der allwissende Detektiv.

Der Kompass ist dem Jungen aus der Hand gerutscht.

Dann beginnt die lebensgefährliche elektrische Strahlung Strindbergs Körper wieder zu bearbeiten. Er zuckt in Krämpfen, kann nicht liegen bleiben, die Kiefer verspannen sich, mit schmerzverzerrtem Gesicht geht er die Treppe hinunter. Findet kein Bett. Legt sich im Flur auf den blanken Fußboden.

Er zuckt immer noch, aber nicht mehr so stark.

Der Junge kommt ihm schlaftrunken nach, den Kompass in der Hand, und sagt:

»Soll ich messen, ob jetzt elektrische Strahlen da sind?«

Strindberg schüttelt den Kopf. Er sagt leise:

»Lieber kleiner Freund. Es ist so, wenn ich hier bei euch wohne, fühle ich mich wie ein Verdammter im Paradies. Ich beginne zu entdecken, dass ich ein schlechter Mensch bin. Ich habe Menschen weh getan.«

Der Junge hört nicht richtig zu, fährt mit dem Kompass an Strindbergs Körper entlang.

»Nee, er schlägt nicht aus. Sie haben die Elektrisiermaschine jetzt bestimmt abgeschaltet, oder?«

Strindberg:

»Was habe ich aus meinem Leben gemacht?«

Der Junge fragt besorgt und etwas unsicher:

»Aber das sind die doch, oder? Das sind die Verbrecher, die dich bestrahlen? Wir machen doch bestimmt morgen weiter?«

Strindberg sagt sehr still, zum ersten Mal fast mit einem Lächeln:

»Ja, mein Freund. Du hast recht. Wir machen morgen weiter.«

Das Meer da draußen ist so ruhig und rein, wie es auf Strindbergs eigenen Gemälden nie vorkommt. Im Garten malt Fritz Thaulow.

Strindberg an der Gartenmauer, einen Feldstecher in der Hand. Systematisch sondiert er das Gelände wie ein pflichtbewusster Soldat auf dem Beobachtungsposten.

Der Junge sitzt unermüdlich zu seinen Füßen.

»Sie haben entdeckt, dass ich nicht allein bin. Aber schau,

da hinten auf der roten Mauer vor dem großen Haus. Da sitzt ein Mann. Und er macht jemandem Zeichen. Schau, jetzt dreht er sein Gesicht zum Fenster. Ein Zeichen.«

Der Junge gibt sich ungeheure Mühe, legt sein Gesicht in bekümmerte Falten.

»Papa sagt, es ist ein Seemannsheim. Sie sitzen da und gucken nach ihren alten Schiffen. Und wenn sie eins erkennen, sagt er, rufen sie zu den andern hinauf und ... sagt Papa.«

»Glaubst du daran?«

Der Junge schüttelt heftig den Kopf.

»Gut. Man soll niemals einem andern glauben. Man soll sich nur auf das verlassen, was man selber sieht. Verlass dich auf keinen, nicht einmal auf deinen eigenen Papa. Als ich klein war, sagte mein Vater, es sei unmöglich, Gold zu machen. Ich habe ihm nicht geglaubt. Jetzt habe ich Gold gemacht.«

Der Junge ist fasziniert, verdutzt.

»Kannst du Gold machen?«

»Ja. Ich kann Gold machen.«

Der Junge still und wie zu sich selber, während er unablässig diesen bemerkenswerten Mann anschaut:

»Ich wünschte, ich hätte einen Vater wie dich.«

Strindberg ist für einen Augenblick ganz still. Dann hebt er langsam den Feldstecher an die Augen und späht erneut zu der feindlichen Festung hinüber.

Der Junge hält ihn an der Hand.

Die Landschaft ist verdorrt. Ein endloser, leerer Strand, dahinter das Meer, die Sonne.

Der Junge sagt ermunternd:

»Wir werden es schaffen.«

»Ja. Ja.«

»Aber wofür wollen sie dich bestrafen, Onkel?«

»Nur der Unschuldige wird bestraft.«

Der Junge, ganz einfach:

»Das glaube ich nicht.«

Strindberg bleibt stehen. Er mustert forschend das Gesicht des Jungen. Schließlich erscheint ein winziges Lächeln auf seinen Lippen.

»Ich muss jetzt abreisen. Es tut mir leid, aber ich habe ein Zeichen erhalten, es weist nach Südosten. Ich muss nach Dornach.«

»Aber … was ist mit all deinen Feinden? Vielleicht werde ich nicht allein mit ihnen fertig?«

Strindberg sieht ihn lange an, sagt dann fast schüchtern:

»Ich bin sicher, dass du mit ihnen fertig wirst.«

Strindberg ist reisefertig, den kleinen Koffer in der Hand. Frau Thaulow:

»Keine religiösen Grübeleien mehr, versprich mir das. Versprich es ganz fest.«

Strindberg leise:

»Wisst ihr, ich stelle mir manchmal einen Gott vor, uns vorerst noch unbekannt, aber es gibt ihn, einen Gott, der sich entwickelt und wächst und sich verändert, der sich nur manchmal zeigt, dazwischen überlässt er uns unserm Schicksal … er experimentiert, es ist ein Gott, der noch nicht richtig fertig ist, der immerzu von vorn anfängt. Von vorn anfängt. Er ist nicht fertig. Manchmal wünschte ich, es gäbe einen solchen Gott. Dann würde er mich vielleicht … verstehen.«

Sie sieht ihn lange an, beugt sich vor, küsst ihn auf die Wange.

Er dreht sich um und geht.

Da sieht er den Jungen. Er sitzt auf der Mauer, den Feldstecher in der Hand, und fragt:

»Musst du fahren?«

»Ja. Ich muss. Ich muss. Ich habe noch so viel zu tun. Ich weiß nicht, ob die Zeit reicht. Muss die… Schlussabrechnung machen. Die Bilanz ziehen.«

»Also dann tschüss!«

»Tschüss. Ich danke dir.«

Dann geht er den langen Weg hügelabwärts. Eine kleine Gestalt, den Koffer in der Hand.

Der Junge verfolgt ihn die ganze Zeit mit dem Fernglas. Sein Gesicht ist sehr ernst.

VI

Heimkehr

Leichte Nebelschleier über dem Wasser; hier und da tut sich ein Durchblick auf, die Wartenden im Hafen von Malmö können das Schiff von Weitem sehen.

Sie stehen aufgereiht da, der kleine fette Geijerstam in der Mitte. Er ist sehr aufgeregt und enthusiastisch. Der hohläugige Bülow an seiner Seite. Carl Larsson ist auch da. Geijerstam plappert drauflos.

»Da kann man sagen, was man will. Aber er ist der einzige Schwede, der überall im Gespräch ist. Berlin. Paris. Helsinki. Auf der ganzen Welt ist es Strindberg, der ...«

»Nun sei doch nicht so angespannt, Gustaf!«, sagt Carl Larsson säuerlich. »Sei ganz natürlich. Du musst nicht alles glauben, was die Zeitungen schreiben. Er ist bestimmt ganz normal.«

»Ich bin nicht angespannt! Überhaupt nicht! Kein bisschen nervös. Sei nicht albern!«

»Der Große kehrt heim in sein Vaterland, aber geisteskrank scheint er jedenfalls nicht zu sein. Nicht mehr. Sagt man.«

Das Schiff ist jetzt ganz nah. An der Reling lehnt eine einsame Gestalt.

Das ist er.

»Kymmendö ... die Sommer ... weiß du noch, wieviel Spaß wir hatten«, sagt Geijerstam.

»Ja. Schöne Sommer. Die letzten schönen. Bevor er ... alles beschmutzt hat.«

»Aber meinst du das wirklich, Carl, meinst du wirklich ...«

»Bald zwanzig Jahre her. Zwanzig Jahre. Ein Leben.«

»Aber jetzt muss er seinen Platz im Herzen des schwedischen Volkes wiedererobern. Keine Politik. Keine Frauenfrage. Keine Experimente. Kein ...«

»Wird er denn schreiben? In den Briefen redet er nur davon, dass er einige Leute um Verzeihung bitten muss. Die Schlussbilanz ziehen.«

»Die Bilanz?«

»Und dass er fürchtet, es nicht mehr zu schaffen.«

Die Schiffsirene ertönt.

Im Theater ist es ganz dunkel. Er kommt durch den Haupteingang herein und steht allein im Zuschauerraum. Schaut zur Decke hinauf, dreht den Kopf, als suche er etwas. Totenstille. Die Bühne ist schwach beleuchtet.

Dann ein leises Gemurmel, wie von Stimmen. Applaus, der wie eine Meereswoge verebbt. Eine Frau, die traurig eine kleine Melodie vom Abschiednehmen singt.

Dann wieder Stille.

Ein Rauschen wie von einer Riesenmuschel. Er späht aufmerksam zur Bühne hinüber. Vage erkennt er die Umrisse einer ... Riesenmuschel? Oder einer Blume? Wiederum das Geräusch eines verebbenden Applauses. Wie ein Sog.

Und da erscheint plötzlich im schräg von der Seite einfallenden Licht eine junge Frau; sie steht in der Kulisse von Shakespeares Sommernachtstraum und rezitiert fast spielerisch in den Zuschauerraum hinein, ohne ihn zu sehen:

»Wie ich auch den Wald durchstrich
Kein Athener zeigte sich
Zum Versuch auf seinem Auge,
Was dies Liebesblümchen tauge.

Aber wer – o Still' und Nacht! –
Liegt da in Athenertracht?
Er ist's, den mein Herr gesehn
Die Athenerin verschmähn.
Hier schläft auch ruhig und gesund
Das Mädchen auf dem feuchten Grund.
Die Arme darf nicht liegen nah
Dem Schlagetot der Liebe da.
Allen Zauber dieses Taus
Flegel, gieß ich auf dich aus.
Wachst du auf, so scheuch den Schlummer
Dir vom Aug der Liebe Kummer!
Nun erwach, ich geh davon
Denn ich muss zu Oberon.«
Er steht regungslos da.

Er geht und geht. An der Haustür in der Norrtullsgatan 12 bleibt er stehen. Es ist, als habe er Angst. Langsam geht er hinein.

Er sieht die Wohnungstür mit dem vierblättrigen Kleeblatt. Wie versteinert starrt er es an. Da hört er Leute hinter sich. Man hat ihn gesehen, hat ihn erkannt.

Aus der Metzgerei strömt ein Grüppchen von Leuten mit offenen Mündern, darunter der Metzger persönlich. Über die Buchsbaumhecke recken sich vier neugierige Gesichter: Als er sie anblickt, lüpft einer von ihnen andächtig seinen Hut.

Strindberg ist erkannt. Er flüchtet wie in Panik.

Wieder im Theater; von der Kulisse aus sieht er sich eine Probe an.

Es ist wieder dieselbe Schauspielerin: sehr jung, sehr

schön, und sie hat einen leichten norwegischen Akzent. Sie heißt Harriet Bosse, und man probt *Nach Damaskus.*

Der Unbekannte:

»Es ist wahr, das sollte ich nicht. Aber ich flehe Sie an: Lassen Sie mich nicht allein. Ich bin in einer fremden Stadt, habe keinen einzigen Freund, und meine wenigen Bekannten erscheinen mir mehr als unbekannt, ich möchte sagen, als feindselig.«

Die Dame:

»Überall Feinde; überall einsam! Warum haben Sie Frau und Kinder verlassen?«

Der Unbekannte:

»Wenn ich das wüsste! – Wenn ich überhaupt wüsste, wozu ich da bin, wozu ich hier stehe, wohin ich gehen soll, was ich tun soll. – Glauben Sie, dass es Verdammte schon in diesem Leben gibt?«

Die Dame:

»Nein, das glaube ich nicht.«

Der Unbekannte:

»Sehen Sie mich an!«

Die Dame:

»Was für eine Religion haben Sie – verzeihen Sie die Frage?«

Der Unbekannte:

»Diese: Wird es zu schwierig, gehe ich meiner Wege.«

Die Dame:

»Wohin?«

Der Unbekannte:

»In die Vernichtung. Dies, dass ich den Tod in meiner Hand habe, gibt mir ein ungeheures Machtgefühl…«

Die Dame:

»O mein Gott, Sie spielen mit dem Tod!«

Der Unbekannte:

»Wie ich mit dem Leben spiele – schließlich war ich ein Dichter. Ungeachtet meiner angeborenen Schwermut habe ich niemals etwas richtig ernst nehmen können, nicht einmal meine eigenen großen Kümmernisse, und es gibt Augenblicke, da ich bezweifle, dass das Leben mehr Wirklichkeit hat als meine Dichtung.«

Mit einem eigentümlichen Lächeln auf den Lippen lauscht Strindberg ihren Worten. In der Pause geht er sacht zu ihr hin, spricht sie gedämpft, fast schüchtern an.

»Fräulein Bosse... machen Sie sich keine Sorgen wegen Ihres norwegischen Akzents... es ist schlimmer, wenn Leute ihre Unnatürlichkeit wie einen Akzent mit sich herumschleppen... ihre Verkünstelung... wenn sie nicht den Worten lauschen doch Sie haben eine Einfachheit... eine Wärme... die...«

Er verstummt abrupt. Ihr Gesicht erscheint ihm wie verwandelt, dieses sanfte, sinnliche Mädchengesicht verändert sich, die Augen werden immer größer, er stürzt und stürzt in sie hinein.

Musik im Hintergrund. Er sieht, dass sich ihr Mund bewegt, doch er hört nur die Musik.

Vor dem Spiegel mustert er sein Gesicht, Fältchen für Fältchen: hält die Hand vor den Mund, deckt alles bis auf die Augen ab. Kneift sich langsam in die Wange.

Fährt sich durchs Haar. Flüstert mit einem Lächeln:

»Es ist nicht zu spät, August.«

Er legt letzte Hand an die Obstschale, streicht das Tischtuch glatt, stellt das Geschirr, die Weinflasche, die Blumen auf dem Beistelltisch zurecht. Sie steht mitten im Zimmer und sieht ihm mit sanftem Lächeln zu. Wie umsichtig er sich bewegt. Wie lieb und fein er wirkt.

Er blickt sie schweigend an. Dann geht er schweigend zu ihr hin, legt ihr seine Hände auf die Schultern, sieht ihr tief und innig in die Augen und sagt:

»Möchten Sie ein Kind von mir, Fräulein Bosse?«

Und sie knickst und erwidert wie hypnotisiert:

»Ja, danke.«

Und damit sind sie verlobt.

Er hält den Arm um ihre Schultern. Sie gehen zum Fenster, mit Aussicht auf Ladugårdsgärde. Es ist ganz still im Zimmer. Schräge Sonne. Da draußen, in weiter Ferne, ein Demonstrationszug. Rote Fahnen.

Sie fragt ein wenig besorgt:

»Sind sie gefährlich?«

Er lächelt, sagt freundlich und sanft:

»Nein, mein Kind. Es sind Sozialdemokraten.«

»Kommen sie hierher?«

»Nein. Aber vielleicht wird es so, dass ich wieder zu ihnen zurückkomme.«

»Warum denn?«

»Die Wiederholung. Weil sich alles wiederholt. Und doch lässt sich nichts wiederholen. Nicht wirklich.«

»Warum nicht?«

»Weil ich ein anderer geworden bin.«

Mit Fahnen und Musik marschiert der Zug in der Ferne vorbei.

Gerüste, Baumaterial, ein großer Saal im Rohbau. Man baut das Haus des Volkes in Stockholm am Norra Bantorget. Drei Schreiner sind am Werk, und ein Mann im dunklen Anzug verfolgt nachdenklich die Bauarbeiten. Hjalmar Branting.

Da kommen Strindberg und Harriet von hinten in den Saal, neugierig, jedoch fast schüchtern. Es dauert eine Weile, bis Branting begreift, wer es ist.

»August?«

»Meine künftige Frau«, sagt er ein bisschen förmlich.

»Das ist lange her. Du bist also zurück?«

»Ja.«

»Man sagt, du seist auf deine alten Tage religiös geworden, du Schurke. War das denn notwendig?«

»Ja, das war es. Notwendig.«

»Schade.«

»Ich glaube«, sagt August, »man kann Sozialist und Christ zugleich sein, und du brauchst nicht zu sagen, was du davon hältst, denn ich weiß es.«

Branting ist noch ein Stück entfernt, er klettert über Baugerüste zu ihnen hin, sie setzen sich. Er sagt:

»Wir wären froh, wenn du trotzdem zu uns zurückkehrtest. Die Bürger haben ihre Nationaldichter, doch die Arbeiterbewegung hat keinen. Die schwedischen Arbeiter brauchen ihren Dichter, wir kämpfen um unser Leben.«

August mit einem fast verlegenen Schmunzeln:

»Aus mir wird niemals ein Parteimann. Das weißt du. Ich bin kein …«

»Das weiß ich. Aber davon haben wir so viele. Doch einen wie dich, den würden wir …«

»Ich weiß nicht, ob ich es noch schaffe. Ich habe das Gefühl, als werde die Zeit so knapp. Es bleibt mir noch soviel zu … Ich habe das Gefühl, mir wird die Zeit so knapp, Hjalmar.«

Den Blick an die Decke gerichtet, sagt er wie zu sich selbst:

»Wie groß ihr baut. Wie ein Theater oder eine Kirche.«

»Wir bauen kein Theater, August. Und auch keine Kirche. Dies ist das Haus des Volkes.«

Die Hochzeit. Sie ist eine sehr schöne Braut. Er ist stolz. Als er aus dem Weinglas trinkt, zittert ihm die Hand so stark, dass er etwas verschüttet. Er ist nervös.

Sie steht mit dem Rücken zu ihm am Fenster: Er tritt hinter sie, sie trägt ein dünnes Nachthemd. Er streicht ihr sacht über den Rücken, den Hintern.

»August?«

»Ja.«

»Warum zitterst du? Frierst du?«

»Nein.«

»Was ist es dann?«

»Ich habe wohl Angst.«

Pause. Sie dreht sich langsam um, lehnt den Kopf an seine Brust. Sie sprechen sehr leise, fast flüsternd.

Harriet: »Mit mir brauchst du nie Angst zu haben. Niemals zittern, nie, nie, nie.«

Im Dramatischen Theater, der Zuschauerraum ist leer bis auf zwei Männer, die in der ersten Reihe sitzen.

Auf der Bühne wird geprobt. Geijerstam, eine Reihe hinter Strindberg, flüstert halblaut und ein wenig belehrend:

»Das ist gut. Sehr gut. Jetzt machst du alles richtig. All diese historischen Dramen haben dich ja wieder populär gemacht, *Gustaf Vasa* gut; *Erik XIV.* sehr gut. Sehr populär. Du spürst bestimmt, dass du, wie sagt man, den richtigen Dreh heraus hast. Den richtigen Dreh. Das ist gut, es ist nicht kontrovers, ich bin sicher, die Akademie* wird ihre Haltung zu

---

* Die Schwedische Akademie, bestehend aus 18 Mitgliedern, hat Strindberg weder aufgenommen noch ihm den Nobelpreis verliehen. (Anm. d. Übers.)

dir revidieren. Aber denk dran, keine Politik! Verkehre nicht so viel mit Branting! Das ist nicht gut für dich. Und nicht so viele Experimente, das ist …«

Da dreht sich Strindberg abrupt um und zischt:

»Lass mich in Ruh!«

»Wie bitte?«

»Lass mich in Ruh. Rühr nicht an mein Leben!«

»Aber …«

»Du versuchst, in mein Schicksal einzugreifen! Tu das nicht. Du willst über meine Sympathien und Antipathien bestimmen, mir deine Ansichten aufdrängen, tu das nicht, tu das nicht!«

»Aber doch in der besten Absicht … als Freund …«

Strindberg starrt ihn zornfunkelnd an, das Spiel auf der Bühne bricht ab, alle schauen verdutzt auf die Streitenden.

»Etwas Krankes ist an deiner Person, Geijerstam, etwas Krankes ist an deiner Person, und ich habe Angst, mich anzustecken! Etwas Krankes! Und es droht, auch mich krank zu machen! Es ist an der Zeit, dass wir uns trennen! Für immer.«

»Wir sollen uns …«

»Du bist feige. Ich habe Angst davor, mich anzustecken. Es ist etwas Krankes und Klebriges an dir. Geh jetzt.« Geijerstam sitzt sprachlos da, bewegt sich nicht.

»Raus! Raus!«

Da geht er. Ganz vorn an der Rampe steht Harriet Bosse, ganz betroffen, und ruft Strindberg zu:

»Was ist geschehen?«

Er setzt sich wieder, zupft seine Jacke zurecht, sagt steif: »Ich habe Geijerstam rausgeworfen und mir einen Todfeind gemacht.«

»Aber warum denn?«

Strindberg faltet die Hände, spitzt die Lippen, sagt äußerst korrekt:

»Er hat meine historischen Dramen gelobt.«

Harriet sitzt auf dem Koffer, sie weint. Sie weint leise, verzweifelt, wie ein geschlagenes Kind. Er geht im Zimmer umher, ringt die Hände, wortlos. Und sie schluchzt:

»Aber du hast doch versprochen, dass wir reisen werden. Nach Dänemark ... und dann nach Berlin. Warum hast du es dir anders überlegt, was ist geschehen?«

Sanft und überredend sagt er zu dem schluchzenden kleinen Mädchen:

»Meine liebe, geliebte kleine Frau. Wir werden nicht reisen. Die Mächte haben dagegen entschieden.«

»Die Mächte ... welche verdammten Mächte? Ich will reisen!«

Er sagt freundlich, aber vorwurfsvoll:

»Liebe Harriet, du sollst nicht fluchen.«

Er geht zur Tür des Esszimmers und stößt sie auf. Er hat schon vorsorglich einen Tisch arrangiert, vermutlich in dem undeutlichen Bewusstsein, dass ein kleines Versöhnungsessen angebracht sein würde. Da gibt es Obst und Weißwein, die kleine Vorspeise ist schon aufgetischt, eine Schale mit geeisten Krabben steht da und ein Blumenstrauß.

Schließlich kommt sie, immer noch schluchzend, setzt sich auf den Stuhl und betrachtet das Arrangement. Er spricht pädagogisch und väterlich zu ihr.

»Hör mal, Harriet, schau zum Fenster hinaus. Siehst du, wie schön die Sonne auf die Häuser dort drüben scheint. Doch wenn wir jetzt da wären, würde es uns bloß irritieren, die Sonne in den Augen zu haben. Man betrachtet es besser aus der Ferne. So ist es auch mit dem Reisen. Ich habe alles gesehen. Dänemark und Berlin und Paris und London und all das. Und ich kann dir versichern: Es ist nichts wert. Da ist nichts zu sehen. Es ist nur...«

»Ja, das kannst du sagen! Der es gesehen hat. Aber ich will es selber sehen!«

Er lächelt ihr geheimnisvoll zu und holt ein braunes Päckchen hervor. Mit einer Schleife drum.

»Hier, Harriet. Hier hast du ein Geschenk von mir. Von dem ich glaube, dass es dir sehr, sehr gefallen wird.«

Immer noch leise schluchzend, doch jetzt mit etwas aufgehellter Miene, beginnt sie das Geschenk auszupacken.

Es ist ein Buch. Baedeker steht darauf, in roten Buchstaben. Sie blickt verständnislos vom Buch zu ihm. Und er sagt eifrig und ermunternd:

»Es ist ein Reiseführer von Baedeker. Darin kannst du über all diese Orte lesen. Kopenhagen und Berlin und wie sie alle heißen. Da steht alles darüber drin. Und du brauchst nicht selbst zu reisen, brauchst dich nicht mit allen verschwitzten, schmutzigen Menschen zu drängeln, die ganze Mühsal bleibt dir erspart und zu brauchst nicht...«

Sie starrt ihn fassungslos an.

»Also bloß weil du gereist bist und alles gesehen hast und es leid bist, soll ich hier wie eine Nonne sitzen und einen Reiseführer lesen! Ich bin doch noch jung!«

Er schaut sie hilflos an.

»Aber die Mächte wollen, dass...«

Plötzlich pfeffert sie den Reiseführer durchs Zimmer, Gläser kippen um, sie springt auf und schreit:

»Du kannst dir mit deinen verdammten Mächten den Hintern abwischen, ich verlasse dich jetzt! Ich fahre nach Dänemark, und dann kannst du hier sitzen und deinen alten Baedeker lesen! Lebewohl!«

Sie rennt hinaus. Die Treppe hinunter. Er hört ihre kleinen Füße trappeln. Und dann schlägt die Haustür.

Strindbergs Gesicht ist voller Verzweiflung und Wut. Außer sich vor Zorn zischt er:

»Ibsen ist schuld! Ibsen!«

Der neue Schreibschrank. Eingehend mustert er das Intarsienmotiv auf der linken Seite. Er nimmt einen Zettel und zeichnet es ab. Hält die Zeichnung auf Armeslänge von sich weg. Verdeutlicht es, nickt. Faltet die Hände wie zum Gebet.

Er schreibt etwas ins *Okkulte Tagebuch.*

> *Der 27. Entsetzlicher Morgen. Sehnsucht, Trauer, Verzweiflung. Nb! Die beiden Hemdenknöpfe unter dem Schreibtisch. Die Katze auf dem Hof. Die Tauben! Fand vor Gotthards Fahnenfabrik ein dreieckiges Tuchstück, weiß und blau. Eine Haarnadel.*

Er ist wie ein gefangenes Tier. Malt einige Minuten lang fieberhaft auf einer Leinwand. Es ist wie eine Beschwörung: »Die erste Wiege des Kindes«. Aber dann kann er nicht mehr. Geht immer im Kreis herum, murmelt.

»Harriet. Harriet. Harriet.«

Ein Brief kommt an. Er reißt ihn auf. Liest.

»Dänemark!«

Stürzt zum Telefon, nimmt den Hörer ab.

»Ein Eiltelegramm.«

Und sein Gesicht hellt sich ein klein wenig auf. Ja, er lächelt.

»Ich komme!«

Die Küste von Nord-Seeland, soweit das Auge reicht, mit schönen weißen Dünen. Es ist ein wunderbarer Tag, draußen bei Tisvilde Leje. Strindberg, komplett angezogen, sitzt auf dem Sandstrand, der ihm zutiefst verhasst ist. Er bekommt Sand in die Schuhe, auch das hasst er.

»Wenn man es mit den Schären vergleicht. Diese reinen, blankgescheuerten Klippen, diese großartige Reinheit, dieser Mangel an armseligen Sand, der bloß juckt, dieser ...«

Harriet trägt einen Badeanzug. Sie fühlt sich wohl. Sie fühlt sich ganz hervorragend, und ihr kleiner Hintern, ihre wohlgeformten Beine, und ihre weiche, ein bisschen mollige, jedoch keineswegs zu üppige Figur kommt in dem Badeanzug vortrefflich zur Geltung.

Er schaut sie freundlich an. Sand in den Schuhen, nun ja. Doch sie ist unbestreitbar attraktiv. Ihm läuft zwar der Schweiß herunter, aber was tut man nicht alles für die gute Sache.

Die gute Sache ist Harriet.

Da erscheint, wie die Klapperschlange unterm Brautbett, der irritierende dänische Fotograf. Hektisch baut er sein Stativ auf, um das berühmte Paar abzulichten.

Harriet planscht im seichten Wasser herum, wirft schelmische Blicke zur Kamera. Sie ist glücklich wie ein Kind. Kein bisschen abgestoßen von dem Gedanken, verewigt zu werden. Strindberg aber gerät in Wut.

»Verschwinde! Verschwinde auf der Stelle! Du dänischer Schmutzfink, wie kannst du es wagen, Bilder von meiner Frau zu machen!«

Wütend geht er zum Angriff über, wirft das Stativ um, knufft den verdutzten Fotografen, schimpft in äußerst gebrochenem Dänisch.

Harriet steht sprachlos am Meeressaum, kleine Wellen

umspülen ihre entzückenden Füße. Der Fotograf tritt überstürzt den Rückzug an.

Da blickt Strindberg auf Harriet. Und ein kleines, aber stolzes Lächeln kräuselt seine Lippen.

Der Eingang sieht tatsächlich aus wie früher, trotzdem stutzt Strindberg und starrt die Tür an wie hypnotisiert. Das »Schwarze Ferkel«.

Harriet an seinem Arm, fröhlich und aufgekratzt.

»Wovor hast du Angst? Wollen wir nicht hinein?«

»Es gefällt mir nicht.«

»Ach was. August, ich habe schon soviel vom ›Schwarzen Ferkel‹ gehört. Von den ganzen Künstlern und was sie alles gemacht haben, und Munch, Gott, wie spannend. Alle im Theater fanden es fantastisch, als ich erzählte, dass…«

»Harriet!«

»Jetzt gehn wir rein! Schnurstracks rein ins alte ›Ferkel‹ und schauen, wie es aussieht! Du meinst natürlich, alle deine alten Flammen säßen da und würden auf dich warten und dich in Verlegenheit bringen, wie? Nee, nee, die sind bestimmt schon alle tot. Komm jetzt!«

Sie geht entschlossen vor ihm hinein. Er folgt ihr widerstrebend. Alles ist genau wie früher, und doch nicht ganz. Das Bild hängt noch da, das er gemalt und dem Wirt gewidmet hat, »Meer im Sturm IX«, die Einrichtung ist dieselbe, der Wirt ist derselbe. Doch die Gäste sind anders. Es sind deutsche Spießer, die ihr Eisbein essen und keinerlei Anzeichen von moralischem oder physischem Verfall erkennen lassen.

Harriet sieht sich zutiefst enttäuscht um.

»Das soll ein Hurencafé sein?!«

»Enttäuscht dich das?«

»Ja. Allerdings. Was du alles für spannende Sachen erzählt hast, und jetzt, wo ich…«

Sie flüstern, mitten im Lokal stehend; und allmählich erregen sie die Aufmerksamkeit der Gäste.

»Du vergisst dich, Harriet! Du bist rein!«

»Ich will in ein Hurencafé gehen und keine alten deutschen Spießer anschauen, und jetzt…«

»Harriet!«

»Du hast gesagt, das ›Schwarze Ferkel‹ sei ein Hurencafé! Das steht in deinen Büchern!«

»Harriet!«

»Ich will in ein Hurencafé!«

»Hure!«

Es ist sehr still im Lokal. Sie macht kehrt und rennt davon.

Harriet sitzt auf dem Bett. Ausgepackte Koffer, feindselige Stimmung, wieder zurück in Schweden.

August sagt:

»Wir hätten nicht nach Berlin fahren sollen.«

Es ist still im Zimmer. Sie sitzt auf dem Bett und starrt vor sich hin.

»Ich erwarte also ein Kind«, sagt sie ganz unvermittelt. »Man kann sich ja fragen, wie das passiert ist. Du wolltest doch ein Präservativ benutzen, das…«

»Bist du denn nicht glücklich?«

»Ein Kind. Mein Gott. Wie konnte das…«

»Jawohl. Du hast nach der Hochzeitsnacht zu deiner Schwester gesagt, ich sei kein Mann! Und jetzt bist du schwanger. Wie erklärst du das?«

Allmählich steigt die Temperatur, bald ist ein altgewohnter Streit im Gange, bald ist die Situation normal, bald erkennt man ihn wieder.

»Das Kind soll jedenfalls Bosse heißen, nach mir.«

»Aha! Aha!«

»Es ist genausogut mein Kind wie deins! Bosse ist genauso fein wie Strindberg!«

»Unerhört!«

Auch er setzt sich und starrt vor sich hin, sagt verzagt:

»Ich begreife es nicht. Es ist, als hätte ich das alles schon einmal durchgemacht. Es ist gespenstisch.«

»Genau. Es ist, als klebe dein altes Leben noch an unserm. Dein ganzes altes Gezänk. Alte Frauen. Alter Streit. Die alte Siri. Wo ist sie jetzt überhaupt?«

August, sehr steif:

»Sie soll Sprecherzieherin und Souffleuse in Helsinki sein.«

»Souffleuse!! Ja, dazu taugt sie vielleicht.«

»Ich möchte behaupten«, sagt er ruhig, »dass du alles, aber auch alles bekommen hast, was Siri sich erträumte. Aber womöglich nicht immer bekam. Ich finde, du hast keinen Grund zum Klagen.«

»Nee. Aber ich weiß, was ich tun will. Und ich werde es tun.«

»Was denn?«

»Ich werde dich verlassen.«

»Obwohl du unser … Kind trägst?«

»Obwohl ich unser Kind trage.«

Er ist in seiner Wohnung. Fotos von Wolken hängen an der Leine: Er mustert sie durch ein Vergrößerungsglas, sehr gründlich. Plötzlich entdeckt er etwas; reißt das Foto herunter und setzt sich.

Er schreibt fieberhaft.

Eine Haushälterin kommt herein, stellt das Essen auf den Tisch, er blickt nicht auf, isst nichts.

An die Wand ist ein Zettel gepinnt. Mit seiner charakter-
vollen Handschrift hat er darauf geschrieben:

Einsam in der Wüste ohne Harriet

Darunter steht eine Reihe von Zahlen. Methodisch und
sachlich fügt er noch eine hinzu. 27. Er zieht einen Kreis um
die Zahl. Alle übrigen Zahlen sind ebenfalls von einem Kreis
umgeben.

Es ist schon fast dunkel.

Vor dem Dramatischen Theater, nachmittags. Harriet kommt
die Treppe herunter und zuckt zusammen, als sie ihn sieht.

Sie trägt ein Kostüm, ist ruhig, aber steif.

Er hält einen Blumenstrauß in der Hand, überreicht ihn
ihr.

Nach kurzem Zögern gehen sie Seite an Seite.

»Wie geht es dir, August?«

»Grauenhaft. Seit vierzig Tagen.«

»Ist es schon so lang?«

»Möchtest du nicht zu mir zurückkehren?«

Sie gehen sehr langsam, mit einem korrekten kleinen Abstand zwischen sich.

»Wie geht es … dem Kind?«

»Ich schaffe es schon.«

»Auch ich trage ein Kind, Harriet.«

»Ach ja?«

»Seit vierzig Tagen schreibe ich an einem Traumspiel, über
meine Liebe … und mein …«

Allmählich, fast unmerklich, gehen sie ein wenig dichter
nebeneinander.

»Wird es ein schönes Kind, August?«

»Das Kind meines größten Schmerzes.«

Eingehend mustert er die Wolke auf dem Bild. Eigentümliche Formen, weich und menschlich. Wie ein Kind. Er nickt bestätigend, schaut auf das Kind in der Wiege, das richtige, lebendige Kind. Es ist etwa vier Wochen alt.

Ja, das Kind ist wie eine Wolke. Er hat es gewusst.

Ein Jahr später. Wieder mustert er die Wolke. Dann geht er in seinen weißen Tennisschuhen lautlos und federnd durch dasselbe Zimmer, trägt das schlafende Kind auf der Schulter, das jetzt ein Jahr alt ist.

Immer im Kreis herum, das Whiskyglas auf dem Kaminsims.

Harriet sitzt auf einem Stuhl. Sie betrachtet die beiden. Schließlich sagt sie:

»Ich halte es nicht mehr aus, August.«

Er geht weiter, das schlafende Kind auf der Schulter.

Die beiden sind sehr still. Es ist vor allem Harriet, die redet. Die Trennung, das letzte Kapitel.

»Vielleicht war es so, dass ich dein altes Leben nicht recht ertragen konnte. Und dein Misstrauen hat so vieles zerstört. Ich bin noch so jung, es kommt mir so vor, als wolltest du mich zwingen, mein Leben aufzugeben, bevor es überhaupt angefangen hat. Wir sollten getrennt leben. In aller Freundschaft. Ich möchte, dass wir Freunde bleiben.«

»Und das Kind bei dir?«

»Das Kind bei mir.«

Anne-Marie spielt im hinteren Zimmer. Er schaut müde zu ihr hin.

»Fünf Kinder habe ich gehabt. Alle wurden mir weggenommen. Eins nach dem andern. Und ohne Kinder kann ich nicht leben.«

Schweigen. Dann fügt er hinzu:

»Es ist, als hätten die Mächte mich mit einem Fluch geschlagen, als wir das Erste weggegeben haben. Weggegeben. Mein ganzes Leben lang hat mich das verfolgt. Kein Kind habe ich behalten dürfen.«

»Weggegeben? Welches Kind denn?«

»Das sechste Kind.«

Schweden 1906, ein Wintertag. Strindberg sitzt mit ausgebreiteten Händen und Armen auf einem Stuhl. Er trägt einen Anzug.

Das kleine Mädchen ist vier Jahre alt und sehr entschlossen. Sie hat ihm die Taschen mit Krimskrams vollgestopft und plappert unentwegt.

»Un das da war 'ne Heringstonne, und das wärn Bonbons, und… Mohrrüben… Zimtsterne… und dann tu ich so, als wenn das Bonbons wärn… un Milch… Papa wär ein Kaufladen… halt still… mmm… und das da wär ein Kassieraparrapat…«

»Apparat.«

»Warum wohnst du nich immer bei Mama, Papa? Dann könntste immer mein Kaufladen sein!«

»Mama will das nicht.«

»Wo isse jetzt?«

»Sie ist in einer Stadt, die Helsinki heißt. Und da wird sie Theater spielen. Dann kommt sie heim, und du wohnst wieder bei ihr.«

»Halt still!«

Plötzlich erstarrt sein Gesicht, sein Körper krümmt sich unwillkürlich wie vor Schmerzen, die Arme strecken sich zu einer linkischen Umarmung aus, die kleinen Gegenstände purzeln durcheinander.

Das Mädchen sagt empört:

»Schau nur, Papa! Jetzt is der ganze Kaufladen kaputt gegangen! Pfui!«

»Liebe ... Anne-Marie ... Papa hat ein bisschen ... Bauchweh gekriegt ...«

»Dann musst du Kaka machen, Papa!«

Langsam breitet er die Arme wieder aus, setzt sich aufrecht hin, der Kaufladen ist wiederhergestellt. Er sagt leise:

»Das hilft nichts, Kleines.«

Und dann beginnt er plötzlich ganz still zu weinen.

Im Schwedischen Theater in Helsinki wird geprobt, und der gefeierte Star Harriet Bosse soll die Hauptrolle in der Uraufführung von August Strindbergs *Kronbraut* spielen.

Harriet:

Eine Kronbraut verlangen sie! Was ist eine Kronbraut? Eine, die die Krone trägt!

Der Regisseur greift ein:

»Ja, der Zusammenhang ist also der, dass das Kind heimlich geboren wurde. Wenn bekannt wird, dass dieses Kind existiert, können die beiden nicht heiraten. Man muss das Kind einer Engelmacherin übergeben, bis nach der Hochzeit. Die Frau gibt das Kind weg – zum Sterben.«

Da kommt überraschend ein Einwurf von unten aus dem Souffleurkasten.

»In diesem Fall ist der Mann doch genauso der Mörder!«

Die Frau im Souffleurkasten scheint um die Sechzig zu sein. Sie ist grau, mit einem etwas eingefallenen Gesicht, nicht mehr attraktiv. Harriet Bosse lacht auf und sagt etwas spitz:

»Jetzt fängt sogar die Souffleuse an zu agieren und zu deklamieren!«

Das Gesicht im Souffleurkasten ist wie aus Stein. Der Regisseur, der den Hintergrund kennt und weiß, wer die Souffleuse ist, weicht ihrem Blick aus.

»Du bist dran, Mats.«

»*Denk nur, wenn ich's nie mehr zu sehen bekäme, das Kleine!*«

»Harriet. Bitte.«

»*Dann geschähe sein Wille, an dem wir nichts ändern können.*

Sein Wille geschehe!«

Der Regisseur:

»Hier ist also der moralische Wendepunkt des Stücks. Hier wünscht die Frau ihrem Kind den Tod, sie will es einer Engelmacherin übergeben, und im tiefsten Inneren gibt sie zu, dass sie es will, um etwas zu erreichen, was ihr mehr wert ist als das Leben eines Kindes. Doch sie versucht, einem andern die Schuld zuzuschieben.«

Da kommt es wie ein Fauchen, hasserfüllt aus dem Souffleurkasten:

»Ja, das ist klar, dass alle Schuld dem armen Mädchen aufgebürdet wird!«

Nun verliert Harriet die Geduld, schleudert das Rollenheft auf den Boden und geht zum Souffleurkasten hin.

»Wir müssen jetzt wirklich in Ruhe arbeiten können. Wenn wir uns hier oben um das Künstlerische kümmern, einschließlich der Analyse des Stücks, dann könnte sich die Souffleuse ihrer Arbeit des Soufflierens widmen. Mit den Worten des Dichters, die sie zu respektieren hat.«

Sie blicken einander eisig an. Es ist, als rage der Kopf der Souffleuse aus der Unterwelt auf.

»Ist das klar, Frau ... Frau ...«

»... Frau von Essen-Strindberg.«

Es wird ganz still auf der Bühne. Harriet Bosse versucht, die Fassung zu bewahren. Doch sie starrt wie hypnotisiert auf das Gesicht im Souffleurkasten unten, sagt halb erstickt:

»Wir brauchen eine kurze Pause. Sofort.«

Siri sitzt mit Harriet zusammen. Sie sagt:

»Ich war wohl nie eine richtig gute Schauspielerin.« Harriet sitzt still da, schaut die um dreißig Jahre ältere Frau an, die plötzlich ganz eindringlich sagt:

»Er hätte niemals über das Kleine schreiben dürfen. Über mich konnte er schreiben, was er wollte. Aber er hat doch versprochen, dass er nie … nie … nie und nimmer …«

Und Harriet sagt:

»Das sechste Kind.«

Siri und Harriet gehen zusammen durch die Straßen von Helsinki. Sie sehen beide verweint aus. Keine von beiden sagt ein Wort.

Es ist Winter. Schneeregen fällt.

Die Finnlandfähre hat gerade abgelegt. Eis, Schneematsch. Und am Kai bleibt eine kleine, schwarze, einsame Gestalt zurück. Es ist Siri, die von Harriet Abschied genommen hat.

Ein Traumspiel, Generalprobe.

Drei Personen im Zuschauerraum; auf der Bühne steht Harriet als Indras Tochter vor der Tür mit dem vierblättrigen Kleeblatt.

Der Großkanzler:

»*Was verbirgt sich hinter der Tür?*«

Der Glaser:

»*Ich kann nichts erkennen.*«

Der Großkanzler:

»Sie können nichts erkennen, nein, das glaube ich wohl!... Was verbirgt sich hinter der Tür?«

Der Dekan der Theologischen Fakultät:

»Das Nichts! Dies ist die Lösung des Welträtsels... Aus dem Nichts erschuf Gott am Anfang Himmel und Erde.«

Der Dekan der Juristischen Fakultät:

»Nichts. Das bezweifle ich. Hier liegt ein Betrug vor. Ich appelliere an alle Rechtdenkenden!«

Alle Rechtdenkenden (im Chor):

»Man hat uns betrogen!«

Indras Tochter:

»Wenn ich jetzt gehe... in der Abschiedsstunde, da es von einem Freund, von einem Ort zu scheiden gilt, steigt stark die Sehnsucht auf nach allem, was man liebte, und Reue über das, was man verschuldet hat... Oh, nun verspüre ich den ganzen Schmerz des Daseins, so ist es also, Mensch zu sein...

Man sehnt sich auch nach dem, was man nicht schätzte, auch retten einen Dinge, die man nicht verschuldet... Man möchte fortgehen, und man möchte bleiben...

So strebt das Herz zerspalten auseinander,

und so zerreißt es das Gefühl wie zwischen Pferden, von Widerspruch, Unschlüssigkeit, Disharmonie...

— — —

Leb wohl! Sag den Geschwistern, dass ich an sie denke, dort, wo ich jetzt hingeh, und ihre Klage werd ich zum Thron in deinem Namen tragen. Leb wohl!«

Das Ensemble hat sich auf der Bühne versammelt. Es wartet gespannt und unsicher auf sein Urteil. Der Regisseur:

»Nun, Herr Strindberg, was sagen Sie?«

»Doch. Gut. Sehr gut.«

»Wir haben morgen Premiere, und wir können nichts mehr ändern ...«

»Nein. Alles ist ... gut. *Das Traumspiel* ist ja ... das Kind meines größten Schmerzes. Mich überkam nur plötzlich das Gefühl, dies dürfe nicht gespielt werden.«

Er erhebt sich rasch. Verbeugt sich und geht. Harriet sieht ihm nach.

Sie sitzen am Küchentisch, der leer ist. Harriet hat ihren Mantel an, er ist im Morgenrock.

»Nun? Warum bist du einfach verschwunden? War ich gut?«

»Es dürfte nicht gespielt werden.«

»War ich zu langweilig?«

»Ich litt unsäglich, als ich da saß. Ich möchte ja heiter und schön schreiben, doch ich kann nicht, darf nicht. Nehme es als furchtbare Pflicht, wahrhaftig zu sein. Und das Leben ist ja so unbeschreiblich hässlich. Ich hatte nur plötzlich das Gefühl, es dürfe nicht gespielt werden. Es ist ... vermessen.«

»Aber ich will wissen, wie du mich fandst?«

»Wie ich dich fand? Du gehörst mir doch nicht.« Schweigen.

»Ach so? Du hast es verstanden.«

»Wie heißt er?«

»Gunnar Wingård. Er ist Schauspieler.«
Schweigen.

»Wir wollen heiraten.«

»Ich verstehe. Fünf Kinder habe ich gehabt. Und alle hat man mir weggenommen. Eins nach dem andern.«
Langes Schweigen.

»Warum suchst du mich in den Nächten, Harriet? Warum suchst du mich, wenn alles zu Ende ist? Warum suchst du mich in Liebe, wenn alles zu Ende ist? Warum suchst du, Harriet, warum suchst du, wenn...«

Fast in Panik steht sie auf und geht.

Er bleibt sitzen, aschgrau im Gesicht, leer vor sich hinstarrend.

Er liegt allein in seinem Bett. Und dennoch kommt sie zu ihm, als physische, quälend leibhaftige Halluzination.

Der 4. April 1908, Okkultes Tagebuch. In der Nacht nach Harriets Verlobung erfuhr ich sie gegen ½ 12 Uhr, erwiderte aber nicht. Nochmals gegen 3 Uhr, und da... In ihrer Verlobungsnacht! Am Tag darauf lebte ich in einem Liebesglück, als sei ich verlobt.

Der 13. April. Den ganzen Abend Kontakt mit Harriet. Um ½ 11 Uhr bekam ich starkes Herzklopfen, so heftig, dass ich die Hand aufs Herz legen musste, und da meinte ich, es sei Harriets Herz. Gegen 12 Uhr lag sie auf meinem Arm, ruhig, freundlich. Dreimal wurde ich in dieser Nacht geweckt und empfing sie als meine Gattin. Der 18. April. Um ½ 12 Uhr suchte sie mich freundlich, liebevoll. Vereinigten uns sechsmal. Harriet abwechselnd freundlich, feindselig, mit Feuer und Rosen...

Der 19. April. Gegen 10 Uhr kam Harriet sanft, duftend. Sie suchte mich mit Geschmack und Duft im Mund wie Rosen und Früchte.

Der 22. April. Harriet den ganzen Morgen und den ganzen Vormittag lieblich bei mir während der Arbeit. Abends war es mir, als sei Harriet bei Möllers, und sie rieten ihr, mich wieder zu heiraten und Kinder zu bekommen. Sie kämpfte... Abends um 8 Uhr spannt sie und bedrängt mich, als sei sie in mir oder wollte sich auf mich werfen. Es ist liebevoll, aber rasend, ich wanke. Danach

die ganze Nacht keinen Kontakt mit Harriet. Sie war weg!
bildete mir ein, Harriet habe Gift genommen und sei tot!
Am Morgen suchte sie mich mehrmals, doch ich erwiderte
nicht! Schließlich, um 7 Uhr, kam sie demütig und liebe-
voll und xxx. Dann dankte sie mit einem Duft.

Sein Gesicht bleich und verschwitzt, er liegt fiebrig in den Kissen. Und der Traum senkt sich auf ihn herab.

Der 3. Mai. Harriet wurde aufgeboten, doch das wusste ich
nicht! Harriet den ganzen Tag zärtlich bis zum Abendessen,
als ich einen Brief über unser intimes Verhältnis schrieb und
abschickte. Danach Stille! Um ¾ 6 Uhr nachm.

Am Morgen: Wingårds Porträt hängt jetzt auch drau-
ßen am Strandvägen in meiner Schreibwarenhandlung.
Am Fenster des Operncafés sitzt Harriet neben ihm. Der
Abend ruhig. Harriet schien daheim bei der Kleinen zu
sein. Doch als ich um 10 Uhr ins Bett ging, erwartete sie
mich. Vereinigung. Dann um 5 Uhr. Zum letzten Mal um
½ 7 Uhr, doch dann war sie befriedigt. Der 4. Mai. Har-
riet hat meinen Brief nicht beantwortet. Am Vormittag
suchte sie mich, böse, feindselig. Doch um ½ 1 Uhr stür-
misch, nicht in Liebe, nur Begierde. Um 4 Uhr stürmte sie
mit Herzklopfen, sodass ich schier erstickte. Sie mag mei-
nen Brief erst da gelesen haben. Ich schlief bis um 5 Uhr,
da suchte sie mich erotisch. Sonderbares Geschöpf?
Telegramm von Ranft, dass er ›Schwanenweiß‹ nimmt.
Besteht Harriet aus zwei Personen? Und ich besitze die
eine? Am Sonntag wurde Harriet aufgeboten!

Am Telefon, er gibt mühsam ein Telegramm durch.

»An die Schauspielerin Harriet Bosse, Strandvägen 57. In Erinnerung daran, dass dies unser Hochzeitstag ist, der 6. Mai, informiere ich dich, dass Ranft Schwanenweiß genommen hat. Warum schweigst du? August Strindberg.«

Harriet liest leise, fast flüsternd aus einem Stapel Briefe vor. Es herrscht Dämmerung. Ihr Verlobter hört zu.

> »... *dann warst du auf meinem Arm, ich konnte dein kleines Gesicht sehen, deinen Atem spüren; und in der Dunkelheit nahm ich die kleine Hand, küsste sie und flüsterte wie früher: Gute Nacht, geliebte, geliebte Gattin!*
>
> *Was ist, das? Zuerst schrak ich zurück wie vor einem Verbrechen. Ich will kein Heuchler werden, schrie ich zu Gott. Doch er schlug mich nicht, er ließ den Mond in mein Zimmer scheinen, und um Mitternacht legte er mir meine schöne kleine Gattin auf den Arm. Ich darf! darf! Aber nur in der sanften Dunkelheit der Nacht, die vieles unschuldig macht!...«*

Sie hört auf zu lesen. Der Brief fällt ihr aus der Hand. Und der Verlobte sagt wütend:

»Er ist ... krank!«

Da nimmt sie den letzten Brief, liest ihn ebenso leise:

»Heute morgen kam dies:

> *Dreimal habe ich sie geschrieben und verbrannt, diese Worte, aus der Tiefe meines Herzens:*
>
> *Willst du meine Ehefrau werden, vor Gott, dem Gesetz und der Welt, in Freud und Leid*
>
> *In treuer Liebe*
>
> *In Zeit und Ewigkeit?«*

Und sie sagt:

»Ich möchte ihm ja nicht weh tun. Da ...«

Und er ergänzt nach einer Weile:

»Da du ihn auch liebst.«

Und sie schließlich:

»Und da es ohnehin unmöglich ist.«

Wieder ist Nacht und weiß, verlockend und nackt ist sie bei ihm.

> *Okkultes Tagebuch, der 13. Mai. Schrieb mittags eine Briefkarte an Harriet und machte ihr einen Heiratsantrag. Keine Antwort. Sie sucht mich im Eros. Sie suchte mich erneut um ½ 6 Uhr.*
>
> *Um 9 Uhr wurde mein Epigastrium so heftig angegriffen, dass ich mich hinlegen musste.*
>
> *13. Juni.*
>
> *Harriet quält mich so, dass ich zu sterben meine. Um 10 Uhr vorm. ist es unerträglich; doch lieber sterbe ich als zu fallen. Sie sucht mich jetzt mit Rosen im Mund, da ich ihrem Eros widerstehe.*
>
> *Ich frage mich, ob sie ein Magengeschwür hat (wie voriges Jahr), und ich leide darunter; oder ob sie schwanger ist und die Regungen des Fötus quälen sie periodisch (10 Uhr vorm. und 6 Uhr nachm.). (Oder Abtreibung, oder Fehlgeburt.) Gott lasse mich lieber sterben als in Sünde fallen. Jetzt will ich alles aufbieten, um ernstlich zu widerstehen, selbst wenn ich sterben muss! Zuvor wusste ich nicht, wie ich mich verhalten sollte; glaubte, es müsse so sein, da es unwiderstehlich war und Gott mir nicht half.*
>
> *21. Juni, Sonntag.*
>
> *Schreckenstag!*
>
> *Mit Schreckensnacht! Wurde fünf Stunden lang gequält! Träumte von Harriet, ehrbar, schön; wie damals, als sie mir ein Halstuch umband und mich danach auf den Mund küsste wie ihr Kind. Träumte auch von einem Birkhuhn, das angestrichen kam, um gestreichelt zu werden; es hatte Angst vor mir, hielt mich für gefährlich; so streichelte ich es; und da flog es auf und setzte sich auf die Hühnerstange oder das Brett im Hühnerhaus.*

Er steht vor Karlavägen 40 auf der Straße, schwankend wie ein Kranker, und blinzelt wie ein Neugeborenes in die Sonne.

Es ist Frühling. Er lebt. Und vorsichtig, vorsichtig geht er los.

Es ist sehr heiß: Er steht vor dem Haus des Volkes, und die Fassade scheint in der Sommerwärme zu zittern. Er sieht, dass alles fertig ist. Er bewegt sich nicht.

Er geht nicht hinein. Stattdessen betritt er das Nebenhaus. Das Intime Theater gleicht einer Lagerhalle. Man baut gerade die Bühne. Er wird von Herrn Falck und seinen Schauspielern erwartet. Strindberg soll ein Seminar halten.

Und Herr Falck sagt in einer improvisierten Begrüßungsansprache:

»Die Säulen stehen im Weg! Und das Intime Theater ist noch unfertig. Doch bald spielen wir hier Strindberg in August Strindbergs eigenem Theater. Er ist weltberühmt, seine Stücke werden in aller Welt gespielt. Doch dies ist sein eigenes Theater. «

Sehr sachlich und trocken.

»Bevor wir mit der Arbeit an unserm ersten Stück, dem Pelikan, anfangen, wird Herr Strindberg über Hamlet sprechen.«

»Über Hamlets Verhältnis zu Ophelia.«

Er sitzt mitten unter seinen Schauspielern auf einem Stuhl und spricht zu ihnen über die Kunst des Schauspielens.

»Er tötet sie durch seine Skepsis, indem er aus ihrem feinen Material die Flamme herausholt, die darin verborgen ist. Er tötet sie, indem er diese Flamme hervorlockt. Es ist ein Seelenmord an einem geliebten Menschen. Das ist nicht ungewöhnlich. Es ist ziemlich normal.«

»Aber liebt er sie? Er nennt sie doch Hure?«

»Er liebt sie! Das ist keine Inkonsequenz – alles Lebendige ist aus Elementen zusammengesetzt, die nicht homogen
sind, sondern entgegengesetzt sein müssen, um zusammen-
zuhalten. Hamlet ist aus scheinbaren Gegensätzen zusammengesetzt, gut und böse, hassend und liebend, zynisch und
schwärmerisch, stark und schwach, mit einem Wort: ein
Mensch, in jedem Augenblick verschieden, wie Menschen
eben sind.«

»Hamlet zerstört also die Liebe, indem er das Böse in
Ophelia hervorholt… hervorlockt? Das Böse?«

Er wird einen Augenblick ganz still. Dann sagt er:

»Ja, das ist uns doch allen schon geschehen… Fräulein…?«

»Falkner.«

Er betritt die Redaktion von Afton-Tidningen. Es ist, als
schnuppere er das altvertraute Milieu, den Geruch von Ju-
gend und Angriff, von Schnaps, von Maschinen und Dru-
ckerschwärze. Ein Redakteur mit Schirmmütze kommt ihm
entgegen. Er streckt ihm die Hand hin und sagt:

»Valfrid Spångberg.«

»August Strindberg. Es ist so, dass ich gern ein paar po-
lemische Artikel für die Zeitung schreiben möchte. Und ich
will gratis arbeiten, wenn ich nur alle Artikel unzensiert gedruckt bekomme.«

Der große rothaarige Mann, der eine auffallende Ähnlichkeit mit Erik XIV. hat, blickt ihn ungläubig an.

»August Strindberg? Ist das wahr?«

Strindberg reicht ihm einen Artikel, sagt leise und beinahe
schüchtern:

»Hier ist der erste. Falls sie ihn zu nehmen wagen. Es gibt
vielleicht… Ärger. Aber…«

Spångberg nimmt mit geübtem Griff den Artikel entgegen, setzt sich, beginnt zu lesen, bedeutet Strindberg, dass er sich setzen soll.

»Ich möchte schreiben über... oder vielmehr gegen... den Monarchismus... die Landesverteidigung... die Akademie... die Katzbuckelei... die Orden... die Bürokratie... das Königshaus und den Hof... die Gerichte... und...«

Spångberg liest. Und langsam, ganz langsam breitet sich auf seinem Gesicht ein Lächeln aus, vielleicht das Lächeln eines Journalisten, der auf einen Knüller gestoßen ist, vielleicht ein sozialistisches Lächeln. Aber ein Lächeln jedenfalls. Er liest. Er hebt den Blick nicht vom Papier. Doch er streckt Strindberg die Hand hin, zu einem Handschlag.

Wie eine Flut kommen die Artikel gesprudelt. Und die Reaktionen entsprechend.

Auf einer Straße in der Stockholmer Südstadt ist ein Zeitungsverkäufer unterwegs. Ein Heringshändler, zwei Arbeiter an einem bewaldeten Hang auf Ladugårdgärde, ein altes Weiblein laut lesend am Wegesrand.

Es ist etwas im Gange. Ein Sturmangriff auf die ganze bestehende Gesellschaft? Strindberg schreibt wieder. Hört mal her.

Und sie lesen.

Ein vornehmer Salon. Zwei Männer sind anwesend: Verner von Heidenstam und Sven Hedin.

Heidenstam sagt flüsternd, mit einem kleinen ironischen Lächeln:

»Du brauchst dich doch nicht um Strindbergs Kanonaden zu kümmern, Hedin. Er ist nicht bei Trost. Aber es war schon sehr komisch, diese Geschichte, du seist berühmt geworden durch die Entdeckung eines Sandhügels in Asien, den die Chinesen seit jeher gekannt hätten.

»Komisch?«

»Nein, ich will sagen dumm … dieser Gedanke, die Chinesen kämen hierher und würden sagen, sie hätten Stockholm entdeckt und wollten damit weltberühmt werden …«

»Es ist ein Unterschied zwischen Lopnor und Stockholm!«

»Ja, aber mein Bester, ich scherze doch nur, man darf ihn doch nicht zu ernst nehmen … ich kannte ihn früher … ein brillanter Kopf, aber Unterklasse und urteilslos.«

»Wir müssen ihn vernichten«, sagt Hedin. »Jetzt, da die Arbeiterbewegung glücklicherweise fast zerschlagen ist, da die Niederlage im Generalstreik ihnen einen Denkzettel verpasst hat, ist dies gefährlich. Sieh doch, wie sie Strindberg annehmen. Er gibt ihnen offenbar wieder eine Art … Selbstbewusstsein. Sieh, wie sie ihn benutzen, ihn sich einverleiben. Das ist doch Wahnsinn. Jedoch gefährlich. Und all diese Angriffe auf die Landesverteidigung, auf die Fundamente der Gesellschaft, er ist verrückt. Es sind nicht in erster Linie die Ansichten, die gefährlich sind, Ibsen und Bjørnson hatten auch radikale Ansichten. Aber trotzdem waren sie verlässlich. Nein, es ist die Haltung selbst.«

»Ja, Haltungslosigkeit als Prinzip. Erst vergewaltigt er kleine Mädchen, und dann wird er religiös.«

»Es heißt, er sei schwer krank. Man kann nur hoffen, dass es schnell geht.«

Er unterbricht sein Diktat und sagt zu dem jungen Mädchen:

»Danke, liebes Fräulein Falkner. Nun ist es genug für heute. Rufen Sie Herrn Bodström an und sagen Sie ihm, dass ich die Esszimmermöbel nicht unterbringen kann. Er soll sie verkaufen.«

Gerade als sie gegangen ist, setzen die Schmerzen ein. Strindberg schaut auf die Uhr, geht zum Schreibtisch, schreibt:

»Die Schmerzen waren heute verspätet, sie kamen erst um Viertel nach zwei.«

Ausstellungsräume, eine Vernissage. Carl Larsson ist da und mit ihm ganz Stockholm. Auch Branting im Hintergrund.

Strindberg geht ganz langsam von Bild zu Bild; doch plötzlich stellt sich ihm der Künstler persönlich in den Weg. Carl Larsson ist außer sich vor Wut.

Er spricht flüsternd, erhebt aber langsam die Stimme. Als die Leute aufmerksam werden, senkt er die Stimme wieder.

»August, mein ganzes Leben lang war ich dein Freund. Aber es gibt Grenzen. Du bist ein Schwein. Manchmal habe ich dich gemocht. Deine Fehler gesehen. Jedoch gemeint, du seist ein Genie, ein bisschen jenseits von Gut und Böse. Manche deiner Missetaten waren so besessen, dass man sich am liebsten hinter eine Ecke verdrückt und gelacht hätte. Doch deine Bosheit ist nicht zum Lachen. Deine perfiden Angriffe in den Zeitungen, gegen alles Heilige. Diese... Politik! Und *Schwarze Fahnen,* wo du Geijerstam lächerlich machst. Ich bin sicher, dass es das war, was ihn das Leben gekostet hat.«

»Er war ein feiger Opportunist. Er hat es verdient. Dich habe ich mir nie vorgenommen, aber verdient hättest du es genauso.«

»Ach so!«

»Schau doch nur, was für ein Mist da hängt. So falsch, dass die Milch sauer wird. Carl Larsson, du bist ein verlogener Charakter. Was du malst, stinkt vor süßlichem Glück, Harmonie und Lüge. Du machst dein Familienglück zu Geld. Doch deine Engelsgattin ist eine böse Hexe, du selbst rennst zu Huren, verleumdest andere und lügst. Du bist der lobende Freund, der hinter dem Rücken lügt, spielst den glücklichen Familienvater, aber wenn man mit dir redet, sind die Themen so niedrig, dass die Straßenjungen sich schämen würden. Tust schüchtern, bist ehrgeizig. Hast du nicht auch einen falschen Bart? Du bist ein durch und durch gefälschter Mensch.«

Carl Larsson, kalkweiß im Gesicht:

»Sieh dich vor, du feiger Zeitungsschmierer. Wenn du über mich schreibst, komme ich mit dem Messer und schlitze dich auf. Jetzt bist du gewarnt. Du widerliches Stinktier.«

Die letzten Worte spuckt er zischend aus und geht. Branting kommt zu Strindberg, packt ihn am Arm.

»Beruhige dich. Was war los?«

»Es war die Bilanz! Die Schlussbilanz!«

»Und wie ist sie ausgefallen?«

Strindberg, jetzt ganz ruhig, sagt wie zu sich selbst:

»Er ist ein verlogener Charakter. Aber vielleicht hat er mich genauso charakterlos gesehen. Genauso verlogen. Denk nur, wenn es so wäre. Denk, wenn … ich so wäre, wie ich ihn schilderte. Denk, wenn das die … Bilanz wäre.«

Branting schüttelt langsam den Kopf.

Strindberg schaut sich plötzlich verwirrt um, drückt die Hand auf den Bauch wie vor Schmerz. Geht.

Ein Raunen wogt durch den Ausstellungsraum, Aufregung, Stimmen beginnen zu flüstern. Carl Larsson geht zu Branting und sagt empört:

»Hast du das gehört? Hast du gehört, was dieser Mistkerl von sich gegeben hat?«

»Ja.«

»Er kann nicht recht bei Trost sein!«

Branting sieht ihn schweigend an, sagt dann ganz ruhig:

»Es ist leicht, sich über ihn lustig zu machen. Doch ich tue das nicht. Letzte Woche saßen wir zusammen und plauderten. Da sagte er: Der Nobelpreis stünde mir zu, doch ich bekomme ihn nie. Auch der Chemiepreis stünde mir zu, doch ich bekomme ihn nie. Aber sollte ich nicht stattdessen den Friedensnobelpreis für meine Novelle *Gewissensqualen* bekommen, die die Friedensbewegung in aller Welt benutzt? – Drei Nobelpreise meint er zu verdienen. Und weiß der Teufel, ob er nicht sogar recht damit hat. Das Merkwürdigste dabei ist, und deswegen verzeihe ich ihm auch vieles, dass er sich trotzdem nicht über uns andere erhebt. Er ist nicht besser, nicht schlechter. Aber er ist etwas sehr Ungewöhnliches: ein ganz deutlicher Mensch. Er ist wie wir, nur deutlicher. Du kannst ihn hassen, soviel du willst, aber ich sage bloß: Ich fürchte, wir werden nie mehr jemanden erleben wie ihn.«

Heidenstam und Hedin, der eine Zeitung in der Hand hält und sagt:

»Ich gebe zu, dass ich ihn nicht ernst genug genommen habe. Aber er ist lebensgefährlich. Dies wird in der morgigen Zeitung gedruckt, und ich betrachte es als notwendiges Fazit von August Strindbergs Leben: *Wie der Schakal bevorzugt er Leichen, fällt aber auch Lebende an, wenn sie nicht beißen. Ja, es ist ein Jammer um ihn. An seiner Stockholmer Wohnung geht man mit dem Gefühl vorbei, es sei ein Trauerhaus, wo die Totenbahre schon bereitsteht. Und doch sitzt er immer noch da und schreibt, allein mit seinem Hass, und verzehrt sich Tag und Nacht vor Neid, schlimmer als eine Frau in ihrer Eifersucht. Ein bleicher Widerschein vergangener Zeiten, besserer Zeiten, ist der einzige Lorbeer, der sein Silberhaar schmückt.«*

Fanny Falkner sitzt am Fenster, liest Strindberg aus der Zeitung vor, die Fortsetzung. Augusts Gesicht wirkt ganz weiß im Zwielicht.

»… *ein bleicher Widerschein vergangener Zeiten, besserer Zeiten, ist der einzige Lorbeer, der sein Silberhaar schmückt. Die Dunkelheit bricht schon über ihn herein. Bald kommen die schwarzen Fledermäuse, und das Herz erkaltet. Dann ist es zum Beichten zu spät. Danach fällt das Urteil. Armer, verlassener Pilger, der in den Ruinen seines eigenen tragischen Lebens haust! Es ist, als hätte er schon mit eiligem Schritt, mit lärmenden Pfeifen und Flöten im Gefolge, seinen Zug unter den Schwarzen Fahnen angetreten, die ihm den Weg zum Hades weisen.*«

Sie lässt die Zeitung sinken, sagt leise, aber empört:

»Wie schrecklich böse und gemein. Wie schrecklich. Und ungerecht. Ungerecht.«

Schweigen. Dann sagt er:

»Fräulein Falkner?«

Er fährt sich mit einer schüchternen Bewegung durchs Haar; sie wirken beide bleich im Dämmerlicht. Sie ist noch sehr jung.

»Fräulein Falkner, ich habe viel über Ihre Zukunft nachgedacht.«

»Ja?«

»Und über meine. Kurze.«

»Ja?«

Er geht zu ihr hin, legt seine Hand auf ihr Haar.

»Ich weiß nicht. Fräulein Falkner, können Sie?«

Sie sagt leise und sehr kindlich:

»Ich bin noch so jung, ich weiß nicht, was ich kann und was ich nicht kann.«

»Glauben Sie, es ist zu spät?«

»Ich weiß nicht, Herr Strindberg, wofür es zu spät ist.«

Er spielt ganz still mit einer Locke ihres Haars. Sie blickt mit ihren dunklen Augen zu ihm auf.

Dann geht er zum Fenster, schaut in die Abenddämmerung über Stockholm hinaus. Und schließlich sagt er, mit dem Rücken zu ihr und ohne sie anschauen zu wollen:

»Fräulein Falkner, es ist zu spät.«

Plötzlich ist er in seinem Zimmer in der Drottninggatan von seinen Kindern umgeben. Da sind Karin, Greta, Putte, fast erwachsen. Es herrscht eine feierliche Stimmung im Raum.

»Letzte Woche habe ich die Rechte an meinen gesammelten Werken verkauft. Von einem armen Schriftsteller, der immer bis zu den Ohren in Schulden steckte, bin ich jetzt zu einem reichen Mann geworden. Meine Kinder, ihr wisst, wie es war. Ich habe euch nach bestem Vermögen etwas zukommen lassen. Wenn ich viel bekam, schickte ich viel. Wenn ich nichts bekam, schickte ich euch nichts. Ich habe …«

Er schweigt. Er ist ein bisschen gerührt und möchte es eigentlich nicht zeigen. Auf dem Tisch liegen vier Bündel mit Geldscheinen, imponierend und rätselhaft. Ein kleiner Windstoß vom Fenster her lässt plötzlich ein paar Scheine aufflattern.

»Macht die Fenster zu! Zu! Und Putte, schließ die Tür ab! Zweimal!«

Er starrt die Bündel an. Nun hat er bei seiner Rede ein wenig den Faden verloren. Dann nimmt er sich zusammen und schiebt ein Geldbündel nach dem andern über den Tisch. Ein Bündel für Hans. Eins für Greta. Und eins für Karin.

Sechstausend in jedem Packen, in Hundert-Kronen-Scheinen.

Bleibt das vierte Bündel. Er betrachtet es beinahe scheu, schiebt es über den Tisch. Sagt dann fast unhörbar:

»Das ist für Mama. Nehmt es. Es ist eine alte Schuld.«

Es ist sehr still. Da erhebt er sich und sagt mit einer überraschend jungen Stimme, wie eine Fanfare:

»Und jetzt, meine Kinder – zur Bank!«

Helsinki, Karin hat die Summe gerade Siri übergeben, die den Goldregen in Form von Scheinen ungläubig anstarrt.

Röte steigt ihr in die Wangen, im Übrigen ist sie jetzt sehr alt, eingefallen, hat nicht mehr viel von der vitalen jungen Frau, die Strindberg einst vor dem Theater traf.

Vielleicht ist sie auch krank. Sie sagt verwundert:

»Für mich?«

Plötzlich richtet sie sich auf und sagt in ruhigem Ton:

»Karin, schreib an Papa und danke ihm in meinem Namen. Ich nehme es als Begleichung einer alten Schuld.«

August schraubt ungeschickt die Glühbirne ein: Axel und seine Schwester beobachten ihn beunruhigt und fast irritiert. Dann flammt plötzlich das rote Licht auf.

Die Balkontür ist angelehnt. August stellt die Lampe ins Fenster.

»Ich habe Branting angerufen und ihm gesagt, dass ich die rote Lampe ins Fenster stellen werde. Damit sie sehen, wo es ist.«

Von der Straße her nähern sich Geräusche. Ein Gemurmel. August sieht seinen Bruder Axel an und sagt fast kindlich:

»Ich bereue, dass ich nicht zu Papas Beerdigung ging.«

Dann tritt er auf den Balkon hinaus.

Da unten haben sich viele Menschen versammelt, Tausende. Mit roten Fahnen und Fackeln huldigt man dem Dichter an seinem 63. Geburtstag.

Alle Gesichter wenden sich dem Balkon zu, wo die einsame Gestalt mit einem Zylinder steht. Unter dem Silberhaar sind die Züge nur undeutlich zu erkennen.

Mitten in den Arbeitermassen steht Hjalmar Branting. Seine imponierende Gestalt ist weithin zu sehen, auch er ist gealtert, ein Arbeiterhäuptling, ein Monument. Lächelnd blickt er zu dem alten Freund hinauf und murmelt:

»Adieu, Strix, alter Narr. Ich habe dich sehr gern gehabt.« Hurrarufe.

Da hebt Strindberg seinen Hut, um sie zu grüßen. Und eine Woge braust ihm entgegen. Fackeln, ein enormer Huldigungszug. Man bringt ein Hoch aus. Und da steht er und winkt und winkt und winkt.

Aufs Äußerste abgemagert, die jetzt so dünne, fast weiße Mähne feucht von der Anstrengung, sich aufrecht zu halten, liest er dennoch die Zeitung.

»Da steht … wie sonderbar … es hieß doch, die Titanic sei unversenkbar. Und nun steht hier von einer … schrecklichen Schiffskatastrophe …«

»Man soll nie an das glauben, was gesagt wird.«

Er geht langsam und unsicher zum Klavier, setzt sich mühsam in seinem alten braunkarierten Morgenrock und versucht zu spielen:

»Ob ich es wohl noch kann. Denk nur, das Orchester hat es … gespielt …«

Langsam, zögernd, schlägt er an: »Näher, mein Gott, zu dir.« Er singt fast wortlos mit, wie in einem Flüstern.

Da tritt seine Tochter Greta still hinter ihn und sagt:

»Papa. Ich habe einen Brief von Karin bekommen. Mama ist tot.«

Er lässt die Hände sinken. Greta liest aus dem Brief vor.

»Sie ist gegen zehn Uhr abends entschlafen, nachdem sie die letzten Stunden bewusstlos war. Der Tod trat ruhig und offensichtlich ganz schmerzlos ein. Wir haben die Beerdigung für Sonntag geplant, und wir werden ...«

Sie hält inne. Er hat geschluchzt, und er schneuzt sich unaufhörlich. Er erhebt sich, geht mühsam ins Schlafzimmer, zieht den Morgenrock aus, legt einen alten schwarzen Schlafrock an, dazu ein weißes Halstuch, wie einen Frack.

Dann setzt er sich auf den harten Stuhl, der an der Längswand steht. Er faltet die Hände. Dann bleibt er still sitzen.

Von irgendwoher erklingen in die Stille die spröden Töne eines Hammerklaviers, das eine wohlbekannte, melancholische Melodie spielt: Adieu, Mignon. Dann sagt er:

»Greta, willst du so lieb sein und einen Kranz von mir schicken? Er soll zwei weiße Bänder haben. Ein Text ist nicht nötig.«

»Überhaupt nichts?«

»Überhaupt nichts.«

Und nach einer Weile fügt er hinzu:

»Sie kann auch so sehen, was darauf steht.«

Redakteur Spångberg hält das Manuskript in der Hand. Strindberg sagt vom Bett aus:

»Als Überschrift hatte ich mir gedacht: *Das O. K. rüstet**. Es ist ein recht lustiger Artikel. Gegen den Rüstungswahnsinn, ja, du weißt, dasselbe, worüber ich am Mittwoch schrieb ... über den *Kurier des Zaren oder Die Geheim-*

---

* O. K. = Oberkommando (Anm. d. Übers.).

nisse der Sägenfeiler… Sven Hedin muss getobt haben … wie?«

»Ja. Die ganze Rechte tobt.«

»Wie schön.«

»Herr Strindberg, Sie sind zur Zeit Schwedens meistgeschmähter Mann …«

Er legt den Kopf ins Kissen zurück, schließt die Augen, sagt:

»Wenn ich nur mehr Zeit hätte. So vieles ist noch ungeschrieben. Dieses ganze militärische Irrenhaus … die Kriegs … Mir wird die Zeit so knapp.«

Er scheint einzuschlafen. Ganz still verlässt Spångberg das Zimmer, den Artikel in der Hand.

Das Morphium lindert die schlimmsten Qualen, doch mit dem Morphium kommen die Halluzinationen. Die Träume, die Bilder. Die Krankenschwester ist die ganze Zeit an seinem Bett, es ist oben im Blauen Turm, sie sitzt geduldig da. Es sind mehrere, die sich abwechseln, doch eine ist stets an seiner Seite.

Eine Spritze nach der andern. Ein Arzt kommt und geht. Da brechen die Bilder aus seinem Leben über ihn herein, handgreiflich und klar, manche quälend und schmerzlich, andere still und lieblich, als Echo eines Glücks, das bis in den Traum hinein seinen Mund mit dem Geschmack von Rosen erfüllt. Da ist Harriet, sie besucht ihn in der Nacht, köstlich jung und lächelnd, und er streckt den Arm aus, und da liegt sie, seine kleine Gattin. Doch da ist auch das Hotel Orfila, die Wirtin, da sind die Krämpfe und das Krankenhaus, in dem er seiner Hände wegen gepflegt wurde, da ist die geisteskranke Schwester, und gleich daneben die Nacht im »Schwarzen Ferkel«, die Messe, der Mund wie eine blutrote Wunde. Er schreit auf vor Schmerz, und die Schwester beugt sich über ihn, als seien es physische Qualen. So ist es vielleicht auch.

Schloss Skovlyst, der Zigeuner Hansen nähert sich ihm, die Hunde, Martha. Oh, es ist qualvoll, und dann ist er unten in Grez und schleift Siri zum Weiher, und auf der Brücke steht die kleine Karin und starrt den Vater schreckerfüllt an, doch plötzlich ist sie verschwunden, und da ist Siri, und zusammen sehen sie die alte Engelmacherin im Schneegestöber fortgehen, und er murmelt in seinem Schmerz. Ich habe gesündigt, ich habe gesündigt.

Die Schwester wischt ihm die Stirn ab. Es ist ein Traumspiel, er geht am Theater vorbei und ruft zu jemand hinauf: Viktoria.

Und dann die Tür. Da ist schließlich die Tür mit dem vierblättrigen Kleeblatt, hinter der sich das Geheimnis verbirgt, er lächelt fast, alles war Theater, das Leben war Theater, er steht da als der Offizier, und jetzt soll die Tür geöffnet werden, und dahinter ist das Geheimnis.

Zu guter Letzt öffnet sich die Tür mit dem vierblättrigen Kleeblatt. Er geht in ein Zimmer hinein. Es scheint ein Zimmer in der Norrtullsgatan 12 zu sein, er erkennt es. Und er sieht den Jungen da sitzen, am Esstisch.

Es ist der kleine August Strindberg. Vielleicht zehn Jahre alt. Der Junge löffelt Haferbrei aus einem Teller, er ist ganz allein. Aber dann macht er eine unvorsichtige Bewegung, ein Unglück, der Teller fällt zu Boden, zerspringt, Brei und Milch fließen über den Teppich.

Eine Katastrophe. Er beginnt zu schluchzen. Er weint immer hemmungsloser, was hat er getan. Da öffnet sich die Tür zur Küche, und die Mutter kommt heraus. Er schaut sie verzweifelt an, zeigt zerknirscht auf den zerschlagenen Teller und weint untröstlich.

Doch die Mutter geht zu ihm hin, setzt sich auf den Stuhl, nimmt ihn auf den Schoß, hält ihn sanft in den Armen, wiegt ihn leicht hin und her, während sein Schluchzen immer schwächer wird. Und schließlich flüstert sie ihm ins Ohr, sanft und still, wie nur sie mit ihm flüstern kann:

»Kleiner August, ich verzeihe dir.«

Und er lehnt den Kopf an ihre Brust und schließt die Augen. So sitzt er ganz still da und lässt sich von ihr wiegen. Er lehnt mit geschlossenen Augen an ihrer Brust und lächelt ein wenig.

Die Krankenschwester ist eingeschlafen, in Strindbergs Mantel gehüllt, und als sie aufwacht, hört sie seinen Atem nicht mehr.

Sein einer Arm war heruntergefallen, sie legte ihn auf der Brust zurecht. Der Schweiß begann schon auf seiner Stirn zu trocknen, seine weißen Haare waren noch feucht und wirr. Er hatte die Augen geschlossen. Sein Gesicht war sehr friedlich, ruhig, und er lächelte ein kleines, eigentümliches, fast glückliches Lächeln, nahezu schelmisch, wie ein Kind, dem zu guter Letzt vergeben wurde.

Die Personen

Teil I: Der Sittenschilderer
1862–1879

AUGUST STRINDBERG im Alter von 63, 13 und 25–30 Jahren
CARL OSCAR STRINDBERG der Vater, Dampfschiffskommis-
  sionär
NORA STRINDBERG die Mutter
EMILIA PETTERSSON das Dienstmädchen; später Augusts
  Stiefmutter
FRANS HEDBERG Direktor am Königlichen Theater
GUSTAV EDWARD KLEMMING Oberbibliothekar an der Kgl.
  Bibliothek

Der Kreis im Roten Zimmer
CARL LARSSON Maler (»Das Haus in der Sonne«)
ANTON STUXBERG Zoologe
JEAN LUNDIN Leutnant

SIRI VON ESSEN Schauspielerin; nach der Scheidung von
  Wrangel 1877–1891 mit Strindberg verheiratet
FREIHERR CARL GUSTAF WRANGEL Hauptmann, Siris Ehe-
  mann
INA FORSTEN Pianistin, Freundin von Siri
SOFIA IN DE BETOU Siris Kusine, später Wrangels Frau
L. M. FISCHIER Standesbeamter; Volksschullehrer

Teil II: Der neue Mensch
1883–1884

AUGUST STRINDBERG im Alter von 34–35 Jahren

SIRI

KARIN UND GRETA die Töchter von Siri und August

EVA CARLSSON das Kindermädchen

DER KÖNIG Oscar II.

DER JUSTIZMINISTER

HJALMAR BRANTING Mitbegründer und Vorsitzender der
sozialdemokratischen Arbeiterpartei Schwedens; später
Ministerpräsident

GUSTAF AF GEIJERSTAM Schriftsteller; Verfasser naturalisti-
scher Dramen und Volkslustspiele

KARL OTTO BONNIER Strindbergs Stockholmer Verleger

BJÖRNSTJERNE BJÖRNSON norwegischer Nationaldichter und
Politiker

CARL LARSSON

LUDVIG JOSEPHSON Leiter des Neuen Theaters, in dem mehrere Stücke von Strindberg uraufgeführt wurden

Teil III: Der Kampf der Gehirne
1885

AUGUST STRINDBERG im Alter von 36 Jahren

SIRI

KARIN, GRETA, PUTTE die Kinder von Siri und August

VERNER VON HEIDENSTAM angehender Dichter, wohlhaben-
der Aristokrat

GUSTAF STEFFEN Student der Nationalökonomie, engagierter
Sozialist, kurzfristig Strindbergs Assistent

SOFIE HOLTEN dänische Malerin
MARIE DAVID Dänin, Freundin von Siri
DOKTOR CHARCOT Chef der Salpêtrière
SIGMUND FREUD als Assistent von Charcot
GEORG BRANDES einflussreicher dänischer Literaturwissen-
    schaftler; bekannt durch seine Forderung »Probleme in
    der Literatur zur Debatte zu stellen«

Teil IV: Die dänische Hölle
1888–1891

AUGUST STRINDBERG im Alter von 39-42 Jahren
SIRI
KARIN, GRETA, PUTTE
H. R. HUNDERUP Direktor des Dagmar-Theaters
GEORG BRANDES
GRÄFIN VON FRANKENAU Besitzerin von Schloss Skovlyst
LUDVIG HANSEN Verwalter; illegitimer Halbbruder der Gräfin
MARTHA Hansens Schwester
HJALMAR BRANTING
S. J. KALLBERG Pfarrer auf Värmdö
MARIE DAVID

Teil V: Inferno
1892–1894

AUGUST STRINDBERG im Alter von 43-45 Jahren
HJALMAR BRANTING

Der Kreis im »Schwarzen Ferkel« in Berlin:

EDVARD MUNCH

DAGNY JUEL genannt ASPASIA Munchs Freundin und Lieblingsmodell; heiratet später Przybyszewski

STANISLAW PRZYBYSZEWSKI polnischer Maler und Schriftsteller

HOLGER DRACHMANN dänischer Poet

CARL LUDWIG SCHLEICH deutscher Arzt; Erfinder der »örtlichen Betäubung«

ADOLF PAUL finnischer Schriftsteller

FRIDA UHL österreichische Kulturjournalistin, 1893–1895 mit Strindberg verheiratet

KERSTIN die Tochter von Frida und August

MARIE UHL Fridas Mutter

FRANK WEDEKIND

WILLY PEDERSEN GRETOR dänischer Maler und Kunstsammler

FRITZ THAULOW norwegischer Maler

FRAU THAULOW

THAULOWS SOHN ca. 12 Jahre

Teil VI: Heimkehr
1898–1912

AUGUST STRINDBERG im Alter von 49-63 Jahren

HARRIET BOSSE norwegische Schauspielerin; 1901-1904 mit Strindberg verheiratet

ANNE-MARIE die Tochter von August und Harriet

GUSTAF AF GEIJERSTAM

CARL LARSSON

HJALMAR BRANTING

SIRI als Souffleuse in Helsinki

GUNNAR WINGÅRD Schauspieler; später Ehemann von Harriet Bosse

VALFRIED SPÅNGBERG Chefredakteur von Afton-Tidningen

VERNER VON HEIDENSTAM mittlerweile etablierter Schriftsteller und erklärter Konservativer

SVEN HEDIN Forschungsreisender und Reiseschriftsteller; überzeugter Royalist

FANNY FALKNER von Strindberg geförderte Schauspielerin; in ihrem Elternhaus, dem Blauen Turm, fand er seine letzte Wohnstatt

KARIN, GRETA, PUTTE die Kinder von Siri und August, jetzt als Erwachsene

Zitate aus Strindbergs Werken
innerhalb des Textes

Sämtliche Strindberg-Zitate sind neu übersetzt. Sofern von den angegebenen Werken eine deutsche Übersetzung vorliegt, deren Titel stark vom Original abweicht, ist dieser in Klammern hinzugefügt.

14 f.   *Ein Traumspiel* – Ett drömspel. 1902

33 ff. *Meister Olof* – Mäster Olof. Prosafassung 1872. I. Akt

36   frei nach: *Das schwedische Volk* – Svenska Folket. In: Det nya riket. 1882

45   *Brief an Siri von Essen,* Anfang Juni 1876. Abgedruckt in: *Er und Sie* – Han och Hon. 1886. XIII. Kap.

50   *Meister Olof* – Mäster Olof. Versfassung 1878. IV. Akt, 2. Szene

68   *Über die öffentliche Lüge, Kanonisierungen und Festreden* – Om den offentliga Lögnen, kanoniseringar och festtal. In: Det nya riket

72 ff. *August Strindbergs Kleiner Katechismus für die Unterklasse* – August Strindbergs Lilla katekes för underklassen. 1884/85

78 f.   *Herrn Bengts Gattin (Frau Margit)* – Herr Bengts hustru. 1882. V. Akt, 8. Szene

79   *Herrn Bengts Gattin,* V. Akt, 2. Bild, 2. Szene

93   *Lohn der Tugend (Asra).* In: *Heiraten* – Dygdens lön. In: Giftas I. 1884

151 f. *Schlafwandlernächte (Der Schlafwandler).* In: *Sieben*

Lese-Empfehlungen

»Strindbergs Benutzung des Autobiographischen aber gehört zur Literatur, sie bezeichnet einen äußersten Punkt. Nicht den der selbstbezichtigenden Zerfleischung, sondern den der totalen Auflösung ins Werk, in den, jeweils wechselnden, Entwurf einer Text-Realität, die niemals mit dem daten- und faktenmäßig registrierbaren ›wirklichen‹ Leben übereinstimmen kann.«

Helmut Heissenbüttel

Als Lektüre zum jeweiligen Zeitraum von Strindbergs Leben und Werk empfiehlt Per Olov Enquist folgende Titel:

Teil I

Das Rote Zimmer – Röda rummet. 1879

Der Sohn der Magd – Tjänstekvinnans son. I–IV. 1909

Das Plädoyer eines Irren – Le plaidoyer d'un fou. 1887/88. Auf Schwedisch: En dåres försvarstal. 1893

Er und sie – Han och hon. 1875/76

Das neue Reich – Det nya riket. 1882

Teil II

Heiraten – Giftas I und II. 1884

Gedichte in Versen und Prosa – Dikter på vers och prosa. 1883

Herrn Bengts Gattin (Frau Margit). – Herr Bengts hustru. Drama. 1882

Die Prozessreise – Kvarstadsresan. 1885
Schwedische Schicksale und Abenteuer – Svenska öden och
   äventyr. 1882–91

Teil III
Unter französischen Bauern – Bland franska bönder. 1889
August Strindbergs kleiner Katechismus für die Unterklasse –
   August Strindbergs Lilla katekes för underklassen. 1884/85
Der Kampf der Gehirne – Hjärnornas kamp. 1890
Paria – Paria. Einakter. 1890
Der Vater – Fadren. Drama. 1887
Utopien in der Wirklichkeit – Utopier i verkligheten. 1885

Teil IV
Fräulein Julie – Fröken Julie. Drama. 1888
Tschandala – Tschandala. 1889
Am offenen Meer – I havsbandet. 1890

Teil V
Inferno – Inferno. 1898
Legenden – Legender. 1898
Nach Damaskus – Till Damaskus I und II. Drama. 1898–1904
Advent – Advent. Drama. 1899
Rausch – Brott och brott. Drama. 1899
Kloster – Klostret. 1966

Teil VI

Ostern – Påsk. Drama. 1901
Ein Traumspiel – Ett drömspel. 1902
Die Kronbraut – Kronbruden. 1902
Okkultes Tagebuch – Ockulta dagboken. Faksimile-Ausg.
    1977
Schwarze Fahnen – Svarta Fanor. 1907
Die Gotischen Zimmer – Götiska rummen. 1904

August Strindberg
Das rote Zimmer

Roman
Aus dem Schwedischen übersetzt von Renate Bleibtreu
Mit einem Nachwort von Peter Henning

Ca. 650 Seiten, Leinen mit Schutzumschlag
ISBN 978-3-7175-2238-6 | € 24,95 [D]

Stockholm, um 1870: Arvid Falk, ein gutgläubiger junger Mann, beendet sein Beamtendasein. Als Journalist
und Schriftsteller will er fortan Wahrheit und Fort-
schritt dienen. Doch wohin der Sinnsuchende sich auch
wendet, er trifft auf Machtdünkel und Manipulation:
Ein Verleger erkauft sich seine Erfolge bei den Kriti-
kern, bigotte Bürgersfrauen bestehen auf wohlgefällige
Almosenempfänger, Zeitungen, egal welcher Couleur,
sind den Mächtigen hörig. Auf Gleichgesinnte trifft
Arvid in einem Künstlerkreis, der im «Roten Zimmer»
eines berühmten Restaurants zusammenkommt. Aber
hier unterliegen die hehren Absichten nur allzu oft den
knurrenden Mägen. August Strindberg schildert die
Desillusionierung eines Idealisten. Seine scharfe Beo-
bachtungsgabe, die ironische Zuspitzung weisen weit
über die Epoche hinaus.

**«Der ungeheure Strindberg. Diese Wut, diese im
Faustkampf erworbenen Seiten.»** Franz Kafka

MANESSE

Wenn lesen, dann erlesen.

btb

Halldór Gudmundsson

Halldór Laxness
Eine Biographie

864 Seiten
ISBN 978-3-442-75142-6

Die große Biographie über den isländischen
Schriftsteller und Nobelpreisträger für Literatur
Halldór Laxness (1902-1998). Eine spannende
Geschichte über einen europäischen Autor in
einem Jahrhundert der Extreme: Von Hollywood
bis Moskau, vom katholischen Kloster bis zum
kommunistischen China – Laxness' bewegtes
Leben steht exemplarisch für die Vielfalt
literarischer Strömungen im 20. Jahrhundert.

**Ausgezeichnet mit dem
Isländischen Literaturpreis.**

»Spannend und kurzweilig wie ein Roman.«
Süddeutsche Zeitung

www.btb-verlag.de